高职高专财政金融类专业系列教材

证券投资概论与实训教程

主　编　樊培茗
副主编　李　诚
参　编　王莉婷　宋慧涛　燕　峰

机 械 工 业 出 版 社

本书打破传统的以学科体系编写教材的模式，以证券市场相关工作岗位知识和技能的要求设置教材体系和内容，在编写上突出实际操作能力和职业素质的培养，是一本易读易学的教材。全书共分为8章，包括证券投资预备知识、证券交易流程、证券即时行情解读、证券投资基本分析、证券投资技术分析、资金面分析、股票交易实战技术、证券投资风险防范与管理。此外，本书还附有与教材配套的证券投资实训报告，帮助学习者提升证券投资分析能力。

本书主要面向高职院校财经专业学生和证券市场初入者，旨在培养学生成为合格的一线证券从业者，帮助初入者成长为合格的投资者，同时也可以作为证券行业的员工培训教材。

图书在版编目（CIP）数据

证券投资概论与实训教程/樊培茗主编．—北京：机械工业出版社，2016.5（2022.9重印）

高职高专财政金融类专业系列教材

ISBN 978-7-111-53674-1

Ⅰ．①证…　Ⅱ．①樊…　Ⅲ．①证券投资—高等职业教育—教材　Ⅳ．①F830.91

中国版本图书馆CIP数据核字（2016）第095639号

机械工业出版社（北京市百万庄大街22号　邮政编码100037）

策划编辑：张　亮　　责任编辑：张　亮

责任校对：朱丽红　　封面设计：鞠　杨

责任印制：郜　敏

北京富资园科技发展有限公司印刷

2022年9月第1版第5次印刷

184mm×260mm・13.75印张・320千字

标准书号：ISBN 978-7-111-53674-1

定价：39.00元

电话服务	网络服务
客服电话：010-88361066	机　工　官　网：www.cmpbook.com
010-88379833	机　工　官　博：weibo.com/cmp1952
010-68326294	金　　书　　网：www.golden-book.com
封底无防伪标均为盗版	机工教育服务网：www.cmpedu.com

前言

随着我国金融市场的飞速发展，证券投资理论和实践成为金融、投资理财等专业教学的核心内容。基于高职高专工学结合的人才培养要求，为提高金融和投资理财专业学生必备的基本能力，加强金融实践，树立投资的风险意识，提升投资技术水平，我们以证券投资理论结合证券市场的实践编写了本书。与现有证券投资教材相比，本书具有以下特点：

第一，以证券市场相关工作岗位知识技能的要求为主要内容。本书对证券公司一线员工包括操盘手、投资咨询、理财规划、金融产品营销等岗位工作任务，以及证券市场初入者需要的知识和能力进行整合，在此基础上编写教程内容。

第二，本书契合“教学做”一体化的教学模式，注重能力的培养。本书的编排不再是以教师为主导，而是可以让教师作为引领者指导学生完成教程所设计的任务和目标，克服学与做分离的障碍。本书不仅可以作为实训课程用书，也利于学生的自学。让学生在“学”中“做”，在“做”中“学”，充分调动学生学习的积极性和主动性，从而达到培养学生职业能力的目标。

第三，在传统的基本面分析和技术分析之外，加入资金面分析。目前市场上针对高职高专学生的证券投资教材，内容上仅有基本面分析和技术分析。而资金的变动对于证券市场的影响不可忽视。大到整个证券市场资金的流入流出，小到主力资金的变动和个股资金的博弈，这些对证券市场的行情波动起着举足轻重的影响。因此，本书专门用一章介绍资金面分析。

另外，本书后附有证券投资实训报告，学习者可以通过完成每一部分的任务来训练和提升证券投资能力。

本书由上海电子信息职业技术学院副教授樊培茗担任主编李诚老师担任副主编。参与本书编写工作的还有上海电子信息职业技术学院的专业骨干教师王莉婷、宋慧涛。兴业证券培训学院院长孙国雄、国金证券营销总监张克胜作为本书顾问为我们提供了许多宝贵建议，在此一并表示衷心的感谢！

由于编者水平有限，错误与不妥之处在所难免，恳请专家和读者批评指正。

本书配有电子课件，凡使用本书的教师均可登录机械工业出版社教育服务网www.cmpedu.com 免费下载，咨询电话：010-88379375，QQ：945379158。

编　者

目录

前言
第一章　证券投资预备知识 1
学习目标 1
第一节　证券交易的种类及代码 1
第二节　证券交易的相关规定 8
第三节　证券交易市场 10
第四节　证券交易（分析）软件下载使用 13
第五节　证券交易（分析）软件的基本功能介绍 15
第六节　证券信息搜集 20
第二章　证券交易流程 24
学习目标 24
第一节　开户 24
第二节　委托买卖 29
第三节　竞价、成交及结算 32
第四节　除权与除息 36
第三章　证券即时行情解读 39
学习目标 39
第一节　大盘即时行情解读 39
第二节　个股即时行情解读 43
第四章　证券投资基本分析 47
学习目标 47
第一节　宏观经济分析 47
第二节　行业投资分析 52
第三节　公司分析 56
第五章　证券投资技术分析 60
学习目标 60
第一节　K 线分析 60
第二节　趋势分析 65

第三节 均线分析 73
第四节 形态分析 78
第五节 指标分析 92
第六章 资金面分析 111
学习目标 111
第一节 证券市场资金面分析 111
第二节 主力资金变动情况分析 114
第三节 筹码分布 122
第七章 股票交易实战技术 126
学习目标 126
第一节 选股技法 126
第二节 买入卖出技法 130
第三节 波段操作技巧 144
第四节 解套技法 149
第八章 证券投资风险防范与管理 153
学习目标 153
第一节 证券市场系统性风险及防范 153
第二节 证券市场非系统性风险及防范 156
实训报告 159
参考文献 213

第一章　证券投资预备知识

➘ 学习目标

- ➢ 了解证券交易的种类及代码；
- ➢ 了解证券的划分及各类市场的特点；
- ➢ 熟悉证券投资及证券交易的相关规定；
- ➢ 了解证券交易软件的安装、功能；
- ➢ 掌握证券信息的获取渠道。

证券投资是指经济主体通过购买股票、债券等有价证券，以期获取未来收益的金融投资行为。

证券投资完全不同于实物投资，是一种全新的投资方式，在现代社会经济生活中占有重要的地位，并发挥着越来越大的作用。学习证券投资实训的预备知识，是进行本实训课程的入门阶段，能够为后面更深入地掌握证券投资实训的技术、技能建立扎实的基础。

第一节　证券交易的种类及代码

一、证券的种类

1．股票

股票是一种有价证券，它是股份公司在筹集资本时向出资人发行的股份凭证，代表着其持有者对股份公司的所有权。

股票的种类很多，分类方法也有差异，常见的股票种类有以下几种。

（1）普通股和优先股

普通股是指在公司的经营管理和盈利及财产的分配上享有普通权利的股份，代表满足所有债权偿付要求及优先股东的收益权与求偿权要求后对企业盈利和剩余财产的索取权。普通股是证券市场上最基本的一类，也是发行量最大、最为重要的股票。

优先股与普通股相对应，是指股东享有某些优先权的股票。对于投资者来说，优先股比普通股安全、风险小、收入稳定且收益比债券高，因此有吸引力。优先股可分为累计优先股和非累计优先股、参与优先股和非参与优先股、可转换优先股和不可转换优先股、可赎回优先股和不可赎回优先股等。图 1-1～图 1-4 为股票票面的示例。

图 1-1　上海永生制笔有限公司股票

图 1-2　深圳发展银行股票

图 1-3　深圳发展银行优先股票

图 1-4　长春高新技术股份有限（集团）公司股权证书

（2）A 股、B 股、H 股、N 股、S 股

A 股股票是人民币普通股，它是以人民币标价，国内投资者在我国境内买卖的记名普通股，在上海证券交易所和深圳证券交易所挂牌交易，A 股股票在我国各类股票发行总量中所占比重较大。

B 股股票称人民币特种股票，它是以人民币计价，供境外投资者以外币买卖的记名式股票。自 2001 年 2 月开始，我国境内的投资者也可以外币买卖 B 股股票。

H 股股票是中国内地国有大型股份公司通过香港证券交易所面向国际资本市场发行的股票。第一支 H 股股票青岛啤酒 1993 年 7 月在香港成功上市。

N 股股票是中国企业在纽约证券交易所上市的股票。第一支登陆纽约的股票是 1992 年 10 月发行的华晨汽车股份有限公司的股票。

S 股股票是中国企业在新加坡上市的股票。中新药业股份有限公司于 1997 年 6 月在新加坡最先上市发行。

（3）国有股、法人股、社会公众股和外资股

国有股是指有权代表国家投资部门或机构以国有资产向公司投资形成的股份。法人股是指企业法人或具有法人资格的事业单位和社会团体以其依法经营的资产向公司非上市流通股权部分投资所形成的股份。社会公众股是我国境内机构和个人以其合法财产向公司可上市流通股权部分投资所形成的股份。外资股是指股份公司向外国和我国香港、澳门、台湾地区发行的股票。

（4）按照股票所处的板块分类

在不同的时期，由于不同因素的作用，形成了不同的股市题材，从而引发具有某一共同特征的股票群体连锁的行情波动，即板块效应。

按上市公司地域分类：浦东板块、重庆板块、海南板块、东北板块、深圳本地板块等。

按行业分类：商业板块、房地产板块、纺织板块、钢铁板块、生物医药板块、交通运输

板块、金融板块、汽车板块等。

按股票上市时间长短分类：新股板块、次新股板块、老股板块等。

另外，还有就单独某一概念或题材而产生的连锁反应的概念股，如美丽中国、上海自贸区、天津滨海新区、海南免税岛等。

2. 债券

债券是一种有价证券，是一种金融契约，是政府、金融机构、工商企业等直接向社会借债筹措资金时，向投资者发行，同时承诺按一定利率支付利息并按约定条件偿还本金的债权债务凭证。在金融市场发达的国家和地区，债券可以上市流通。图 1-5 为中国农业银行 1991 年发行的债券。

图 1-5　中国农业银行 1991 年发行的债券

按照不同的分类方式，债券可以分为以下不同的类型：

（1）按照发行主体划分

1）政府债券　发行主体是政府，可以划分为中央政府债券和地方政府债券。

2）金融债券　发行主体是银行或非银行金融机构。

3）公司债券　发行主体是股份公司，有的国家也允许非股份公司的企业发行债券。

（2）按债券形态划分

1）实物债券（无记名债券）　实物债券是一种具有标准格式，有实物券的债券。它与无实物票券的债券相对应，简单地说就是发的债券是纸质的，而非电脑里的数字。

2）凭证式债券　凭证式债券是指国家采取不印刷实物券，而用填制“国库券收款凭证”的方式发行的国债。

3）记账式债券　记账式债券指没有实物形态的债券，以电脑记账方式记录债权，通过证券交易所的交易系统发行和交易。

（3）按能否提前偿还划分

按是否能够提前偿还，债券可以分为可赎回债券和不可赎回债券。

3. 基金

基金是一种“利益共享、风险共担”的集合投资方式，指通过契约或公司的形式，借助发行基金券（如收益凭证、基金单位和基金股份等）的方式，将社会上不确定的多数投资者不等额的资金集中起来，形成一定规模的信托资产，交由专门的投资机构按资产组合原理进行分散投资，获得的收益由投资者按出资比例分享，并承担相应风险的一种集合投资信托制度。

1）根据基金单位是否可增加或赎回，可分为开放式基金和封闭式基金。开放式基金一般不上市交易（这要看情况），通过银行、券商、基金公司申购和赎回，基金规模不固定；封闭式基金有固定的存续期，一般在证券交易场所上市交易，投资者通过二级市场买卖基金单位。

2）根据组织形态的不同，可分为公司型基金和契约型基金。基金通过发行基金股份成立投资基金公司的形式设立，通常称为公司型基金；由基金管理人、基金托管人和投资人三方通过基金契约设立的基金，通常称为契约型基金。我国的证券投资基金均为契约型基金。

3）根据投资风险与收益的不同，可分为成长型、收入型和平衡型基金。

4）根据投资对象的不同，可分为股票基金、债券基金、货币市场基金、期货基金等。

5）基金的创新品种主要包括以下三类：

① LOF 基金：英文是“Listed Open-Ended Fund”，即“上市型开放式基金”。上市型开放式基金发行结束后，投资者既可以在指定网点申购与赎回基金份额，也可以在交易所买卖该基金。不过投资者如果是在指定网点申购的基金份额，想在交易所赎回，须办理一定的转托管手续；同样，如果是在交易所买进的基金份额，想要在指定网点赎回，也要办理一定的转托管手续。

② ETF：交易型开放式指数基金，又称为交易所交易基金（Exchange Traded Funds），是一种在交易所上市交易的、基金份额可变的开放式基金。

③ 分级基金：英文是“Structured Fund”，又叫“结构型基金”，是指在一个投资组合下，通过对基金收益或净资产的分解，形成两级（或多级）风险收益表现有一定差异化基金份额的基金品种。它的主要特点是将基金产品分为两类或多类份额，并分别给予不同的收益分配。分级基金各个子基金的净值与份额占比的乘积之和等于母基金的净值。例如，拆分成两类份额的母基金净值=A 类子基金净值×A 份额占比+B 类子基金净值×B 份额占比。如果母基金不进行拆分，其本身是一个普通的基金。

4．权证

权证是指基础证券发行人或其以外的第三人发行的，约定持有人在规定期间内或特定到期日，有权按约定价格向发行人购买或出售标的证券，或以现金结算方式收取结算差价的有价证券。

二、证券简称及代码

1．股票简称

在不知证券代码的情况下，可以输入证券名称每个字的首字母，然后按 Enter 键，就可以调出该证券的行情。这种方法适用的证券是股票，所以这里只介绍股票的名称。股票名称包含的信息有很多，尽可能地标明地域、组织形式、主要经营范围、股票市场属性等信息中的几项信息，见表 1-1：

表 1-1　股票名称包含的信息示例

股票代码	股票简称	地域	组织形式	品牌	主要经营范围	市场属性
600000	浦发银行	上海			金融	
000002	万科 A			万科		A 股
601999	出版传媒				传媒	
000858	五粮液			五粮液	酿酒	
600887	伊利股份		股份	伊利	食品制造	
900901	仪电 B 股				仪电电子	B 股

2. 股票代码

（1）上海证券交易所（沪市）证券代码排列规则

投资者熟悉证券代码排列规则，有助于快捷、准确地进行证券交易委托操作，减少操作失误次数。2007 年 5 月 28 日，上海证券交易所发布了《上海证券交易所证券代码分配规则》。2009 年 8 月 10 日，该所对该规则进行了修订。该规则规定，上海证券交易所的证券代码采用六位阿拉伯数字编码，取值范围为 000000-999999，六位代码的前三位为证券种类标示区，其中第 1 位为证券产品标示，第二位至第三位为证券业务的标示，后三位为顺序编码区，如图 1-6 所示。

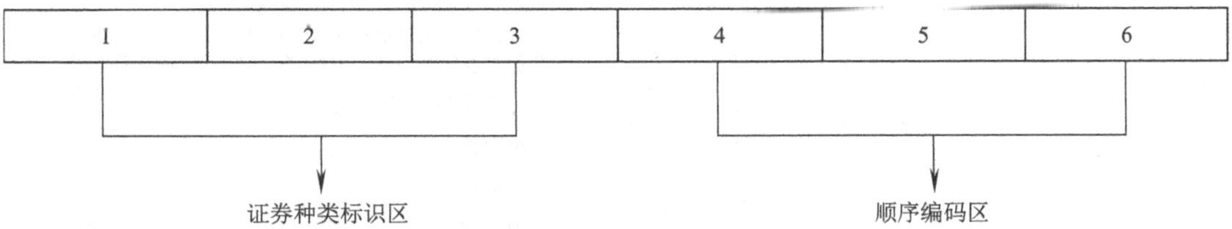

图 1-6　上海证券交易所的证券代码的规则

上海证券交易所的证券产品代码中前三位数字的定义见表 1-2 和表 1-3。

表 1-2　上海证券交易所证券产品代码（首位数）分配表

首位代码	产品定义
0	国债/指数
1	债券
2	回购
3	期货
4	备用
5	基金/权证
6	A 股
7	非交易业务（发行、权益分配）
8	备用
9	B 股

资料来源：上海证券交易所网站，http://www.sse.com.cn。

表 1-3 上海证券交易所的证券业务代码分配规则

第 1 位	第 2～3 位	业务定义
0	00	上证指数、沪深 300 指数、中证指数
	09	国债（2000 年前发行）
	10	国债（2000—2009 年发行）
	19	固定收益电子平台交易国债
	20	记账式贴现国债
	90	新国债质押式回购质押券出入库（对应 010***国债）
	99	新国债质押式回购质押券出入库（对应 009***国债）
1	00	可转债（对应 600***），其中 1009**用于转债回售
	04	公司债及国家发改委等核准发行的、登记在证券账户的债券（对应 122***）出入库
	05	105000～105899 用于分离债（对应 126***）出入库，105900～105999 用于企业债（对应 120***、129***）出入库
	06	地方政府债出入库（对应 130***）
	07	记账式贴现国债出入库（对应 020***）
	10	可转债（对应 600***）
	12	可转债（对应 600***）
	13	可转债（对应 601***）
	20	企业债
	21	资产证券化
	22	122000～122499 用于公司债，122500～122999 用于国家发改委等核准发行的、登记在证券账户的债券
	26	分离交易的可转换公司债
	28	可交换公司债
	29	企业债
	30	地方政府债
	81	可转债转股（对应 600***），已不再增用
	90	可转债转股（对应 600***）
	91	可转债转股（对应 601***）
	92	可交换公司债转股（对应 128***）
2	01	国债回购（席位托管方式）
	02	企业债回购
	03	国债买断式回购
	04	债券质押式回购（账户托管方式）
	05	债券质押式报价回购
3	10	国债期货（暂停交易）
5	00	契约型封闭式基金
	10	交易型开放式指数证券投资基金
	19	开放式基金申赎
	21	开放式基金认购
	22	开放式基金跨市场转托管
	23	开放式基金分红
	24	开放式基金转换
	80	权证（含股改权证、公司权证）
	82	权证行权

（续）

第1位	第2～3位	业务定义
6	00	A股证券
	01	A股证券
7	00	配股（对应600***）
	02	职工股配股（对应600***）
	04	持股配债
	05	基金扩募
	06	要约收购
	30	申购、增发（对应600***）
	31	持股增发（对应600***）
	33	可转债申购（对应600***）
	35	基金申购
	38	网上投票（对应600***）
	40	申购款或增发款（对应600***）
	41	申购或增发配号（对应600***）
	43	可转债发债款（对应600***）
	44	可转债配号（对应600***）
	45	基金申购款
	46	基金申购配号
	51	751000～751199用于国债分销，751900～751969用于地方政府债（对应130***）分销，751970～751999用于公司债及国家发改委等核准发行的、登记在证券账户的债券（对应122***）分销
	60	配股（对应601***）
	62	职工股配股（对应601***）
	80	申购、增发（对应601***）
	81	持股增发（对应601***）
	88	网络投票（对应601***）
	90	申购款或增发款（对应601***）
	91	申购或增发配号（对应601***）
	93	可转债申购款（对应601***）
	94	可转债配号（对应601***）
	99	指定交易（含指定交易、撤销指定、回购指定撤销、A股密码服务等）
9	00	B股证券
	38	网上投票（B股）
	39	B股网络投票密码服务（现仅用939988）

资料来源：上海证券交易所网站，http://www.sse.com.cn。

（2）深圳证券交易所（深市）证券代码排列规则

根据2005年1月14日深证证券交易所发布的《深圳证券交易所证券代码、证券简称编制管理办法》的规定，其中0字开头的代码为A股证券及其衍生品种的证券代码，1字开头的代码为基金、债券及其衍生品种的证券代码，2 字开头的代码为 B 股股票及其衍生品种的证券代码，3 字开头的代码为创业板股票及其衍生品、指数、统计指标、网络投票的证券代码，4 字开头的代码为代办转让股票等的证券代码。A 股证券代码的首二位代码为 00，后三位代码按顺序编制。发行 A 股的公司增发新股、发行可转换公司债券申购代码的首二位代码为 07，后四位代码为该发行人 A 证券代码的后四位。增发新股申购名称的前四位字符取其 A 股证券简称。后四位字符为“增发”。发行可转换公司债券申购名称的前四位字符取自其 A 股证券简称，后四位字符为“发债”。

B 股证券代码的首二位代码为 20，若发行人已发行 A 股，则 B 股证券代码后四位取其 A 股证券代码的后四位，若发行人尚未发行 A 股，则预先按 A 股证券代码编制规则确定 A 股代码，然后按前述规则编制 B 股代码，其后发行的 A 股启用该预先编制的证券代码。发行 B 股证券的公司发行可转换公司债券，证券代码的首二位代码为 22，后四位代码为该发行人 B 股证券代码的后四位。

代办转让股票 A 类证券的证券代码的首二位代码为 40，后四位代码按顺序编制。

代办转让股票 B 类证券的证券代码的首二位代码为 42，后四位代码按顺序编制。

证券公司定向发行的债券的证券代码的首二位代码为 46。

第二节　证券交易的相关规定

一、证券交易的基本原则

证券交易必须遵守“公开、公平、公正”三个原则：

1．公开原则

公开原则又称信息公开原则，是一种面向社会的、公开的交易活动，其核心要求是实现市场信息的公开化，证券交易参与各方应依法及时、准确、真实、完整地向社会发布有关信息。

2．公平原则

公平原则指参与交易的各方应当获得平等机会。它要求证券交易活动中的所有参与者都有平等的法律地位，以及各自的合法权益都能得到保护。

3．公正原则

公正原则指应当公正地对待证券交易的参与各方，以及公正地处理证券交易事务，包括公正地处理证券交易中的违法违规行为等。

在价格匹配方面遵循“价格优先、时间优先”的原则。

二、证券交易的基本机制

从交易时间的连续特点划分，有定期交易系统和连续交易系统。在定期交易系统中，成交的特点是不连续。在某一段时间到达的投资者的委托订单并不马上成交，而是先存储起来，然后在某一约定的时刻起加以匹配。连续交易系统并非意味着交易一定是连续的，而是指在营业时间里订单匹配连续不断地进行。

从交易价格的决定特点划分，有指令驱动系统和报价驱动系统。指令驱动系统也称为“订单驱动市场”，是一种竞争市场。在该市场中，证券交易价格是由市场上的买方订单和卖方订单共同驱动的。报价驱动系统是一种连续做市商市场，在该市场中，证券交易的买价和卖价都由做市商给出，做市商将根据市场的买卖力量和自身情况进行证券的双向报价。

三、A股交易规则

1. 交易时间

交易时间为周一至周五，每天 9:15 可以开始参与交易，9:15～9:25 为开盘集合竞价时间。在上海证券交易所，9:30～11:30、13:00～14:57 为连续竞价时间；在深圳证券交易所，9:30～11:30、13:00～14:57 为连续竞价时间。两个交易所 14:57～15:00 为收盘集合竞价时间。11:30～13:00 为两市午间休息时间。周六、周日、法定节假日休市。在上述竞价时间里可以委托买卖，可以撤单。

2. 交易单位

1）股票的交易单位为“股”，100 股=1 手，委托买入的数量必须为 100 股或其整数倍。

2）基金的交易单位为“份”，100 份=1 手，委托买入的数量必须为 100 份或其整数倍。

3）国债现券和可转换债券的交易单位为“手”，1 000 元面额=1 手，委托买入的数量必须为 1 手或其整数倍。

4）当委托数量不能全部成交或分红送股时，可能出现零股（不足一手），零股只能委托卖出，不能委托买入。

3. 报价单位

股票以“股”为报价单位，基金以“份”为报价单位，债券以“手”为报价单位。例如：“浦发银行”10 元即“浦发银行”现价为 10 元/股。

交易委托价格最小变动单位：A 股、基金、债券为人民币 0.01 元；深 B 为港币 0.01 元，沪 B 为美元 0.001 元；上海债券回购为人民币 0.005 元。

4. 涨跌幅限制

在一个交易日内，除首日上市证券外，每只证券的交易价格相对上一个交易日收市价的涨跌幅度不得超过 10%，超过涨跌限价的委托为无效委托，首日上市的证券不限制涨跌幅度。

ST 股票表示该公司财务状况恶化（如净资产低于面值、连续几年亏损等），由证交所强制进行或上市公司自己申请，对该股票交易进行特别处理（Special Treatment），所以冠以“ST”。

*ST 是指由证券交易所对存在股票终止上市风险的公司股票交易实行“警示存在终止上市风险的特别处理”，是在原有“特别处理”的基础上增加的一种类别的特别处理，其主要措施为在其股票简称前冠以“*ST”字样，以区别于其他股票。ST 和*ST 其报价的日涨跌幅

限制为 5%。

5. 委托撤单

在股票未成交之前，投资者可以撤销委托。

6. “T+1”交割

“T”表示交易当天，“T+1”表示交易当天的下一个交易日。“T+1”交易制度是指投资者当天买入的证券不能在当天卖出，须待下一个交易日进行自动交割过户后方可卖出。在资金使用上，当天卖出股票的资金回到投资者账户上可以用来买入股票，但不能当天提取，必须在交割后才能提取。A 股为“T+1”交易，B 股为“T+3”交易。

四、其他证券

证券交易除 A 股外，还有 B 股、债券（含企业债券、公司债券、可转换公司债券、金融债券以及政府债券）、国债回购、基金和期货及其他股票的衍生品。每种证券交易的规则各不相同，本书不再一一阐述。

第三节 证券交易市场

一、主板市场

主板市场也称为一板市场，指传统意义上的证券市场（通常指股票市场），是指一个国家或地区证券发行、上市及交易的主要场所。主板市场是资本市场中最重要的组成部分，很大程度上能够反映经济发展情况，有经济的“晴雨表”之称。目前我国的主板市场主要指上海证券交易所和深圳证券交易所。主板市场的交易情况可通过行情系统查看，如图 1-7 所示。

代码	名称	涨幅%	现手	现价	总手	昨收	开盘	最高↓	最低
300359	全通教育	+4.44	1 ↓	205.07	5518	196.35	194.91	212.88	194.91
600519	贵州茅台	+1.41	1 ↓	194.69	21765	191.98	193.00	195.99	192.22
002707	众信旅游	-0.55	5 ↓	151.08	1933	151.91	153.07	155.20	151.08
300295	三六五网	-4.50	1 ↓	132.36	10560	138.60	134.88	138.00	131.93
300380	安硕信息	-5.84	1 ↑	128.24	6142	136.20	136.20	136.20	127.55
300367	东方网力	-3.18	5 ↓	131.48	4942	135.80	134.00	136.00	131.48
300392	腾信股份	-0.82	2 ↓	129.00	4832	130.07	131.19	132.98	128.36
300386	飞天诚信	-0.46	3 ↑	130.81	4067	131.41	131.95	132.79	130.80

图 1-7 沪深 A 股市场

主板市场对发行人的要求较高，上市公司大多为大型成熟企业，具有较大的资本规模以及稳定的盈利能力，国内上市具体标准大体有：

（1）最近 3 个会计年度净利润均为正且累计超过人民币 3 000 万元。

（2）最近 3 个会计年度经营活动产生的现金流量净额累计超过人民币 5 000 万元；或者最近 3 个会计年度营业收入累计超过人民币 3 亿元。

（3）发行前股本总额不少于人民币 3 000 万元，且不存在未弥补亏损。

（4）发行后股本总额不少于人民币 5 000 万元。

（5）最近一期期末无形资产占净资产的比例不高于 20%。

二、二板（创业板）市场

二板市场又称“创业板”，是与一板市场相对应的概念，主要针对中小成长性新兴公司而设立，其上市要求比“主板”宽松一些。二板市场和主板市场的区分最主要是在上市公司的规模和融资额上，它的明确定位是为具有高成长性的中小企业和高科技企业融资服务，是针对中小企业的资本市场，如图 1-8 所示。

代码	名称	涨幅%	现手	现价	总手	昨收	开盘	最高	最低
300317	珈伟股份	-1.37	17	↑25.98	5061	26.34	26.34	26.65	25.82
300412	迦南科技	+0.12	2	↑40.96	4806	40.91	40.99	41.50	40.80
300087	荃银高科	+3.08	5	↑14.72	58309	14.28	14.30	15.25	14.26
300181	佐力药业	--	--	--	0	13.98	--	--	--
300232	洲明科技	+3.29	27	↓19.75	41776	19.12	19.12	20.48	19.12
300018	中元华电	--	--	--	0	13.23	--	--	--
300327	中颖电子	-0.75	1	↓17.16	49587	17.29	17.48	17.85	17.03
300364	中文在线	-10.00	13	↑67.79	78572	75.32	78.79	79.98	67.79
300270	中威电子	-0.88	5	↓25.82	26864	26.05	25.52	26.75	25.21

图 1-8　二板市场

主板市场和二板市场的主要区别如下：

1. 上市条件不同

创业板市场上市条件要求相对较低，上市企业大多成立时间较短、规模较小、业绩不突出；主板市场上市条件要求较高，上市企业大多为大型成熟企业，具有较大资本规模及稳定盈利能力。

我国创业板市场首次申请公开发行股票的条件是：①发行人是依法设立且持续经营 3 年以上的股份有限公司，且发行人应当主要经营一种业务。②最近两年连续盈利，最近两年净利润累计不少于 1 000 万元，且持续增长；或者最近一年盈利，且净利润不少于 500 万元，最近一年营业收入不少于 5 000 万元，最近两年营业收入增长率均不低于 30%。净利润以扣除非经常性损益前后孰低者为计算依据。③最近一期期末净资产不少于 2 000 万元，且不存在未弥补亏损。④发行后股本总额不少于 3 000 万元。

2. 市场风险不同

创业板市场具有前瞻性、高风险性、高技术产业导向性，关注企业的发展前景和成长空间、主题概念，上市企业大多是具有较高成长性的中小型高科技企业；而主板市场看重企业的历史业绩和盈利稳定，风险相对较低。

3. 报价制度不同

创业板市场推行做市商制度，做市商（证券商）连续报出证券交易的买卖价，所有投资者根据做市商的报价与其进行交易；而主板市场采取集合竞价制度，投资者各自提交买卖委托，经过交易中心撮合交易。

4. 参与主体不同

创业板市场参与主体主要是寻求高收益、能够承担高风险、熟悉投资技巧的机构投资者

（包括共同基金、对冲基金、风险投资公司）和有经验的个人投资者；而主板市场参与主体主要是广大中小投资者。

5．监管严格程度不同

创业板市场比主板市场监管更加严格，对主要股东、投资者最低持股量要求较高；而主板市场对投资者持股要求较低。

三、三板市场

我国的三板市场于 2001 年 7 月 16 日设立，交易制度与原 PT 公司类似，以集合竞价方式进行集中配对成交，涨跌停板限制为 5%；目前在三板市场由指定券商代办转让的股票有 61 只，其中包括水仙、粤金曼和中浩等退市股票。作为我国多层次证券市场体系的一部分，三板市场一方面为退市后的上市公司股份提供继续流通的场所，另一方面也解决了原 STAQ、NET 系统历史遗留的数家公司法人股流通问题。

四、新三板市场

“新三板”市场原指中关村科技园区非上市股份有限公司进入代办股份系统进行转让试点的市场，目前是全国性的非上市股份有限公司股权交易平台，主要针对的是中小微型企业。2012 年，首批扩大试点新增上海张江高新技术产业开发区、武汉东湖新技术产业开发区和天津滨海高新区。2013 年年底，新三板方案突破试点国家高新区限制，扩容至所有符合新三板条件的企业，为更多的高科技成长型企业提供股份流通的机会。

新三板与老三板最大的不同是配对成交，现在设置 30%幅度，超过此幅度要公开买卖双方信息。

新三板对于投资者的门槛规定是个人投资者须有 300 万元以上，机构投资者 500 万元以上。

五、沪港通市场

沪港通是指上海证券交易所和香港联合交易所允许两地投资者通过当地证券公司（或经纪商）买卖规定范围内的对方交易所上市的股票，是沪港股票市场交易互联互通机制。沪港通下的股票交易于 2014 年 11 月 17 日开始。

沪港通包括沪股通和港股通两部分：

1）沪股通，是指投资者委托香港经纪商，经由香港联合交易所设立的证券交易服务公司，向上海证券交易进行申报（买卖盘传递），买卖规定范围内的上海证券交易所上市的股票。

2）港股通，是指投资者委托内地证券公司，经由上海证券交易所设立的证券交易服务公司，向香港联合交易所进行申报（买卖盘传递），买卖规定范围内的香港联合交易所上市的股票。

第四节　证券交易（分析）软件下载使用

证券交易（分析）软件是投资者获得证券价格信息及相关信息的基本途径之一。目前，国内各证券公司提供的证券交易软件大同小异，其主要功能和操作方法基本一致。

一、软件下载

1）打开所开户证券公司的网站首页，通常提供相应的证券交易（分析）软件下载。

2）点击“软件下载”打开软件下载页面进行下载。下载完成后，双击下载的文件，电脑就会自动进行软件的安装。

3）安装结束后，桌面会出现该证券交易（分析）软件的图标。

二、交易软件的使用

1. 打开交易软件

双击桌面证券交易软件的图标后会出现如下界面，以“华泰证券网上证券交易分析系统”为例，如图 1-9 所示：

图 1-9　软件登录界面

1）站点选择。在站点选择框，选择正确的站点和营业部。

2）选择登录账户类别。在账号类别选择框中客户可以选择用资金账号，上海 A、B 股股东账号，深圳 A、B 股股东账号来登录。

3）客户可在账号类别选择框的右边，打钩选中“保存账号”，以后客户登录交易软件系统时就无须再输入账号了，如客户有多个账号，可在下拉菜单中选择具体账号。建议在公众场合不要使用该功能。如图 1-10 所示。

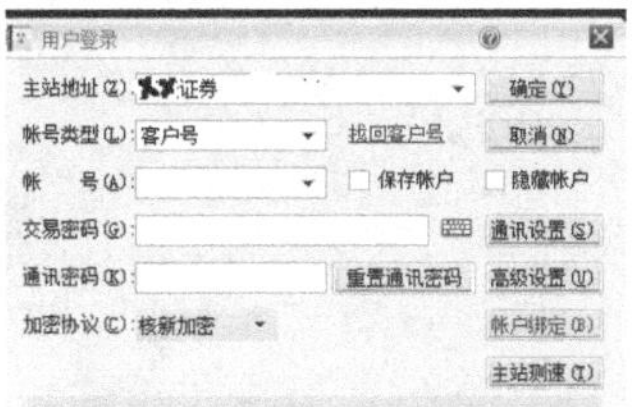

图 1-10　账号界面

4）分别输入交易密码和通信密码。

5）选择加密方式。默认是核心方式，其特点是使用方便，无须额外操作，可在多台电脑间方便使用。

6）点击“连接当前站点”即可登录证券网上交易委托系统（图 1-11）。客户还可选择点击“连接最快站点”，系统会先检测各个站点的连接速度并自动选择最快站点登录。登录成功后，出现如图 1-11 所示交易界面。

图 1-11　网上交易委托系统界面

进入该界面就可以对股票、基金进行买卖交易。各分区的功能如图 1-12 所示。

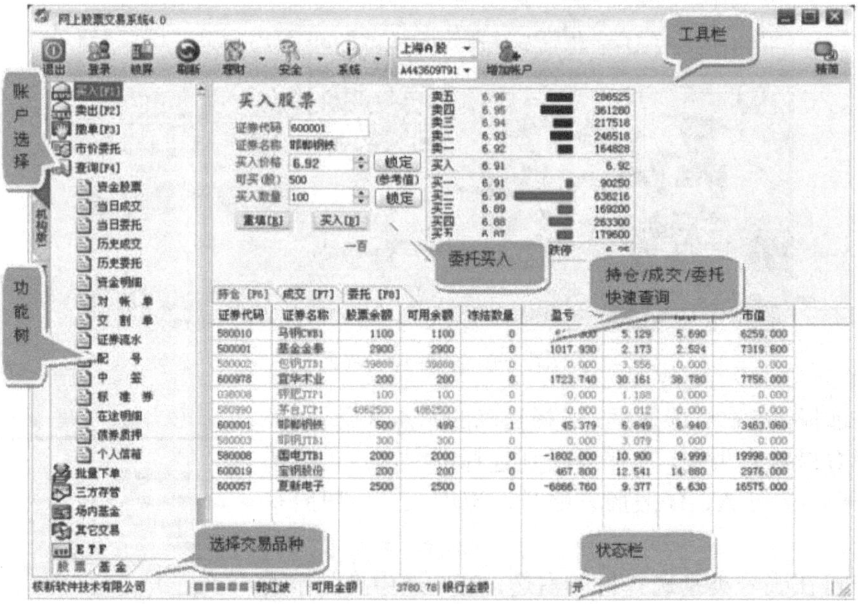

图 1-12　买卖界面

2．交易系统的设置

在登录界面点击“高级设置”即可进入综合设置窗口，客户可根据自身操作特点选择、设置相应的功能。

三、证券行情分析软件

1．证券行情分析软件介绍

证券行情分析软件是由专业证券软件公司或证券公司提供的，有免费和付费之分。免费的证券分析软件通常会提供股票、股指期货等行情及基本的股票信息和数据，付费软件提供的信息数据则要多一些。

目前市场上使用最多的三种软件是大智慧、同花顺和通达信。

2．行情分析软件中通用的功能

（1）信息地雷

通常每日研究报告摘要或个股公告均通过信息地雷的方式发布在分析软件上，深圳成指、上证综指界面上集成了当天绝大部分的资讯。

（2）调用交易委托软件

按 F12 键或点击菜单上的委托按钮即可调用交易委托软件。

（3）行情软件快捷键（表 1-4）

表 1-4　快捷键

F12	启动委托程序
F3	上证领先
F4	深圳领先
F5	日线与分时走势切换（按回车键也可实现）
F7	K 线技术指标参数快速设定
F8	日线、周线、月线、年线、5 分钟、15 分钟、30 分钟、60 分钟线切换
F10	个股资料
Ctrl+R	复权
Alt+Z	添加自选股
F6	进入自选股列表（或按 06+回车键）

第五节　证券交易（分析）软件的基本功能介绍

大多数证券公司网站提供的免费证券交易软件的操作方法和主要功能基本相同，下面简单介绍证券交易软件的主要功能和基本操作方法。

一、界面介绍

该证券交易软件主界面由标题栏、菜单栏、工具条、主窗口、信息栏和指数条组成，如图 1-13 所示：

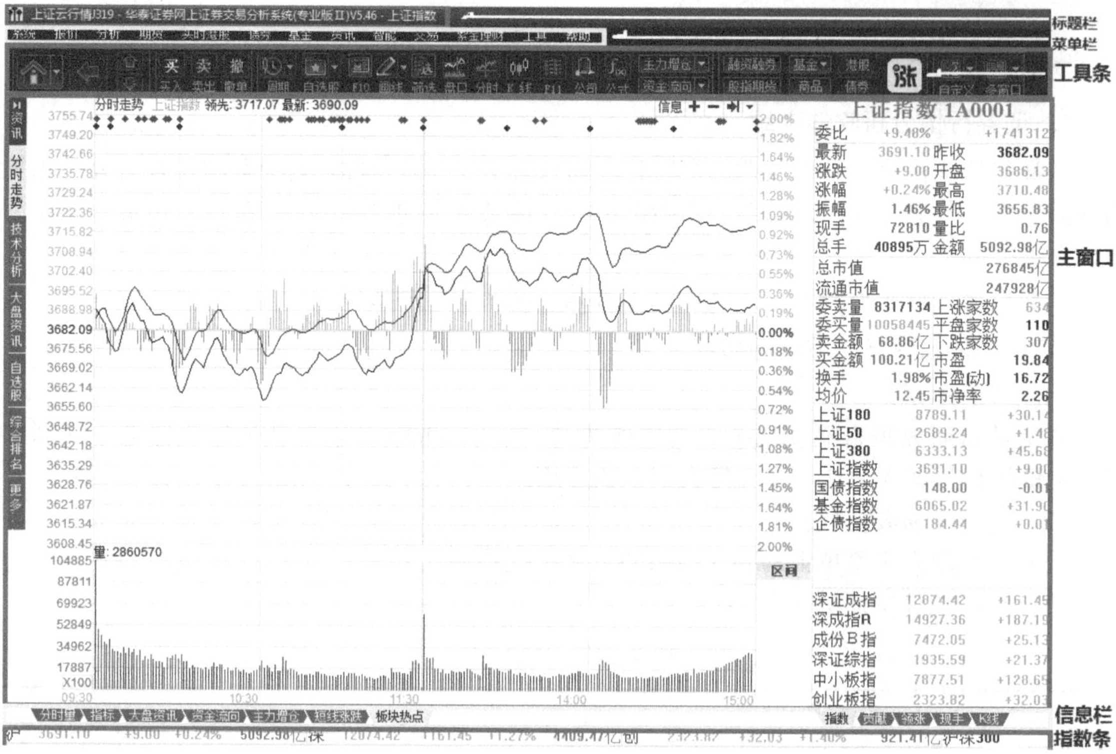

图 1-13　软件主界面

标题栏：可以反映出程序当前连接的行情主站名称（如果脱机，则显示“本地”）、程序名称和当前页面名称等信息。

菜单栏：在标题栏的下方，系统的基本操作方法都收罗其中，方便投资者直观、快捷地调用。

工具条：上面汇集了一些最常用的功能，以方便投资者的使用。

主窗口：用来显示交易当日的走势图。

信息栏：用来显示滚动条、连接状态、预警提示灯及系统时间等信息。

指数条：用来显示上证、深证指数、涨跌、成交金额，以及上涨、平盘、下跌家数。

二、键盘精灵

当投资者按下键盘上任意一个数字、字母或符号的时候，都会弹出“键盘精灵”。投资者可以在这里面输入中英文和数字搜索其想要的东西，如图 1-14 所示：

图 1-14　键盘精灵

投资者可以通过输入代码、名称或名称的汉语拼音首字母来搜索对应的商品（股票、基金、债券、指数等），按“Enter”键进入相关页面，也可以通过输入指标（如 KDJ）的中英文名称，来利用键盘精灵方便地更换指标窗口里的指标，还可以通过拼音来调出板块，如“北京”“房地产”等板块。

该软件支持汉字输入和模糊查找，不仅可以用键盘精灵实现股票的输入，还可以用来做股票的快速搜索。例如，输入“钢”字，就会看到所有名称中包含“钢”字的股票，然后用上下键就可以选择查看了。

在搜索商品时，键盘精灵会把所有符合的词都找出来。不管字母是在商品名称的什么地方。例如：输入“MS”时，不仅会找到“民生银行 MSYH”“模塑科技 MSKJ”，还能找到“神马实业 SMSY”和“西安民生 XAMS”。这样即使投资者不记得股票的全名，也能方便地找到所需要的股票。

三、基本键盘操作

基本键盘操作见表 1-5：

表 1-5　基本键盘操作

功　能　键	作　　用
↑、↓	K 线图里，放大和缩小图形
	表格里，上下移动选中行
←、→	图形窗口里左右移动光标；表格里左右移动表格列
PageUp、PageDown	K 线图里，上一个股票、下一个股票
	表格里，上一页、下一页
Esc	有光标时去掉光标；无光标时回到上个浏览页面
Home、End	有光标时光标移至显示窗口最前端、最后端
	无光标时切换技术指标
+、-（小键盘上的）	在“大盘分时页面”切换指标
	在“个股分时走势页面”切换小窗口的标签

四、“报价”菜单

在主菜单里的“报价”菜单中（如图 1-15 所示），可以调用各种报价分析的页面：

1）“大盘指数”里包含了各种大盘指数。

2）“商品顺序”里包含了依各种商品代码大小排列的表格。

3）“涨幅排名”里是各种商品的涨跌幅排名，如常用的 61 表。

4）“综合排名”里的页面是同时包含 9 项排名的页面。

5）“分时同列”里是同时列出多个股票的分时走势页面。

6）“K 线同列”里是同时列出多个股票的技术走势页面。

7）“多窗看盘”是为实时看盘的特制页面。

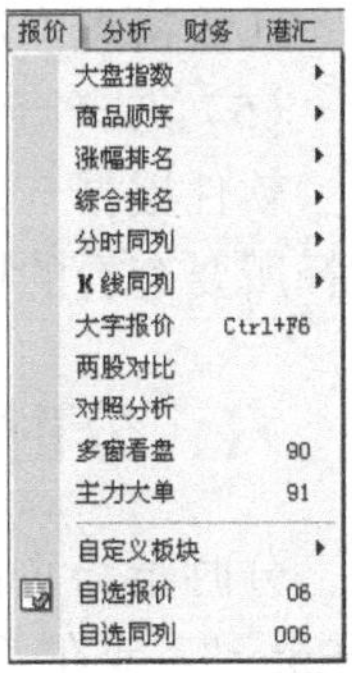

图 1-15　报价菜单

这里的“大盘指数”“商品顺序”“涨幅排名”“综合排名”里的表格

都可以通过在“键盘精灵”里输入数字来方便地调用。使用的数字键可以参照后文的快捷键一览表。

五、使用表格

表格是一种显示各种数据最基本的形式，表格虽然不如实时走势、技术分析页面丰富和直观，但它可以实现同时浏览多个股票。下面以综合行情报价表为例说明怎样使用表格。

（1）排序

单击表格中栏目的名称，表格将按此栏目的降序排列表格，再次单击则按升序排列（在栏目名称旁有箭头表示方向）。

（2）移动表格

由于表格显示较多的股票和各种数据，所以往往难以在一个屏幕里显示所有的内容。可以用“PageUp”“PageDown”来对表格翻页，用光标键“←”“→”对表格左右移动，也可以用鼠标拖动滚动条来移动表格。

（3）加入自选股、板块股

在表格里某行上单击右键，会出现图 1-16 的界面，其中有加入自选股、加入板块股两个选项。点击可以将这一行所对应的股票加入到自选股或所选择的板块股里。

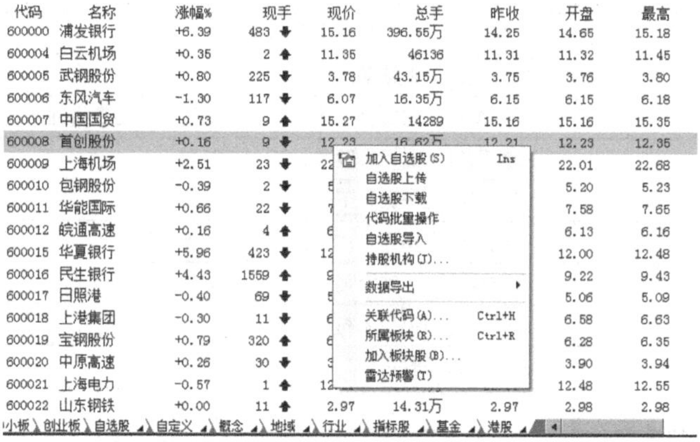

图 1-16　加入自选股、板块股

（4）直接查看商品走势

在表格里双击鼠标或者按“Enter”，就可以进入这一行对应商品的分时走势页面。

（5）选择查看的板块

软件根据一定的标准（如行业、地域等）设置了相关板块，投资者可以根据自己的喜好选择所要查看的板块。

六、分时走势页面

分时走势页面为某一商品的实时走势图。在报价表里选中商品后，双击鼠标左键或按“Enter”，或在“键盘精灵”里直接选择商品后按“Enter”，进入到分时走势页面，如图 1-17 所示：

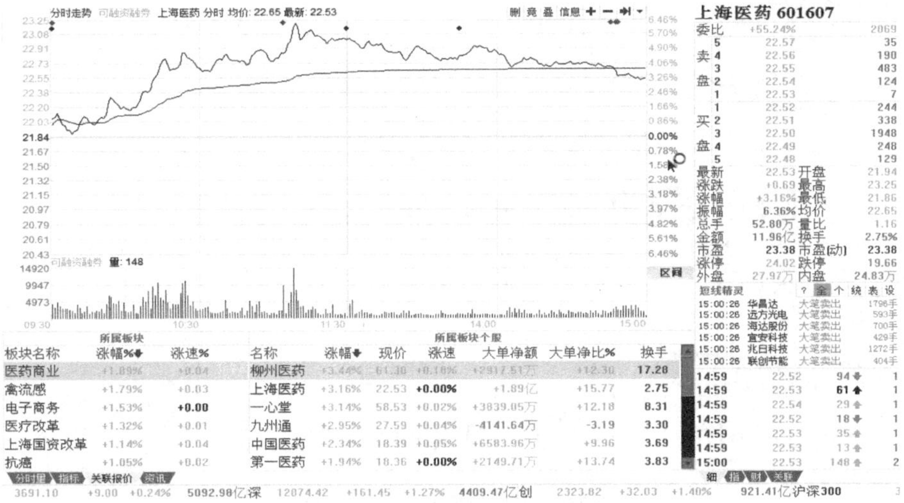

图 1-17　分时走势页面

七、大盘对照页面

大盘对照页面同时显示某一商品的实时走势图与大盘指数的实时走势图。投资者可以通过点击“分析”菜单下的“大盘对照”选项调出该页面，如图 1-18、图 1-19 所示。

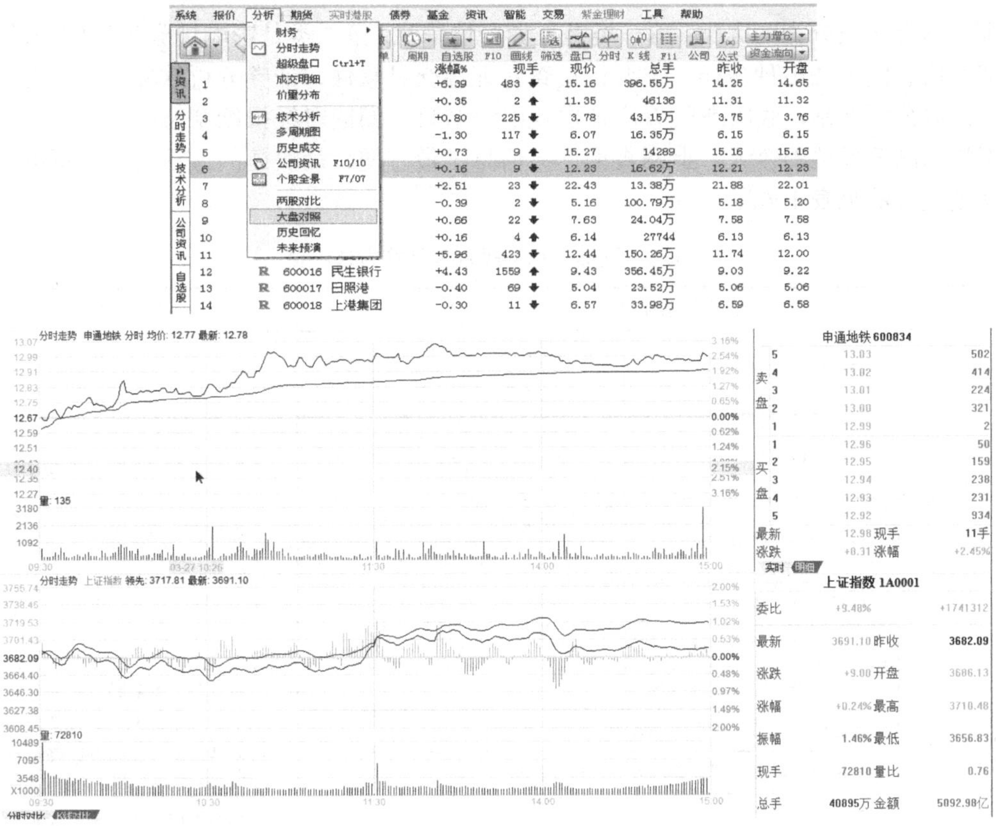

图 1-18　大盘对照显示图（当日走势）

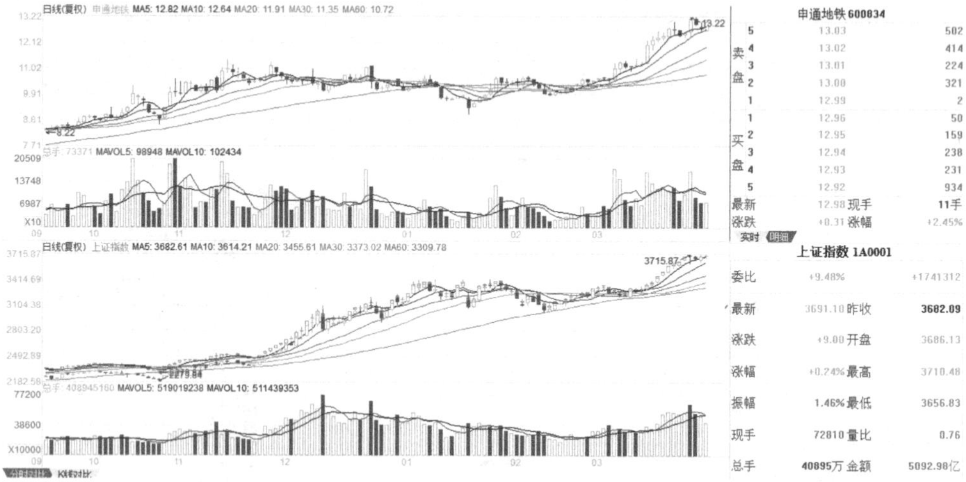

图 1-19　大盘对照显示图（K 线）

第六节　证券信息搜集

一、证券信息种类及其搜集方法

证券信息一般分为两大类：第一类是证券行情信息；第二类是影响证券价格的相关信息。搜集证券信息的方法多种多样，主要包括查看证券交易软件、证券分析软件，浏览专业财经网站、证券公司网站，收听或收看广播电视财经节目、阅读财经报纸杂志等，其中，在信息和网络技术高度发达的今天，上网查询证券信息是最方便、最快捷的方法之一。证券信息种类及其搜集方法见表 1-6。

表 1-6　证券信息种类及其搜集方法一览

<table>
<tr><th colspan="3">证券信息种类</th><th>主要搜集方法</th></tr>
<tr><td rowspan="8">证券行情信息</td><td rowspan="2">股票价格信息</td><td>大盘信息（股价指数）</td><td rowspan="8">查看证券交易软件、证券分析软件
浏览专业财经网站
收看广播电视财经节目</td></tr>
<tr><td>个股信息</td></tr>
<tr><td rowspan="2">债券价格信息</td><td>债券价格指数</td></tr>
<tr><td>单只债券价格信息</td></tr>
<tr><td rowspan="2">基金价格（净值）信息</td><td>基金指数</td></tr>
<tr><td>单只基金的价格（净值）</td></tr>
<tr><td colspan="2">股指期货行情</td></tr>
<tr><td colspan="2">期权信息、沪深港通信息等</td></tr>
<tr><td rowspan="4">影响证券价格的相关信息</td><td colspan="2">宏观经济状况、经济政策</td><td rowspan="4">查看证券交易软件、证券分析软件
浏览专业财经网站、证券公司网站
收听或收看广播电视财经节目
阅读财经报纸杂志
关注各类财经媒体做出的研判</td></tr>
<tr><td colspan="2">行业信息，与行业有关的政策</td></tr>
<tr><td colspan="2">上市公司信息、基金管理人（公司）信息</td></tr>
<tr><td colspan="2">市场资金面信息</td></tr>
</table>

两大类证券信息中，证券行情信息及证券自身信息相对容易搜集，如查询上市公司交易代码，可以通过两种方式查询：一是若知道上市公司的简称，可以将其简称每个字拼音的首字母输入证券交易软件，即可得知该上市公司的交易代码；二是到证券交易所网站查询，我国沪、深证券交易所可以查到上市公司代码列表、基金代码列表、债券代码列表、权证代码列表等信息。

就影响证券价格的有关信息来讲，市场投资者在接收到这类信息后，会通过各种方法来分析和判断这些信息对于证券价格的影响，进而采取相应的投资行为，如买进、卖出或观望等，正是投资者的这些行为共同影响和决定了市场供求，进而决定证券的市场价格（行情）。由此可见，这类信息至关重要，是证券信息搜集的重点与关键。

二、主要信息渠道介绍

1. 行情分析软件

（1）F10 键

目前，证券公司提供的交易软件中都会提供上市公司的基本信息，通常在分时走势或技术分析页面上点击“F10”键，可以查看个股信息，如图 1-20 所示。

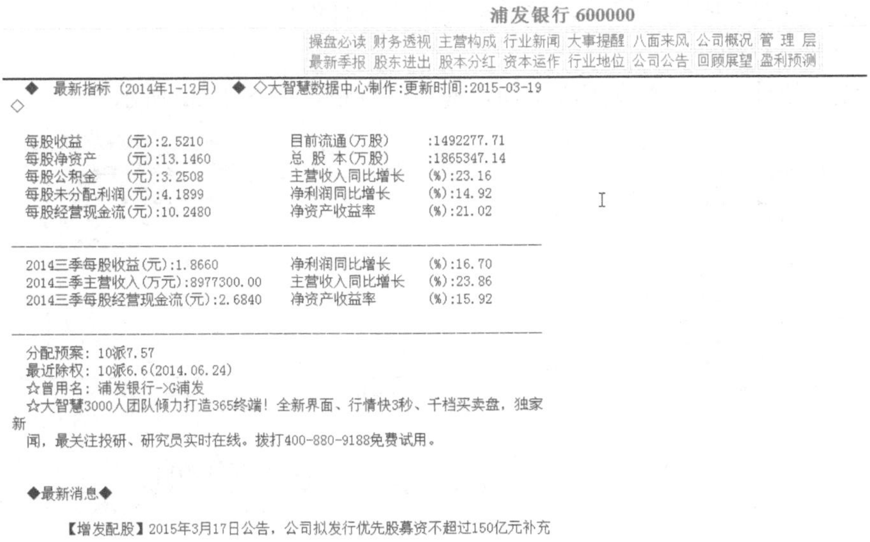

图 1-20　F10 键的部分内容

F10 提供的信息除了有操盘必读、财务透视、主营构成、最新季报、股东进出、股本分红等信息，还有行业地位、盈利预测等券商研究信息，内容非常全面，查询起来比较方便快捷。

（2）F11 键

同样，在证券公司提供的交易软件中分时走势或技术分析页面上点击“F11”键，可以查看个股财务报表信息，如图 1-21 所示。

东方明珠600832

【股本结构】					
总股数	318633万	流通股	318633万	B股	–
国家股	0万	流通比例	100.00%	H股	–
【权息状况】					
送股比率	0.00%	派息率	0.07%	配股价	0.00
转赠比率	0.00%	配股比率	0.00%	配股上市日	–
【资产状况】					
资产总计	176.26亿	负债合计	85.23亿	股东权益合计	91.03亿
【盈利能力】					
主营业务收入	45.96亿	主营业务利润率	34.51%	投资收益	5.91亿
主营业务利润	15.86亿	税后利润率	25.61%	净利润	11.77亿
【成长能力】					
主营增长率	16.93%	主营利润率	34.51%	总资产回报率	6.68%
存货周转率	2.23%	净资产收益率	12.93%	资产倍率	2.94%
【偿债能力】					
资产负债比率	48.35%	速动比率	96.57%	现金比率	0.62%
【现金保障】					
销售商品提供劳务收到的现金			48.31亿	现金及现金等价物净增加额	
经营活动产生的现金流量净额			14.84亿	投资活动所产生的现金流量净额	

图 1-21　F11 键的部分内容

（3）其他付费分析软件

目前，市场上出现许多分析软件，大多是需要付费购买或使用后交费更新，里面提供的信息比较及时和多样，甚至会有买卖点提示，这些软件通常是通过大量的历史数据模拟出未来的走势，在全部股票中进行筛选，找出符合上涨条件的股票。

（4）股指期货行情

在股票交易软件中可以查询到股指期货的实时行情，如图 1-22 所示。

	代码	名称	现价	涨幅(结)	涨跌	期现差	叫买	叫卖	买量	卖量	现手	总手	持仓
1	IF1504	沪深1504	3934.0	-0.46	-18.2	-16.0	3934.0	3936.4	14	3	33↓	160.43万	13.62万
2	IF1505	沪深1505	3953.4	-0.49	-19.6	+3.4	3952.8	3955.0	1	6	1↓	12006	3697
3	IF1506	沪深1506	3961.8	-0.68	-27.2	+11.8	3958.6	3960.4	3	1	5↑	15.39万	61404
4	IF1509	沪深1509	3974.6	-0.72	-29.0	+24.6	3971.8	3976.2	5	1	1↑	25006	32807
5	IF8888	期货指数	3947.8	-0.56	-22.3	-2.2	–	–	173	151	33←	179.52万	23.41万
6	IFLX0	当月连续	3934.0	-0.46	-18.2	-16.0	3934.0	3936.4	14	3	33↓	160.43万	13.62万
7	IFLX1	下月连续	3953.4	-0.49	-19.6	+3.4	3952.8	3955.0	1	6	1↓	12006	3697
8	IFLX2	下季连续	3961.8	-0.68	-27.2	+11.8	3958.6	3960.4	3	1	5↑	15.39万	61404
9	IFLX3	隔季连续	3974.6	-0.72	-29.0	+24.6	3971.8	3976.2	5	1	1↑	25006	32807

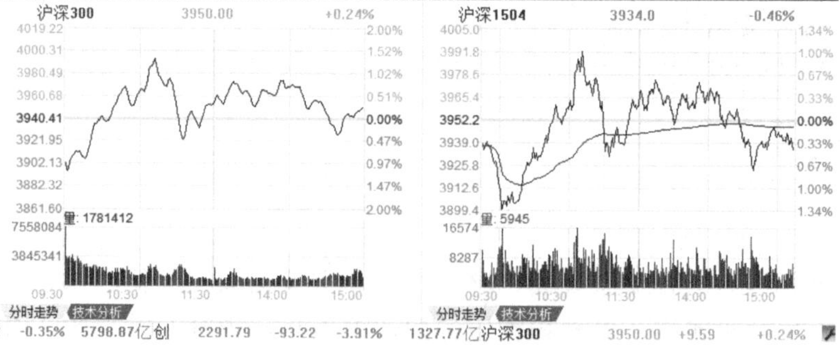

图 1-22　股指期货行情

2．各类专业网站

如前所述，影响证券价格（行情）的相关信息主要包括宏观经济信息、行情信息、上市公司信息、市场传闻和其他相关信息等。目前，提供这些信息的网站主要有以下几类：

1）证券监管机构、证券交易所和证券行业协会网站　包括中国证券监督管理委员会网站、中国证券业协会网站、上海证券交易所网站、深圳证券交易所网站、各地方证券业协会网站等。

2）综合性的专业财经网站　如东方财富网、和讯网、证券之星、中国债券信息网等。

3）《中国证券报》《上海证券报》《证券时报》三大证券报纸的网站　包括中证网（《中国证券报》主办）、中国证券网（《上海证券报》主办）、全景网（《证券时报》主办）。

4）证券公司（券商）、投资咨询公司网站　如银河证券、海通证券、广发证券、国泰君安等。

5）综合性网站、门户类网站的财经专栏等　如人民网、新华网、搜狐网、新浪网、网易等的财经专栏。

6）专业性的基金网站　如中国基金网、天天基金网、数米基金网以及基金管理公司网站等。在这类网站可获得所有基金（开放式、封闭式）的净值（价格）及有关信息。

7）其他网站　如中国统计信息网（由中国国家统计局主办，提供权威的宏观经济统计数据）、中国宏观经济信息网（由中国宏观经济学会、中宏基金等机构共同主办）、国研网（国务院发展研究中心主办）等。

2 第二章　证券交易流程

学习目标

➢ 了解证券账户和资金账户的开设流程；
➢ 能熟练地进行证券买卖委托下单；
➢ 掌握证券竞价的规则。

对于投资者来说，证券交易流程由开户、委托、竞价成交、结算等程序构成，每道程序都有相应的规定和具体的操作方法与技巧，投资者只有遵循相应的规定和数量上的要求，并在熟练掌握操作方法和技巧的基础上，才能确保准确、快速和低成本地实现自己的交易目的。

第一节　开　　户

一、开立证券账户

1．证券账户的类别与用途

证券账户分为上海证券账户和深圳证券账户。上海证券账户适用于上海证券交易所（简称上证）；深圳证券账户适用于深圳证券交易所（简称深证）。

上海证券账户和深证证券账户按证券账户的用途分为人民币普通股账户（简称A股账户）、人民币特种股票账户（简称B股账户）、证券投资基金账户（简称基金账户）、其他账户。

A股账户可以用于买卖A股、债券、可分离交易债券、可转换公司债券（简称可转债）、证券投资基金、权证等。

A股账户按照持有人分为自然人证券账户、一般法人证券账户、证券公司和基金管理公司等特殊法人机构证券账户、非法人机构证券账户。

B股账户按持有人分为境内投资者证券账户、境外投资者证券账户。

基金账户只能用于购买基金。凡是已经开立A股账户的，就不必开立基金账户了。

中国证券登记结算有限责任公司发布实施《关于全面放开自然人投资者A股等账户一人一户限制的通知》，自2015年4月13日起A股市场全面放开一人一户限制，自然人与机构投资者均可根据自身实际需要开立多个A股账户和封闭式基金账户。

2. 自然人开立证券账户需要准备的材料

1）投资者的居民身份证原件和一份复印件。

2）人民币现金、美元现金或港币现金。

3）自然人证券账户注册申请表一张。

委托代办的还需要提交如下材料：经公证的委托代办书及一份复印件；代办人的居民身份证及一份复印件。

3. 自然人开立证券账户的流程

实际开户时投资者首先选择一家具有开户代理权的证券公司营业部开户窗口，索取一份开户登记表《自然人证券账户注册申请表》，填写完毕后，连同居民身份证、开户费（如深圳证券交易所规定自然人开户手续费为每户 50 元，上海证券交易所规定自然人开户手续费为每户 40 元）一起交给营业部营业员。营业员将投资者的资料输入电脑后，打印出《证券账户卡》（上海证券交易所和深圳证券交易所分别开立账户卡，A股与B股也要分别开立账户卡），连同身份证一起返还给投资者。

另外，有些证券公司为了吸引客户，自己为客户垫付了开户费，无须交费即可开户。

二、实训示例

1. 自然人开立A股证券账户

投资者小李某日来到一家证券公司营业部开立证券账户。他开立的是上海证券交易所能够进行A股、基金、权证、债券、可转债交易的自然人A股证券账户，深圳证券交易所能够进行A股、基金、权证、债券、可转债交易的自然人A股证券账户。

第一步，填写《自然人证券账户注册申请表》。该表从代理开户的证券公司营业部索取，李某填写的《自然人证券账户注册申请表》见表2-1。

开立上海证券交易所和深圳证券交易所的账户要分别填写申请表。

第二步，开户。将填写好的两份《自然人证券账户注册申请表》连同居民身份证原件、复印件及开户费交给营业员，营业员将小李开户信息输入电脑，打印出《上海证券交易所A股证券账户卡》《深圳证券交易所A股证券账户卡》，连同小李的居民身份证原件一起交给小李。

如果小李委托他人代办账户开立事宜，则代办者还要将自己的信息填写在《自然人证券账户注册申请表》中，并将代办人和委托人两人的身份证复印件，以及经公证的委托代办书及复印件一起交给营业员。

表 2-1　自然人证券账户注册申请表

申请人填写	账户持有人姓名		联系电话	
	联系地址		邮政编码	
	电子邮件地址		国籍或地区	
	有效身份证明文件类别	□身份证　□护照　□其他		
	有效身份证明文件号码			
	职业	□党政机关工作人员　□企事业单位职工　□农民　□个体工商户 □学生　□证券从业人员　□无业　□其他		
	学位\学历	□博士　□硕士　□大本　□大专 □中专　□高中　□初中及以下		
	账户类别	□A 股账户　□B 股账户　□基金账户　□其他账户		
	是否直接开通网络服务功能	□是　□否	网络服务初始密码（六位数字或字母）	
	代办人		代办人电话	
	代办人有效身份证明文件类别	□身份证　□护照　□其他		
	代办人有效身份证明文件号码			
	郑重声明	本人已经了解并愿意遵守国家有关证券市场管理的法律、法规、规章及相关业务规则，认真阅读了《证券账户注册说明书》并接受说明书内容，承诺以上填写的内容真实准确。 申请人或代办人签名：　　　日期：　年　月　日		
开户代理机构填写	审核资料： □有效身份证明文件及复印件 □申请人是否已签名 □本表内容是否填写全面、正确 证券账户号： 经办人：　　　开户代理机构盖章： 负责人：　　　联系电话： 传真：　　　填表日期：			
备注				

说明：1. 填写内容必须真实、准确、完整，字迹要清楚、整洁。

2. 开户申请人选择开通网络服务功能的，需填写自设的初始密码。从账户开立次日起，开户申请人可访问中国证券登记结算公司网站（http://www.chinaclear.cn），点击“投资者服务”项下“投资者登录”，选择“非证书用户登录”下的“按证券账户”登录方式，使用证券账户号码和初始密码登录，修改初始密码后即可办理证券查询、股东大会网络投票等网络服务。详情可参阅中国证券登记结算公司有关业务规定。

2. 自然人开立 B 股证券账户

投资者小李某日来到一家证券公司营业部开立深圳证券交易所 B 股证券账户。

B 股开户，投资者首先应具备证券管理部门规定的条件、资格。根据中国证券监督管理委员会（简称证监会）有关规定，B 股投资者需满足以下条件：

1）外国的自然人、法人和其他组织。

2）中国台湾地区、香港地区、澳门地区的自然人、法人和其他组织。

3）定居在海外的中国公民。

4）境内居民个人。

5）中国证监会规定的其他投资者。

小李属于“境内居民个人”，可以开户。

中国证券登记结算有限公司深圳分公司作为深圳 B 股的法定登记机构，负责 B 股投资者开户业务。同时授权给一些证券公司和一些银行代理开立 B 股账户。

第一步，小李凭本人身份证，到指定的境内外汇存款商业银行将其现汇存款或外币现钞存款（最低金额为 7 800 港币，相当于 1 000 美元）划入证券营业部在同城、同行的 B 股保证金账户（属于对公账户），由银行向小李出具进账凭证单（不允许跨行或跨地划转外汇资金），并向证券经营机构出具对账单。

第二步，小李凭本人身份证及复印件、外汇资金进账凭证单及复印件，到证券经营机构开立 B 股资金账户。

第三步，凭开立的 B 股资金账户，在该证券经营机构申请开立 B 股证券账户，开立 B 股证券账户也需要提交身份证及复印件，填写《自然人证券账户注册申请表》，缴纳开户费 120 港元。

如果是委托他人代办的，还需提供经公证的委托代办书及复印件、代办人身份证及复印件。

如果是境外个人投资者开户，则需要提交所在国家或地区的护照或身份证明，或者境外其他国家或提交永久居留签证的中国护照，或者香港特别行政区居民身份证，或者澳门特别行政区居民身份证，或者台湾同胞台胞证等。委托他人代办的，还需提供经公证的委托书、代办人身份证及复印件。

二、开立资金账户与开通第三方存管业务

1．开立资金账户

投资者本人持深圳或上海 A 股证券账户卡、银行卡、身份证原件及复印件到营业部柜台填写《开户申请表》，阅读相关资料，签订有关协议，开立资金账户。

2．开通第三方存管业务

在开立资金账户的证券营业部所确定的商业银行范围内选择一家银行，签订《客户交易结算资金第三方存管业务三方协议》，开通第三方存管业务。

在开立资金账户之前，客户本人先持本人身份证到所选择的商业银行的分支网点办理活期储蓄账户和银行卡（即活期一本通），并开通电话银行或网上银行业务。

在证券公司开通第三方存管业务后，在证券交易时间内，客户本人持本人身份证、银行卡、第三方存管协议、证券资金账户号到银行的分支网点办理第三方存管的确认。以后客户可以通过电话、证券公司营业部委托电话、网上交易、银行网站、银行综合柜员机等途径在证券公司资金账户和银行存管账户之间划转资金。表 2-2 为开户申请表。

表 2-2　开户申请表（个人）

开户日期：　　　　　　　年　　月　　日　　　　　　　　资金账号：

个人开户申请（申请人填写）							
姓名		性别		出生日期		国籍	
证件类型				证件号码			
学历				证件有效期限			
单位电话		家庭电话			移动电话		
职业	□党政机关工作人员　□企业事业单位职工　□农民　□个体工商户 □学生　□证券从业人员　□无业 □其他__________（请写明）						
工作单位					邮政编码		
住址					邮政编码		
联系地址					电子邮箱		
A 股股东卡编号	上海： 深圳：			B 股股东卡编号	上海： 深圳：		
基金账户卡编号	上海： 深圳：			其他账户卡编号			

委托方式（选择项打“√”，不选择项打“×”）	柜台委托□	电话委托□	自助委托□	驻留委托□
	网上委托□	手机委托□	其他□（请注明）	

开放式基金账户开户申请（办理基金业务填写）			
基金公司名称		基金账号	

声明：本人已接受《基金契约》所载明的所有法律条款，承诺依据《基金契约》行使权利、承担义务，并确保已详阅《证券投资基金投资人权益须知》及所购买基金的《公开说明书》，自愿办理××证券代理的基金业务，明白投资基金的风险，自担投资风险。

本人有能力承担风险，并保证资金来源的合法性和所提供资料的真实性、有效性、合法性、完整性，并对其承担责任。本人在开户时已自行设置了证券交易密码和证券资金密码，并已核对了电脑开户资料，录入内容正确无误。

申请人签名：　　　　　　　　　　　　申请日期：　　年　　月　　日

经办：　　　　　　复核：　　　　　　业务章：

日期：　　年　　月　　日

附表：

寄送买卖成交报告明细单	是 □ 否 □	寄送时间	按季寄送 □ 按月寄送 □
买卖成交报告明细单寄送地址			

说明：1. 客户开立账户必须提供身份证明及相关证明文件，并保证证明文件的真实、准确、完整、合法。

2. 填表人知晓此份申请表是客户开户必备法律文件之一，保证以上填写内容属实，并在上述填写内容发生变化时及时通知证券公司，按证券公司要求办理相关资料变更手续。

3. 如证券公司有证据证明客户提供的身份证明及相关证明文件虚假、无效，证券公司有权对客户账户采取限制措施（包括但不限于注销客户账户、限制账户交易或取款等）。

第二节 委托买卖

随着信息技术的发展，网络交易已成为证券交易的主要手段，而手机功能的不断创新，手机炒股业务的发展也成为更加便捷的网络交易渠道。本节重点介绍网上委托、交易、撤单以及手机炒股等内容。

一、网上委托交易

1. 登入账户

投资者通过电脑上网交易，首先要登录到开户的证券营业部。

登录重点是对投资者的账号进行验证，登录方式有以资金账号登录和以股东代码登录两种。以股东代码登录时客户需指定交易所。

点击“账号类型”后面的下拉框，出现账号类型选择，客户可根据自己的需要决定是选择“资金号”登录，还是以“上海 A 股”“深圳 A 股”或其他选项等登录，如图 2-1 所示。

在输入完必要的信息后即可执行“登录”操作了。若身份验证不通过，系统会提示相应的信息，如“交易密码错误”“无此股东账号”等。点击软键盘按钮，可出现数字键盘框，客户可以通过点击鼠标，输入账号或密码数字。利用软键盘进行操作可以提高安全性。

现在也有的证券公司只使用资金号，而不用股东代码，称为客户号，如果忘记的话可以致电证券公司找回该号码。

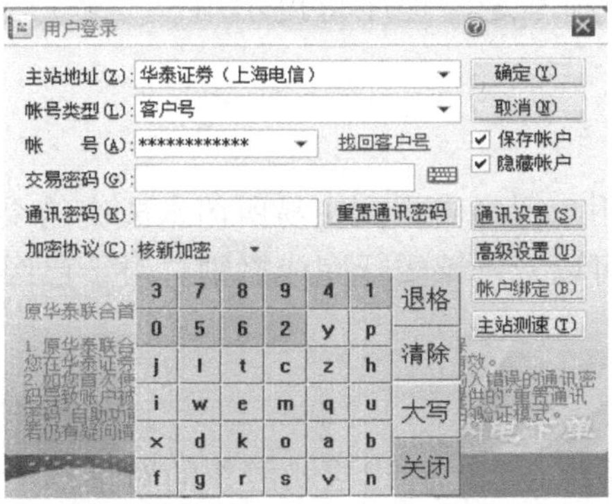

图 2-1 客户号、密码等的输入

2. 买入股票

点击“买入[F1]”系统将弹出“买入股票”对话框，根据对话框提出的要求输入委托股票代码、委托价格和委托数量，如图 2-2 所示。

图 2-2　买入股票

一般情况下，网上委托系统将会按当前价格提示用户，当然，用户也可以自己确定其他价格。在单击“买入[F1]”后，系统将此委托通过证券商发往沪深证券交易所。此外，点击“买入[F1]”后，计算机会自动查询客户的账户是否有足额资金，如果资金余额不足，程序将提示用户“账户余额不足”，此笔交易将无法申报。

3．卖出股票

点击“卖出[F2]”系统将弹出“卖出股票”对话框，根据对话框提出的要求输入委托股票代码、委托价格、委托数量，点击“卖出[F2]”后，计算机自动查询客户的账户是否有足额的股票，如果股票余额不足，程序将提示用户“账户余额不足”此笔交易将无法申报。

4．撤销委托

撤销委托的范围仅限于用户已经申报到交易所但未成交的委托。对于未成交的委托客户可以任意撤销再行确认，也可以双击该委托完成撤销。对于已经申报并且成交的委托，则无法撤销。

5．双向委托

点击“双向委托[F6]”系统会同时弹出买卖股票的对话框，该功能是在投资者同时想买入一只股票并且又想卖出一只股票的时候使用，系统会自动查资金及股票的数量，如果任意数量余额不足都将无法完成交易，如图 2-3 所示。

6．市价委托

点击“市价委托”按钮，就会出现下拉选项栏目，可以选择按照市价买入或卖出股票。

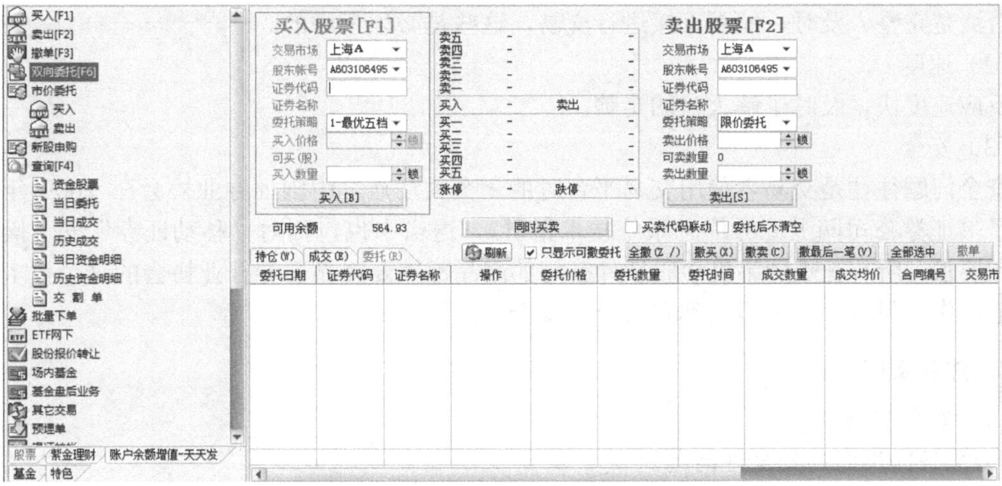

图 2-3 双向委托交易

二、网上账户查询

点击“查询[F4]”会出现下拉选项，投资者可以选择查询资金股票、当日委托、当日成交、历史成交、当日资金明细、历史资金明细、交割单等项目，根据自己的需要进行选择。

查询资金股票功能用于客户查询个人账户中的资金余额情况，其中当客户的当日委托买入证券后，账户中的资金会处于冻结状态，禁止客户取款。当日委托的资金会在收市后，即由券商与交易所清算完成后才会结束冻结状态。

查询股票需要说明的是，由于我国证券实行 T+1 的交易制度，因此客户当日买入的股票和当日卖出的股票均处于冻结状态。因此客户的股票账户余额中既包括当日委托已经卖出的股票，也包括委托买入的股票。同理，当日买入的股票当日不可以卖出，但是当日卖出股票的资金可以用于再购入股票，但不能支取。

三、手机炒股

手机炒股是基于移动通信网的数据传输功能来实现用手机进行信息查询和交易的新一代无线应用炒股系统，让一个普通手机成为综合性的处理终端。只要手机在网络信号覆盖的范围内（可以收到信号）就能够查看行情，信息资源相对丰富，比较电话委托的“堵单”和网上的“线路连接不上”，手机在下单速度和线路通畅的可靠性上更胜一筹。所以，目前除了柜台、电话委托和网络这三种方式外，最受股民欢迎的方式就是手机了。

1. 手机炒股考虑的因素

手机炒股软件除了券商自主研发设计的还有第三方提供的，在市面上流行的手机炒股软件也有很多种，如最早和券商合作的同花顺手机炒股软件。在选择手机炒股软件的时候，需要考虑以下三个方面：

（1）方便

操作方便，上手快，成为选择手机炒股软件不可忽视的一个因素。看盘是否方便，K 线图是否清楚完整、及时，能否直接进行交易，这些是必须考虑的。

（2）速度

反应速度快，及时了解大盘的走势。

（3）安全

安全问题往往是交易者使用交易平台时的一个关注点。中国证券业协会在 2009 年发布实施了《证券公司网上证券信息系统技术指引》，这当中也包括对“移动证券”安全操作的规定和要求。所有正规的手机炒股软件公司的产品都需要遵循证券行业协会的这个技术指引的规范操作，另外每个公司也都有自己的安全性措施。

2．注意事项

（1）安全漏洞

1）服务提供商的安全性问题。

2）手机使用安全。在手机上一般都会保留客户交易后的账号，虽然手机属于私人用品，但登录后不及时退出，如果手机放置不当，仍会给用户带来隐患。

3）要防范手机病毒。尤以支持蓝牙功能的手机中毒的机会最大。因此，不要经常无故开启手机的蓝牙功能。

（2）手机流量

一般使用手机炒股软件，建议申请一个流量套餐。

（3）精简自选股

手机软件自选股不宜太多，一会增加大量流量，二会使刷新变慢。不看手机行情时，建议退出手机软件。

第三节　竞价、成交及结算

在我国证券交易所内的双向交易是通过交易所电脑主机接收申报并进行竞价的。

一、竞价规则

1．价格优先

较高买进委托优先于较低买进委托，较低卖出委托优先于较高卖出委托，如图 2-4 所示。

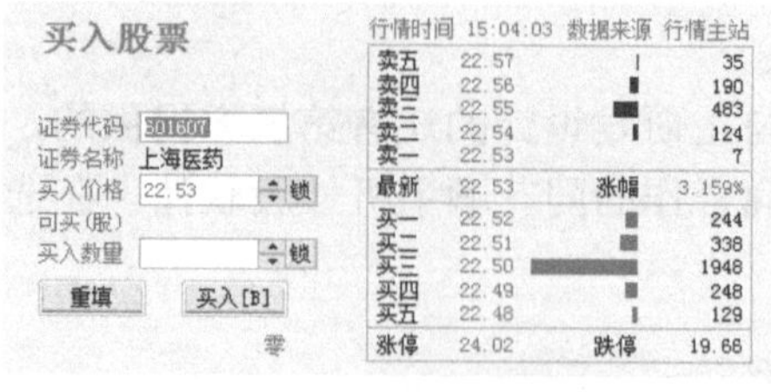

图 2-4　价格优先

2．时间优先

同价位委托按照申报的时间先后顺序成交。

3．规模优先

在申报价格、时间都相同时，一般按申报的交易股份规模排序，规模较高次序就靠前。因为大额交易面临的风险大，且能给市场提供较高的流动性。也有人称此种竞价方式为“规模优先”原则。

上交所、深交所的证券竞价采用集合竞价和连续竞价两种方式。

集合竞价是指在规定时间内，对接收到的有效买卖申报一次性集中撮合竞价方式。

连续竞价是指在规定时间内可以多次申报、撤单连续不断撮合成交的一种竞价方式。

连续竞价时间：每周一至周五上午 9:30—11:30，下午 1:00—14:57。法定节假日除外。

集合竞价时间：每周一至周五上午 9:15—9:25。其中，上海、深圳证券交易所规定，14:57—15:00 为收盘集合竞价时间。

二、成交

连续竞价成交的原则是：最高买进申报与最低卖出申报价位相同时，以该价格成交；买入申报价格高于市场即时最低价格卖出申报价格时，取即时提示的最低卖出申报价位成交或部分成交；卖出申报价格低于市场即时的最高买入申报价格时，取即时提示的最高买入申报价位成交或部分成交。

证券交易竞价的结果有三种可能：全部成交、部分成交和不成交。

1．全部成交

委托买入或卖出的证券全部成交，这里关键是买入或卖出的证券数量。委托全部成交后，证券经纪商应及时通知委托人按规定的时间办理交割手续。

2．部分成交

委托买入或卖出的证券未能全部成交，经纪商在委托有效期内可继续执行，直到有效期结束。目前上海、深圳交易所的场内委托只有当日有效，如果第二天要继续执行，需重新办理委托。当天成交的部分，经纪商也应及时通知委托人办理已成交的交割手续。

3．不成交

委托人买入或卖出证券没有成交，在有效期内可继续执行，直到有效期结束。不成交意味着委托人的委托不能实行，应通知委托人，并协商是否再重新委托。

因不可抗力、意外事件、交易系统被非法侵入等因素造成严重后果的交易，交易所可以采取适当措施或认定无效。

对显失公平的交易，经交易所认定，可以采取适当措施。违反规则，严重破坏证券市场正常运行的交易，交易所有权宣布取消交易，由此造成的损失由违规交易者承担。

依照规则达成的交易，其成交结果以交易主机记录的成交数据为准。

三、结算

结算包括两个过程，即清算和交收。清算是指每个营业日中，每个结算参与人（证券公司）成交的证券数量与价款分别给予扣抵，对证券和资金的应收或应付净额进行计算的处理过程。交收是指依据清算的结果实现证券与价款的收付，从而结束证券交易过程。我国目前实行 T+1、T+3、T+0 滚动交收，其中，A 股、基金、债券、回购交易等实行 T+1 滚动交收，B 股实行 T+3 滚动交收，权证实行 T+0 滚动交收。以 T+1 为例，在 T 日成交的证券交易的交收在成交日之后的第一个营业日完成。

四、交易费用

投资者从事证券交易，需要支付一定的交易费用（见表 2-3），具体包括：

1）开户费　开户费是指投资者在中国证券登记结算有限公司开设证券交易账户缴纳的费用。

2）佣金　佣金是指证券公司为客户提供证券代理买卖服务收取的费用，投资者要按成交金额的一定比例支付给证券公司。

3）过户费　过户费是投资者在委托买卖证券成交后买卖双方为变更证券登记所支付的费用，这笔费用属于证券登记结算机构收取的，由证券公司在投资者清算时代为扣收。

4）印花税　印花税是根据国家税收法律规定，在 A 股和 B 股成交后对买卖双方按规定的税率分别征收的税金，由证券公司在为投资者办理交收过程中代为扣收。

表 2-3　上海证券交易市场收费标准明细表

业务分类	收费项目	收费标准	交费对象	备　注
开立证券账户卡	A 股个人	40 元/户	投资者	
	A 股机构	400 元/户	投资者	
	基金账户	5 元/户	投资者	
	B 股个人	19 美元/户	投资者	
	B 股机构	85 美元/户	投资者	
A 股交易	佣金	不得高于成交金额的 3‰，也不得低于代收的证券交易监管费和证券交易经手费，起点 5 元	投资者	1．A 股大宗交易经手费按交易费率下浮 30%收取 2．要约收购相关收费参照 A 股交易执行 3．经手费、证管费包含在佣金之中
	经手费	按成交金额的 0.11‰双边收取	投资者	
	证管费	按成交金额的 0.04‰双边收取	投资者	
	印花税	按成交金额的 1‰向卖方收取	投资者	
	过户费	按成交面额的 1‰，起点 1 元	投资者	
B 股交易	佣金	不得高于成交金额的 3‰，也不得低于代收的证券交易监管费和证券交易经手费，起点 1 美元	投资者	1．B 股大宗交易经手费按交易费率下浮 30%收取 2．经手费、证管费包含在佣金之中
	经手费	按成交金额的 0.26‰双边收取	投资者	
	证管费	按成交金额的 0.04‰双边收取	投资者	
	印花税	按成交金额的 1‰向卖方收取	投资者	
	结算费	按成交金额的 0.5‰双边收取	投资者	
证券投资基金交易	佣金	不得高于成交金额的 3‰，也不得低于代收的证券交易监管费和证券交易经手费，起点 5 元	投资者	1．基金包括封闭式基金、ETF 等品种 2．基金大宗交易经手费按交易费率下浮 30%收取 3．经手费、证管费包含在佣金之中
	经手费	按成交金额的 0.045‰双边收取	投资者	
	证管费	按成交金额的 0.04‰双边收取	投资者	

（续）

业务分类	收费项目	收费标准	交费对象	备注
ETF 申购赎回	佣金	不超过申购、赎回份额的 5‰	投资者	前三年减半
	组合证券过户费	按组合证券过户面额 0.5‰收取	投资者	
权证交易	佣金	不得高于成交金额的 3‰，也不得低于代收的证券交易监管费和证券交易经手费，起点 5 元	投资者	经手费、证管费包含在佣金之中
	经手费	按成交金额的 0.045‰双边收取	投资者	
	证管费	按成交金额的 0.04‰双边收取	投资者	
	结算费	按成交金额的 0.015‰双边收取	结算参与人	
国债现货交易（地方政府债）	佣金	不超过成交金额的 0.2‰，起点 1 元	投资者	1．大宗交易债券交易经手费率下浮 10%，最高不超过 100 元/笔 2．固定收益平台现券交易，最高不超过 100 元/笔 3．经手费、证管费包含在佣金之中
	经手费	按成交金额的 0.001‰双边收取（固定收益平台现券交易，最高不超过 100 元/笔）	投资者	
	证管费	按成交金额的 0.01‰双边收取	投资者	
企业债、公司债、可转换公司债券、分离交易的可转换公司债券等现货交易	佣金	不超过成交金额的 0.2‰，起点 1 元	投资者	
	经手费	按成交金额的 0.001‰双边收取（固定收益平台现券交易，最高不超过 100 元/笔）	投资者	
	证管费	按成交金额的 0.01‰双边收取	投资者	
新质押式回购交易	佣金	1 天　不超过成交金额的 0.01‰ 2 天　不超过成交金额的 0.02‰ 3 天　不超过成交金额的 0.03‰ 4 天　不超过成交金额的 0.04‰ 7 天　不超过成交金额的 0.05‰ 14 天　不超过成交金额的 0.1‰ 28 天　不超过成交金额的 0.2‰ 28 天以上　不超过成交金额的 0.3‰	投资者	大宗交易债券交易经手费暂免收取
	经手费	暂免收取	投资者	
国债买断式回购交易	佣金	7 天　不超过成交金额的 0.125‰ 28 天　不超过成交金额的 0.5‰ 91 天　不超过成交金额的 0.75‰	投资者	
	经手费	暂免收取	投资者	
权证行权	股票过户费	按行权股票过户面额的 0.5‰向投资者单向收取	投资者	
	结算费	按成交金额的 0.015‰向结算参与人单边收取	结算参与人	
专项资产管理计划	佣金	不超过成交金额的 0.2‰，起点 1 元	投资者	经手费包含在佣金之中
	经手费	按转让金额的 0.009‰双边收取	投资者	
	结算费	按成交金额的 0.015‰向结算参与人单边收取	结算参与人	
A 股新股发行业务	手续费	免收		
再融资发行业务（配股、增发等）	手续费	免收		

资料来源：上海证券交易所《上海证券交易市场资金清算各项收费标准一览表》。

第四节 除权与除息

一、除权与除息

除权是指由于上市公司的总股本发生变化而导致每股对应的价值也相应发生改变，如每股净资产、每股收益等变化后每股股价也根据股本的变化进行同比例调整。导致上市公司总股本发生变化的情况有很多，主要包括上市公司实施送股、转增、增发、配股、回购注销等。其中，送股和转增是比较常见的会导致除权的情况。

除息是指上市企业将股息或红利发给登记在册的旧股东（股权登记日之前），新买进股票的持有者因没有过户就不能享有领取股息红利的权利。同时股票买卖价格应扣除这段时期内应发放股息红利数，这就是除息交易。

1. 送股

送股是指上市公司将本年的利润留在公司里，发放股票作为红利。送股实质上是留存利润的凝固化和资本化。送股后，公司的资产、负债、股东权益的总额结构并没有发生改变，但总股本增大了，同时每股净资产降低了，股价也相应降低。送股后，表面看股东持有的股份数量因此而增长，而实际股东在公司里占有的权益份额和价值均无变化。

2. 转增

转增是指上市公司将资本公积金以股本的方式赠送给股东。转增股本不是利润分配，它只是公司增加股本的行为，它的来源是上市公司的资本公积金。转增后，股东持有的股份数量因此而增加，而实际股东在公司里占有的权益份额和价值均无变化。

3. 配股

配股是指上市公司向原股东发行新股、筹集资金的行为。按照惯例，公司配股时新股的认购权按照原有股权比例在原股东之间分配，即原股东拥有优先认购权。

4. 派发红利

红利是指上市公司在进行利润分配时，分配给股东的利润。一般是每 10 股，派发××元，股东在获得时，还要扣掉上交税额。

二、除权除息过程及标识

上市公司在送股、派息、配股或召开股东大会的时候，需要定出某一天，界定哪些主体可以参加分红、参与配股或具有投票权利，定出的这一天就是股权登记日。

也就是说，在股权登记日这一天收市后仍持有该公司的股票的投资者是可以享有此次分红或参与此次配股或参加此次股东大会的股东，这部分股东名册由证券登记公司统计在案，届时将所应送的红股、现金红利或者配股权划到这部分股东的账上。

股权登记日后的第一天就是除权日或除息日，这一天购入该公司股票的股东不再享有公司此次分红配股。所以，如果投资者想得到一家上市公司的分红、配股权，就必须弄清这家公司的股权登记日在哪一天，否则就会失去分红、配股的机会。

如果是分红利现金，则称为除息，股票名称显示 XD××；如果是送红股或者配股，称为除权，股票名称显示 XR××；如果是既分红利又配股，称为除权除息，股票名称则显示 DR××。这时，显示的前收盘价不是前一天的实际收盘价，而是根据股权登记日收盘价与分红现金的数量、送配股的数量和配股价的高低等结合起来算出来的价格。

1. 除息价的计算

除息价=股息登记日的收盘价−每股所分红利现金额

例如：某股票股息登记日的收盘价是 4.17 元，每股送红利现金 0.03 元，则其次日股价为

4.17−0.03=4.14（元）

2. 除权价的计算

送红股后的除权价=股权登记日的收盘价÷（1+每股送红股数）

例如：某股票股权登记日的收盘价是 24.75 元，每 10 股送 3 股，即每股送红股数为 0.3，则次日股价为

24.75÷（1+0.3）=19.04（元）

配股后的除权价=（股权登记日的收盘价+配股价×每股配股数）÷（1+每股配股数）

例如：某股票股权登记日的收盘价为 18.00 元，10 股配 3 股，即每股配股数为 0.3，配股价为每股 6.00 元，则次日股价为

（18.00+6.00×0.3）÷（1+0.3）=15.23（元）

3. 除权除息价的计算

除权除息价=（股权登记日的收盘价−每股所分红利现金额+配股价×每股配股数）÷（1+每股送红股数+每股配股数）

例如：某股票股权登记日的收盘价为 20.35 元，每 10 股派发现金红利 4.00 元，送 1 股，配 2 股，配股价为 5.50 元/股，即每股分红 0.4 元，送 0.1 股，配 0.2 股，则次日除权除息价为

（20.35−0.4+5.50×0.2）÷（1+0.1+0.2）=16.19（元）

三、复权

1. 复权

所谓复权就是对股价和成交量进行权息修复，按照股票的实际涨跌绘制股价走势图，并把成交量调整为相同的股本口径。股票除权、除息之后，股价随之产生了变化，但实际成本并没有变化。如：原来 20 元的股票，十送十之后为 10 元，但实际还是相当于 20 元。从 K 线图上看这个价位看似很低，但很可能就是一个历史高位。例如某股票除权前日流通盘为 5000 万股，价格为 10 元，成交量为 500 万股，换手率为 10%，10 送 10 之后除权报价为 5 元，流通盘为 1 亿股，除权当日走出填权行情，收盘于 5.5 元，上涨 10%，成交量为 1000 万股，换手率也是 10%（和前一交易日相比具有同样的成交量水平）。复权处理后股价为 11 元，相对于前一日的 10 元上涨了 10%，成交量为 500 万股，这样在股价走势图上真实反映了股价涨跌，同时成交量在除权前后也具有可比性。

复权有两种形式：向前复权和向后复权。

向前复权，就是保持现有价位不变，将以前的价格缩减，将除权前的 K 线向下平移，使图形吻合，保持股价走势的连续性。

向后复权，就是保持先前的价格不变，而将以后的价格增加。上面的例子采用的就是向后复权。两者最明显的区别在于向前复权的当前周期报价和 K 线显示价格完全一致，而向后复权的报价大多高于 K 线显示价格。例如，某只股票当前价格 10 元，在这之前曾经每 10 股送 10 股，前者复权后的价格仍是 10 元，后者则为 20 元。

精确复权的计算公式：

前复权：复权后价格= [（复权前价格–现金红利）+配（新）股价格×流通股份变动比例]÷（1+流通股份变动比例）

后复权：复权后价格=复权前价格×（1+流通股份变动比例）–配（新）股价格×流通股份变动比例+现金红利

不进行权息修正（复权），就很可能影响您的正确判断。目前一些证券分析软件具有计算股票的复权价格功能。通过复权功能可以消除由于除权除息造成的价格、指标的走势畸变。

3 第三章　证券即时行情解读

学习目标

- 能正确研读大盘即时行情，解读有关指标内涵；
- 掌握个股即时行情报价，正确解读即时行情报价表的各项指标内涵；
- 会与大盘即时行情和近期走势进行对照，分析和预测个股短期走势；
- 会通过市盈率、市净率、量比、换手率等多种常用指标分析和研判个股。

第一节　大盘即时行情解读

一、大盘行情解读

进行证券投资首先要读懂大盘行情，大盘行情只是一种通俗的说法，一般是指股票市场价格的总体走势。目前，我国上海和深圳两个证券交易所分别编制并公布了多个从不同角度反映市场价格总体走势的股票价格指数，其中最具有代表性的分别是上证指数（1A0001）、上证 180 指数（1B0007）、深证成指（399001）和深圳综指（399106），下面以上证指数为例，简单介绍如何解读和分析大盘行情。

运行证券交易软件后，在主界面状态下输入上证指数的代码“1A0001”，即可进入上证指数分时走势图，如图 3-1 所示，在这个界面下，输入数字“05”+回车键，即可转入上证指数的日 K 线走势图，如图 3-2 所示。

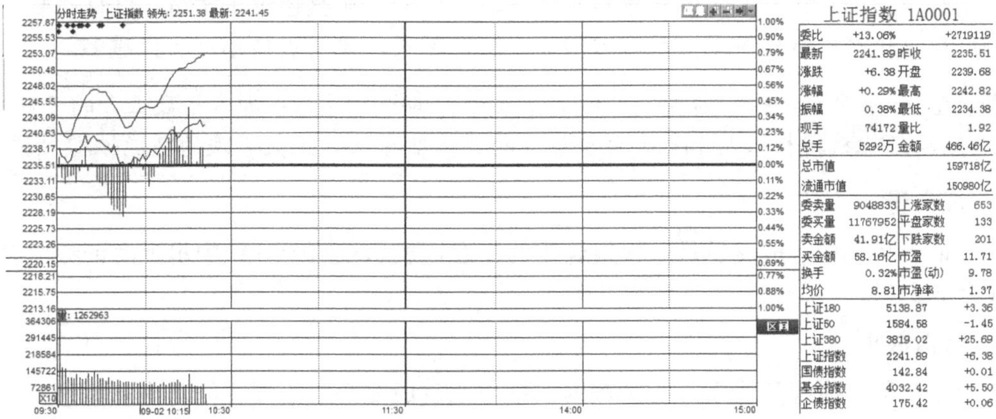

图 3-1　上证指数分时走势图

图 3-2 上证指数的日 K 线走势图

1. 上证领先指标

在上证指数分时走势图中，黄线通常被称为上证领先指标。图 3-1 中有两根线：白线和黄线，白线在上黄线在下。白线即上海证券交易所对外公布的上证指数，黄线是不考虑上市股票发行数量的多少而将所有股票对上证指数的影响等同对待的大盘指数，即白线是用股票发行量进行加权的股价指数，黄线是不加权的股价指数。一般认为，黄线更多代表了小盘股的总体走势，而白线则代表了大盘股的总体走势。

[实训注意]当指数上涨时，如果黄线在白线上方，表示发行量小（小盘股）的股票平均涨幅大于大盘股，而当黄线在白线下方，表示发行量大（大盘股）的股票平均涨幅大于小盘股。

当指数下跌时，如黄线在白线上方，表示小盘股的平均跌幅小于大盘股，而当黄线在白线下方，表示小盘股的平均跌幅大于大盘股。

2. 红柱与绿柱

图 3-1 中，0.00%线上方柱线为红柱，0.00%线下方柱线为绿柱。红柱与绿柱反映的是当前大盘所有股票的买盘与卖盘的数量对比情况，红柱表示买盘超过了卖盘，红柱越长，说明买盘超过卖盘越多；绿柱表示卖盘超过买盘，绿柱越长，说明卖盘超过买盘越多。

[实训注意]一般来说，红柱增长，表示买盘大于卖盘的数量在增加，指数上升的可能性增大。反过来，绿柱增长，表示卖盘大于买盘的数量在增加，指数下跌的可能性增大。

3. 成交量

在上证走势图中，成交量是一根根竖排的直线，表示在这一分钟中里上海证券交易所的累计股票成交量。

4. 行情数据

在上证指数分时走势图中，行情数据包括委比、成交等，简要介绍其内涵如下：

大盘委买：当前本类指数所有股票的委托买入数量之和。

大盘委卖：当前本类指数所有股票的委托卖出数量之和。

委比=（大盘委买−大盘委卖）÷（大盘委买+大盘委卖）×100%

[实训注意]委比是用来衡量（较短）一段时间内买盘、卖盘力量对比强弱的指标，大盘委买代表了推动市场总体股价上涨的动力，大盘委卖代表了推动市场总体股价下跌的动力，其取值范围在+100～−100之间。如果委比大于零，表示买盘的力量强于卖盘，股价指数上涨的可能性较大，反之，如果委比小于零，表示卖盘的力量强于买盘，股价指数下跌的可能性较大。

二、上海、深圳证券交易所主要指数介绍

1. 主要指数介绍

（1）上证指数

上证指数是上海证券交易所编制的综合性股价指数，以上海证券交易所全部上市股票为样本，基期是1990年12月19日，基点为100点，以股票发行量为权数，按加权平均法计算，其计算公式为

$$本日股价指数=\frac{本日股票市价总值}{基期股票市价总值}\times 100$$

式中，$本日股票市价总值=\sum_{i=1}^{n}本日收盘价\times 发行股数$；$基期股票市价总值=\sum_{i=1}^{n}基期收盘价\times 发行股数$。

遇到新股上市、退市或上市公司增资扩股时，须作相应修正，修正的计算公式为

$$新基期市价总值=修正前基期市价总值\times\frac{修正前市价总值+市价总值变动额}{修正前市价总值}$$

$$修正后本日股价指数=\frac{本日股票市价总值}{新基期股票市价总值}\times 100$$

（2）上证180指数

上证180指数是上海证券交易所编制并对外公布的成分股价指数，其前身是上证30指数，该成分指数的样本股是在上海证券交易所上市的180只股票，样本股的选择标准包括规模、流动性和行业代表性等因素，基期为2002年6月28日，基点为3 299.05点。

（3）深圳成分指数

深圳成分指数由深圳证券交易所编制并对外公布，其样本股是在深圳证券交易所上市的40只股票，样本股票的选择标准包括规模、流动性和上市时间长短等因素，基期为1997年7月20日，基点为1 000点。

（4）深证综合指数

深证综合指数以深圳证券交易所所有交易的股票为样本，基期为1991年4月3日，基点为100点，以股票发行量为权数，按加权平均计算，其计算公式为

$$本日指数=\frac{本日指数股总市值}{基日指数股总市值}\times 基日指数$$

每日连续计算的环比公式为

$$今日即时指数=上日收市指数\times\frac{今日即时指数股总市值}{经调整上日指数股收市总市值}$$

式中，今日即时指数股总市值=总样本股市价×已发行股数。

2．上交所、深交所指数列表

表 3-1　上交所指数列表

指数代码	指数简称	基准日期	基准点数
1B0007	上证 180	2002-6-28	3 299.06
1B0016	上证 50	2003-12-31	1 000
1B0015	红利指数	2004-12-31	1 000
1B0007	上证 180 全收益	2002-6-28	3 299.06
1B0016	上证 50 全收益	2003-12-31	1 000
1A0001	上证指数	1990-12-19	100
1A0002	A 股指数	1990-12-19	100
1A0003	B 股指数	1992-2-21	100
1B0001	工业指数	1993-4-30	1 358.78
1B0002	商业指数	1993-4-30	1 358.78
1B0003	地产指数	1993-4-30	1 358.78
1B0005	公用指数	1993-4-30	1 358.78
1B0006	综合指数	1993-4-30	1 358.78
1B0008	基金指数	2000-5-8	1 000
1B0012	国债指数	2002-12-31	100
1B0013	企债指数	2002-12-31	100

表 3-2　深交所指数列表

指数代码	指数简称	基准日期	基准点数
399001	深证成分指数	1994-7-20	1 000
399002	成分 A 股指数	1994-7-20	1 000
399003	成分 B 股指数	1994-7-20	1 000
399004	深证 100 指数	2002-12-31	1 000
399100	深证新指数	2005-12-30	1 107
399101	中小板指数	2005-6-7	1 000
399106	深证综合指数	1991-4-3	100
399107	深证 A 股指数	1991-4-3	100
399108	深证 B 股指数	1992-2-28	100
399110	农林牧渔指数	1991-4-3	1 000
399120	采掘业指数	1991-4-3	1 000
399130	制造业指数	1991-4-3	1 000
399131	食品饮料指数	1991-4-3	1 000

（续）

指数代码	指数简称	基准日期	基准点数
399132	纺织服装指数	1991-4-3	1 000
399133	木材家具指数	1991-4-3	1 000
399134	造纸印刷指数	1991-4-3	1 000
399135	石化塑胶指数	1991-4-3	1 000
399136	电子指数	1991-4-3	1 000
399137	金属非金属指	1991-4-3	1 000
399138	机械设备指数	1991-4-3	1 000
399139	医药生物指数	1991-4-3	1 000
399140	水电煤气指数	1991-4-3	1 000
399150	建筑业指数	1991-4-3	1 000
399160	运输仓储指数	1991-4-3	1 000
399170	信息技术指数	1991-4-3	1 000
399180	批发零售指数	1991-4-3	1 000
399190	金融保险指数	1991-4-3	1 000
399200	房地产业指数	1991-4-3	1 000
399210	社会服务指数	1991-4-3	1 000
399220	传播文化指数	1991-4-3	1 000
399230	综合类指数	1991-4-3	1 000
399305	深市基金指数	2000-6-30	1 000

第二节　个股即时行情解读

一、行情报表解读

运行证券交易软件，在其主界面状态下，选择“报价”→“沪深股票”菜单，即可进入沪深证券交易所行情报表主页面，如图 3-3 所示，读者可以选择自己想要查看的商品类别。下面以选择“上海 A 股”为例，如图 3-4 所示，说明行情报表中各有关指标的内涵。

图 3-3　进入沪深 A 股行情报表

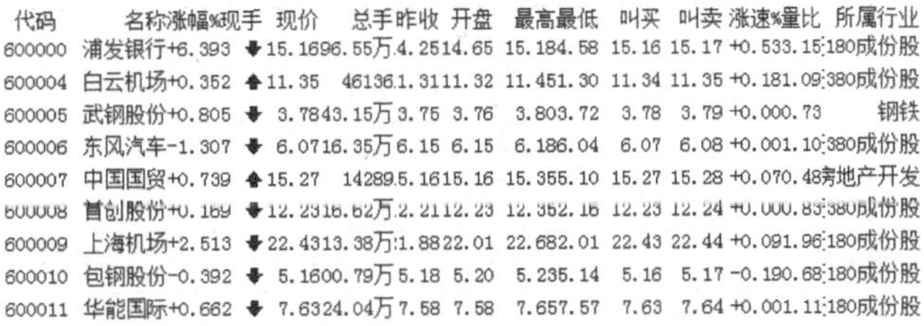
代码　名称涨幅%现手　现价　总手昨收　开盘　最高最低　叫买　叫卖　涨速%量比　所属行业
600000　浦发银行+6.393　15.1696.55万4.2514.65　15.184.58　15.16　15.17　+0.533.15　180成份股
600004　白云机场+0.352　11.35　46136.1.3111.32　11.451.30　11.34　11.35　+0.181.09　380成份股
600005　武钢股份+0.805　3.7843.15万3.75　3.76　3.803.72　3.78　3.79　+0.000.73　钢铁
600006　东风汽车-1.307　6.0716.35万6.15　6.15　6.186.04　6.07　6.08　+0.001.10　380成份股
600007　中国国贸+0.739　15.27　14289.5.1615.16　15.355.10　15.27　15.28　+0.070.48　房地产开发
600008　首创股份+0.169　12.2316.62万2.2112.23　12.352.16　12.23　12.24　+0.000.83　380成份股
600009　上海机场+2.513　22.4313.38万1.8822.01　22.682.01　22.43　22.44　+0.091.96　180成份股
600010　包钢股份-0.392　5.1600.79万5.18　5.20　5.235.14　5.16　5.17　-0.190.68　180成份股
600011　华能国际+0.662　7.6324.04万7.58　7.58　7.657.57　7.63　7.64　+0.001.11　180成份股

图 3-4　上海 A 股行情报表示例

代码：证券（股票）代码是证券（股票）交易中用来代表上市交易证券（股票）名称的数码。目前，上海和深圳证券交易所的交易代码均为6位数字，其中：上海A股以6开头、B股以9开头；深圳A股以0开头、B股以2开头。

名称：证券（股票）名称是证券（股票）的简称，一般由三至四个中文字组成，如图3-4中的华能国际即华能国际电力股份有限公司的简称。

涨幅：当前价格与前一交易日收盘价格相比的上涨或下跌的百分比幅度。

现价：最近一次成交时的成交价格。

总手：从开盘到最近一次成交为止累计的总成交量，一手为100股。

现手：现手与现价相对应，是指最近一次成交时的成交量。

昨收：前一交易日的收盘价。收盘价通常指某种证券在证券交易所一个交易日内最后一笔买卖成交价格，根据我国沪、深证券交易所交易规则规定，每个交易日闭市前，每只证券当日有成交的最后一分钟内所有成交价格以成交量加权的平均价为该证券的收盘价。当日无成交的，以前一交易日收盘价为该交易日的收盘价。

开盘：证券在当前交易日的第一笔成交价。

最高：从当前交易日开盘到最近一次成交为止，证券所达到的最高成交价格。

最低：从当前交易日开盘到最近一次成交为止，证券所达到的最低成交价格。

叫买：目前申报买入证券（尚未成交）的最高委托价格。

叫卖：目前申报卖出证券（尚未成交）的最低委托价格。

二、个股行情解读

运行证券交易软件，在其主界面状态下，输入股票代码或股票简称拼音的第一个字母，即可查看到相应的个股行情。如输入300226或SHGL，即可进入上海钢联分时走势图，如图3-5所示，在这个界面下，输入“05”+回车键，即可进入上海钢联日K线走势图，如图3-6所示。下面以图3-5为例，简单介绍有关指标的内涵及其研判要点。

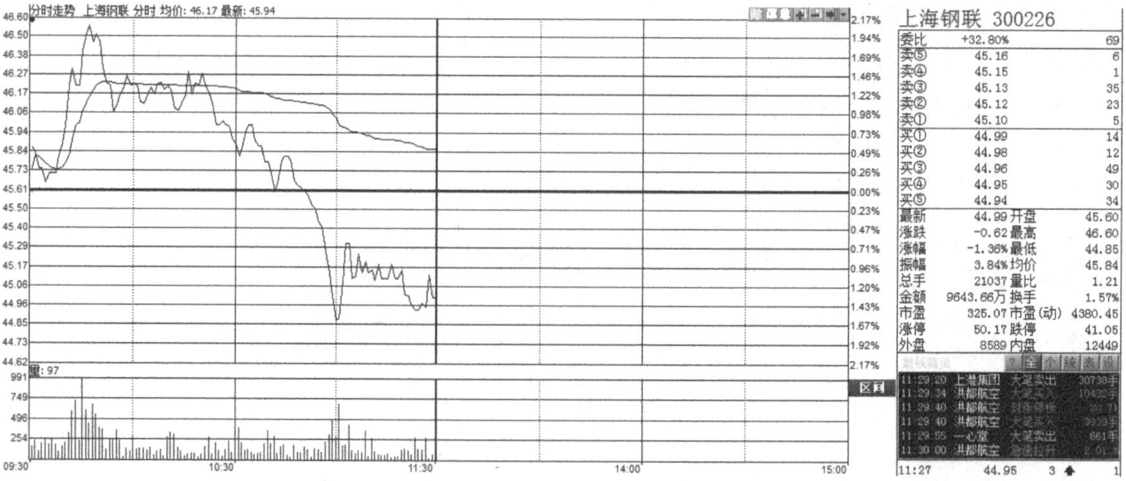

图3-5 上海钢联分时走势图

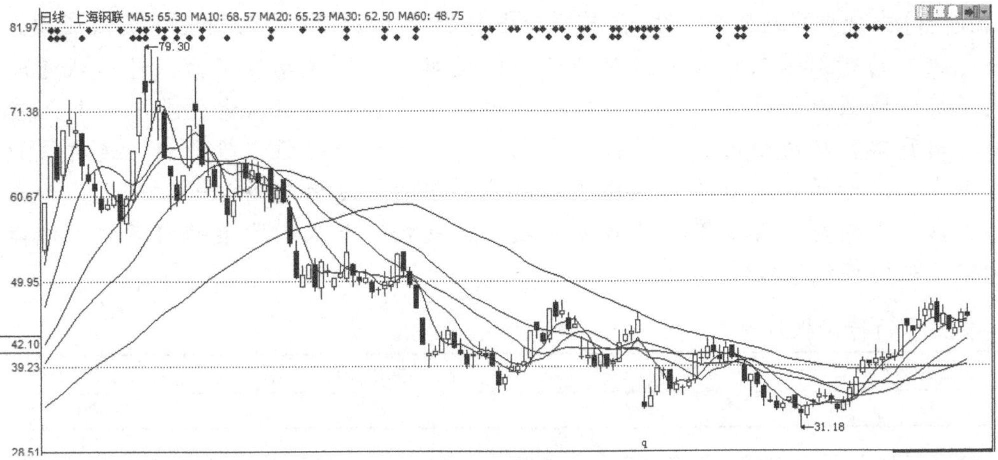

图 3-6　上海钢联日 K 线走势图

最新：当前最近一次成交时的成交价。此处的“成交”即图 3-5 中的“现价”。

涨跌：当前价格（成交）与昨天收盘价相比上涨或下跌的百分比。

振幅：当前最大涨幅与最大跌幅之间的差距。

总手：自开盘开始到最近一次成交为止累计成交的手数。1 手=100 股。

金额：自开盘开始到最近一次成交为止累计成交的金额。

开盘：当天的第一笔成交价。

最高：自开盘开始到最近一次成交为止，期间达到的最高成交价。

最低：自开盘开始到最近一次成交为止，期间达到的最低成交价。

均价：自开盘开始到最近一次成交为止，平均的成交价格。

量比：它是开市后每分钟的平均成交量与过去 5 个交易日每分钟平均成交量之比。其公式为：量比=现成交总手÷（过去 5 日平均每分钟成交量×当日累计开市分钟数）。

[实训注意]如量比值大于 1，表示这个时刻的成交量较近五天的平均成交量有所放大，说明该股成交变得活跃；如量比值小于 1，表示这个时刻的成交量较近五天的平均成交量有所萎缩，说明该股成交变得清淡。

市盈：市盈率，又叫本益比，其计算公式为：市盈=公司股票最新市价/公司最新年度每股盈利。

[实训注意]市盈率是分析股票市价高与低的重要指标，是衡量股票投资价值的一种方法。设某股票的市价为 10 元，其每股盈利为 0.5 元，则其市盈率为 20 倍。假设该公司未来的股价和盈利均保持不变，且该公司每年均将所有盈利分配给股东，在不考虑货币时间价值的前提下，股东需要 20 年时间收回成本。可见，市盈率是衡量股票投资价值高低的重要指标。当然，市盈率只是衡量股票投资价值的重要指标，而非唯一指标，且股票的市盈率水平还与上市公司的行业背景、证券市场总体走势等诸多因素密切相关，上面的例子只是用静态的眼光去看市盈率，读者切不可照搬照套。

外盘：指股票在卖出价成交的累积手数。

内盘：指股票在买入价成交的累积手数。

[实训注意]外盘形象地说明了投资者按卖出者的要求（卖出委托价格）买入股票，从非该公司股东的行列进入该公司股东的行列，是对该股的主动性买盘，外盘数量越多，反映了看好该股票的投资者越多。内盘则说明了投资者按买入者的要求（买入委托价格）卖出股票，从该公司股东的行列出来，变成非该公司股东投资者，是对该股的主动性抛盘，内盘的数量越多，反映了看空该股票的投资者越多。一般来说，如果某股票的外盘大于内盘，其价格上涨的可能较大，反之，如果某股票的内盘大于外盘，则其价格下跌的可能性较大。

某股票的行情报价如下：

委买价/元	委买数量/手	委卖价/元	委卖数量/手
25.20	350	25.21	420

由上可见，买卖双方的报价有一定差距，无法成交，此时该股票的交易处于暂时僵持状态。这时，如果有投资者非常迫切想买进该股，报出一笔委托价为 25.21 的委托单，则其在这一价格会立即成交，这笔成交即被划入外盘。

委比：委比=（A–B）÷（A+B）×100%，其中，A=买①量+买②量+买③量+买④量+买⑤量，B=卖①量+卖②量+卖③量+卖④量+卖⑤量。

[实训注意]委比是用来衡量（较短）一段时间内买卖盘力量对比的指标，A 代表了推动该股价格上升的动力，B 卖代表了推动该股价格下跌的动力，其取值范围在–100～+100 之间。如果委比大于零，表示在较短的一段时间内买盘的力量强于卖盘，股价上涨的可能性较大，反之，如果委比小零，表示在较短的一段时间内卖盘的力量强于买盘，股价下跌的可能性较大。

第四章　证券投资基本分析

学习目标

- 能获取相关宏观经济运行数据和宏观经济政策的主要信息；
- 能准确判断当前宏观经济运行与宏观经济政策对证券市场价格走势的影响；
- 掌握行业特点、地位、行业周期波动、行业生命周期对股票价格的影响；
- 能够对上市公司的业绩、成长性、经营效率以及竞争性等进行科学分析。

第一节　宏观经济分析

宏观经济情况的好坏，关系到个别企业的生存与发展，因为任何企业都是在一定的宏观经济背景下进行生产经营的。宏观经济分析主要包括国民经济形势分析、宏观经济政策分析以及其他宏观因素分析等。

要判断宏观经济所处的态势，投资者首先要熟悉一些描述宏观经济的关键经济变量。这些变量包括国内生产总值、通货膨胀、失业率、利率、财政赤字、汇率等，见表 4-1。这些经济变量的变动趋势反映了宏观经济的运行趋势。

表 4-1　影响股市的宏观经济变量

反映经济基础变量	GDP
	货币供应量
	经济周期
	通货膨胀
	实际利率
	汇率与进出口
物价指数	物价指数反映的是我国市场环境
固定资产投资	固定资产投资反映了整体经济状态
税率	税率反映的是调控政策的变动
汇率 利率 货币供应量	汇率、利率、货币供应量反映的是我国金融市场环境

一、国内生产总值（GDP）对股市的影响

国内生产总值（GDP）是指在一个既定的时期内一个国家或地区在其经济领土范围内生

产的所有最终物品和提供劳务的市场价值的综合。

一般来说，GDP 对股市的影响表现为，当 GDP 持续、稳定地增长，股票的内在含金量以及投资者对股票的需求增加，促使股票价格的上涨，证券市场会呈现上升趋势。从以往的统计数据来看，1990 年至 2009 年的 20 年期间，中国 GDP 和上证指数的 5 年期累计涨幅平均值分别为 87%和 92%，5 年期年复合增长率平均值分别为 12.9%和 11.4%；尽管 5 年期股市累计涨幅大，年复合增长率平均值却更小，可见股市波动率比 GDP 大得多。但是，以 5 年期计算，平均而言，无论是累计涨幅，还是年复合增长率，中国股市涨幅和 GDP 涨幅是相当接近的。从长期看，股价的变动与 GDP 的变化趋势是吻合的，如图 4-1 所示。

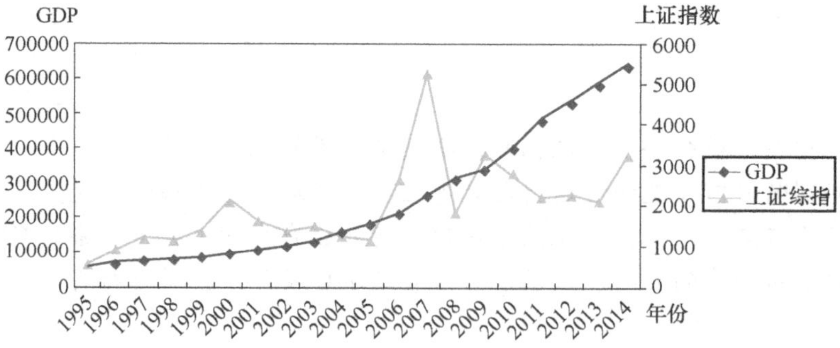

图 4-1　1995—2014 年 GDP 与上证指数关系图

但是，我们必须将 GDP 和经济形势两者结合考虑，不能简单地认为 GDP 增长，股市必将伴之上升的走势。当经济结构不合理，高通胀下呈现的 GDP 高速增长是泡沫经济的表现，经济形势在矛盾激化中有恶化的可能，企业成本上升，重复建设最终导致供大于求，居民实际收入下降等各种因素都会引发股市行情的下跌。例如：2011—2014 年中，宏观经济走势与证券市场走势看上去形同陌路，相互背离，让广大投资者感到困惑。由此可见国内生产总值影响着股市行情的变动，但是股市的变动与 GDP 的变化趋势不是完全吻合的。

二、货币供应量对股市的影响

货币供应量是指在一个经济体中，在某一个时点流通中的货币总量。我国的货币供应量从狭义到广义分为三个层次：流通中的现金（M0）、狭义的货币（M1）、广义的货币（M2）。中央银行可以通过法定存款准备金率和再贴现政策调节货币供应量，从而影响货币市场和资本市场的资金供求，进而影响股票市场。如果中央银行提高法定存款准备金率，这在很大程度上限制了商业银行体系创造派生存款的能力，并通过货币乘数的作用，使货币供应量大幅度地减少，股票行情趋于下跌。同样，如果中央银行提高再贴现率，商业银行资金成本增加，市场贴现利率上升，社会信用收缩，证券市场的资金供应减少，使股票行情走势趋软；反之，如果中央银行降低法定存款准备金率或降低再贴现率，通常都会导致股票行情上扬。

货币供应量对股票价格的影响，主要有三种表现：一是货币供应量增加，可以促进生产，扶持物价水平，阻止商品利润的下降；使得对股票的需求增加，促进股票市场的繁荣。二是货币供应量增加引起社会商品的价格上涨，股份公司的销售收入及利润相应增加，从而使得以货币形式表现的股利会有一定幅度的上升，使股票需求增加，从而股票价格也相应上涨。三是货币供应量的持续增加引起通货膨胀，通货膨胀带来的往往是虚假的市场繁荣，造成企业利润普遍上升的假象，保值意识使人们倾向于将货币投向贵重金属、不动产和短期债券上，股票需求量也会增加，从而使股票价格也相应增加。由此可见，货币供应量的变动是影响股市变化的重要因素之一。当投资者在进行投资分析时，一定要综合考虑到当下市场货币供应量的具体情况。图 4-2 为我国 2008 年 1 月至 2014 年 9 月的货币供应量走势，可据此分析对股市的影响。

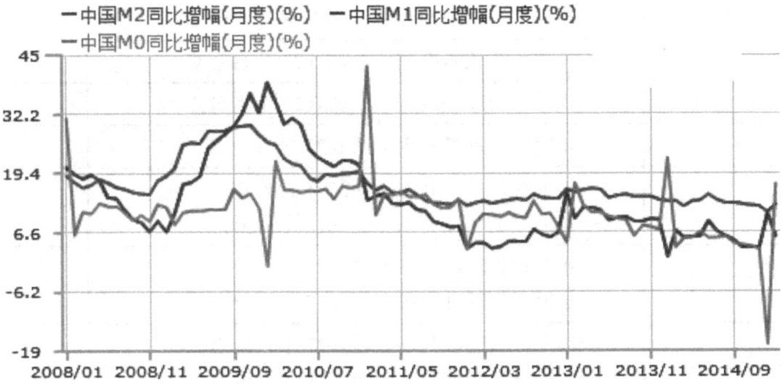

图 4-2 我国 2008 年 1 月至 2014 年 9 月的货币供应量走势

资料来源：中国金融信息网

二、利率对股市的影响

利率就是资金的使用价格。对国家来讲，它是一个货币政策工具，影响着社会资本的流动性。对企业来讲，它又是一个财务指标，影响着企业资金成本和利润空间，影响着老百姓的资金收益。

一般来说，利率下降时，股票的价格就上涨；利率上升时，股票的价格就会下跌。但是，在现实经济中，利率的变化与股市的变动并不能总结为简单的负相关的关系。事实上，利率与股市行情的关系和我们的直觉相反，利率上升时股价也在上升，而利率下跌时股价也在下跌。出现这种反常的情况的原因为，利率上升大多发生在经济繁荣时期，企业公司的经营状况很好，同时预期的现金流会增加，公司的股票价格当然也会随之上升。相反，如果央行下调利率，居民对这样一个政策信息的第一反应是经济仍然处于萧条时期，缺乏投资机会，股市也不景气。表 4-2 列示了历年利率调整对股市影响的具体数据。

表 4-2 历年利率调整对股市的影响一览

次数	调整时间	调整内容	公布第二交易日股市表现（沪指）
21	2015 年 3 月 1 日	一年期贷款基准利率下调 0.15 个百分点	涨 0.79%
20	2014 年 11 月 22 日	一年期贷款基准利率下调 0.4 个百分点	涨 1.85%
19	2012 年 07 月 06 日	一年期贷款基准利率下调 0.45 个百分点	跌 2.38%
18	2012 年 06 月 08 日	一年期存贷款基准利率下调 0.25 个百分点	涨 1.00%
17	2011 年 07 月 06 日	一年期存贷款基准利率上调 0.25 个百分点	跌 0.58%
16	2011 年 04 月 05 日	一年期存贷款基准利率上调 0.25 个百分点	涨 1.14%
15	2011 年 2 月 08 日	一年期存贷款基准利率上调 0.25 个百分点	跌 0.89%
14	2010 年 12 月 25 日	一年期存贷款基准利率上调 0.25 个百分点	跌 1.9%

（续）

次　数	调整时间	调整内容	公布第二交易日股市表现（沪指）
13	2010年10月19日	一年期存贷款基准利率上调0.25个百分点	涨0.07%
12	2008年12月22日	一年期存贷款基准利率下调0.27个百分点	跌4.55%
11	2008年11月26日	一年期存贷款基准利率下调1.08个百分点	涨1.05%
10	2008年10月30日	一年期存贷款基准利率下调0.27个百分点	涨2.55%
9	2008年10月9日	一年期存贷款基准利率下调0.27个百分点	跌3.57%
8	2008年9月16日	一年期贷款基准利率下调0.27个百分点	跌2.90%
7	2007年12月20日	一年期存款基准利率上0.27个百分点；一年期贷款基准利率上调0.18个百分点	涨1.15%
6	2007年09月15日	一年期存款基准利率上调0.27个百分点；一年期贷款基准利率上调0.27个百分点	涨2.06%
5	2007年08月22日	一年期存款基准利率上调0.27个百分点；一年期贷款基准利率上调0.18个百分点	涨1.49%
4	2007年07月20日	上调人民币存贷款基准利率0.27个百分点	涨3.81%
3	2007年05月19日	一年期存款基准利率上调0.27个百分点；一年期贷款基准利率上调0.18个百分点	涨1.04%
2	2007年03月18日	上调金融机构人民币存贷款基准利率.27%	涨2.87%
1	2006年08月19日	上调一年期存、贷款基准利率均为0.27%	涨0.20%

四、汇率对股市的影响

汇率是外汇市场上一国货币与他国货币兑换的比率。汇率变动对股市的影响可以从以下两个方面分析：

1）从实体经济层面分析，如果本币升值，则国内商品的生产成本和价格都会上涨，这对于出口，尤其是经济附加值较低的劳动密集型产业十分不利，企业的销售受到阻碍，利润空间缩小，造成股价面临下行的压力，相反，股价上涨。

2）从资金面分析，如果本国货币升值，则本国货币在国际市场上变得有吸引力，这会吸引国外大量的资金流入进行投资，股市资金充足，股价上涨，进一步吸引更多外国资金的流入，推动股市上行。从这两方面看来，汇率的变动对股市的影响是不确定的，具体的股市行情要具体分析。美元指数与上证指数走势关系如图4-3所示。上为美元指数，下为上证指数。

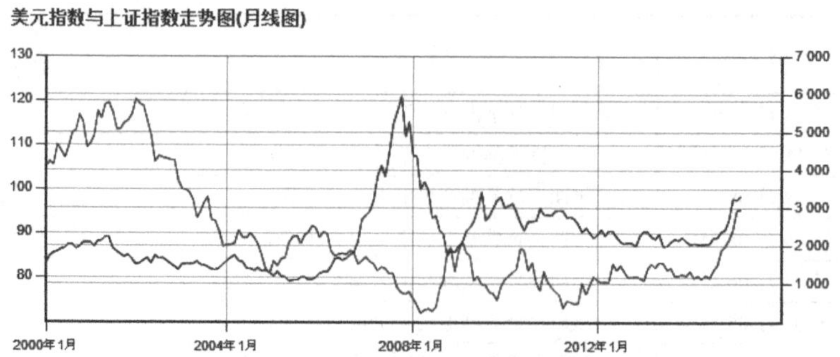

图4-3　美元指数与上证指数走势关系

以下通过对我国汇率的变动对股市影响的案例分析，来进一步认识汇率对股市的影响。例如：从2008年下半年开始一直到2010年，人民币汇率变动不大，基本维持在6.8的水平，处在温和升值的过程中。与前期大起大落的走势相比，这个时期的股票市场无疑呈现出温和上涨的趋势。从时间段上看，人民币汇率走平的拐点出现在2008年7月份，而股市企稳回升出现在2008年10月份，再次说明在牛市行情到来前，人民币汇率的表现对股市行情有一定的先行特征。由此可见，汇率的变动是影响股市变动的因素之一，同时股市的波动也是对汇率变动的反应。

五、价格指数对股市的影响

1. CPI

CPI即消费者物价指数（Consumer Price Index），是反映与居民生活有关的产品及劳务价格的物价变动指标，通常作为观察通货膨胀水平的重要指标。如果消费者物价指数升幅过大，表明通胀已经成为经济不稳定因素，央行可能出台紧缩货币政策和财政政策，从而造成经济前景不明朗。因此，该指数过高的升幅往往不被市场欢迎。

一般说来当CPI>3%的增幅时，就是通货膨胀；而当CPI>5%的增幅时，就是严重的通货膨胀。

CPI的涨跌，主要是体现通货膨胀或者通货紧缩，一般CPI上涨过快，央行一般都要采取加息来平抑CPI上涨所带来的货币贬值，而加息将会对资金的流动性起到相当大的抑制作用，而且由于股市的合理市盈率（PE）是参考银行一年期利率来决定的，且与利率水平成反比，即利率水平越高，PE就越低，对应平均股价就越低，所以CPI的上涨将会影响资金流动性，且降低股市股价估值水平。图4-4为我国CPI 2008年1月至2014年9月的走势，可据此分析股市的走向。

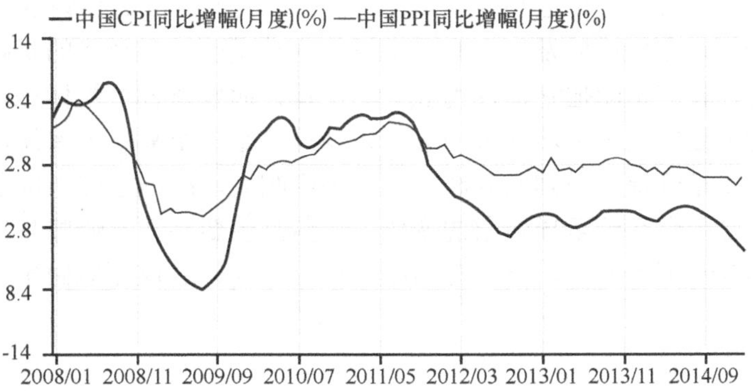

图4-4　我国CPI 2008年1月至2014年9月的走势

资料来源：中国金融信息网

2. PPI

PPI是生产者价格指数，或者说是产品价格指数。如钢铁、木材、电力、石油之类引致需求的生产要素价格现期与基期的价格和不变的商品种类和权数乘积之比。

PPI 上涨是 CPI 上涨的先行指标，或者说，PPI 上涨最终会传导并加速 CPI 上涨。然而，PPI 的上涨，对加大企业生产成本（降低利润率）的压力却远大于传导给 CPI 上涨而带来的压力。尤其是在出口萎缩、消费品制造业产能过剩的情况下，企业将上涨的生产成本转嫁给消费者的难度加大，为此，无法转嫁的生产成本必将冲减企业利润。因此，PPI 上涨意味着企业经营成本的进一步加大，利润率将会明显下降。图 4-5 为我国 PMI 2008 年 1 月至 2014 年 9 月的走势，可据此分析股市的走向。

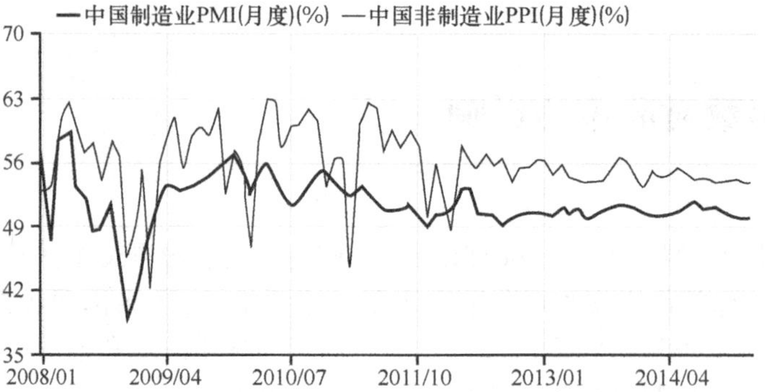

图 4-5　我国 PMI 2008 年 1 月至 2014 年 9 月的走势

资料来源：中国金融信息网

由此可见，CPI 上涨，将加大居民消费成本，从而打击或削弱居民消费信心，这也会使家庭投资更谨慎、更理性。同样，PPI 上涨，将加大企业采购成本，在原材料价格上涨不能有效转嫁给消费者的前提下，企业利润减少甚至亏损都将是很常见的。对上市公司而言，道理完全相同。公司利润减少，业绩明显下降，对股东回报也减少。一方面，上市公司投资价值下降，股价重心自然会下移；另一方面，投资回报预期降低，就会弱化投资者信心，股市人气就会涣散。

总而言之，CPI 上涨，尤其是 PPI 持续上涨，均不利于股市信心集聚、人气提升。

通过上面的分析，我们可以发现，股票市场的变动是受宏观经济的影响，并且在进行宏观经济指标分析时，我们不能把它们视为独立的个体，而要将各个指标综合考虑，同时要把各项指标放入当时所处的具体经济环境中去。宏观经济是一个复杂的系统，当投资者在做出投资行为前，一定要正确地认识到宏观经济状况和影响力，准确把握指标上升或下降的背后真正原因是什么，是由什么因素导致它的变化，哪些是主要因素，哪些是次要因素，这些变化通过何种途径传导至证券市场，更要分清影响程度如何，这样才能做出正确的投资决策，提高投资的准确度。

第二节　行业投资分析

证券投资的行业分析是介于宏观经济分析与公司分析之间的中观层次的分析，包括传统意义上的行业分析和板块分析两个方面。

投资者需对不同行业和板块股票的经营状况和市场表现进行分析，以便更好地把握投资方向、精准地选择投资标的。在一个好的行业或板块中找出好的股票品种，无疑可以大大提高投资收益，降低投资风险。

一、股票板块的划分

股票板块划分的依据主要有五类，即行业、业绩、股本规模、概念、区域。沪深两市股票板块的划分见表 4-3。

表 4-3　沪深两市股票板块的划分

股票板块划分的依据	沪深两市股票分类举例
按照上市公司所属行业划分	通信设备、银行、酒店及旅游、生物制品、中药等 90 大类
按照上市公司经营业绩划分	一线绩优蓝筹股、二线股和三线绩差股或亏损股板块
按照上市公司股本规模划分（主要依据流通股本规模大小）	超级大盘股、中盘股和小盘股板块
按照上市公司所具有的独特概念划分	迪士尼、环保、3D 打印、一带一路、互联网+、次新股、去 IOE、工业 4.0 等板块
按照上市公司所在地划分	上海板块、新疆板块、天津板块等 32 个地域板块

板块的划分标准不是一成不变的，一家上市公司可以同时属于多个不同的板块，因而具备了多重身份。图 4-6 为云南白药所属的板块示例。

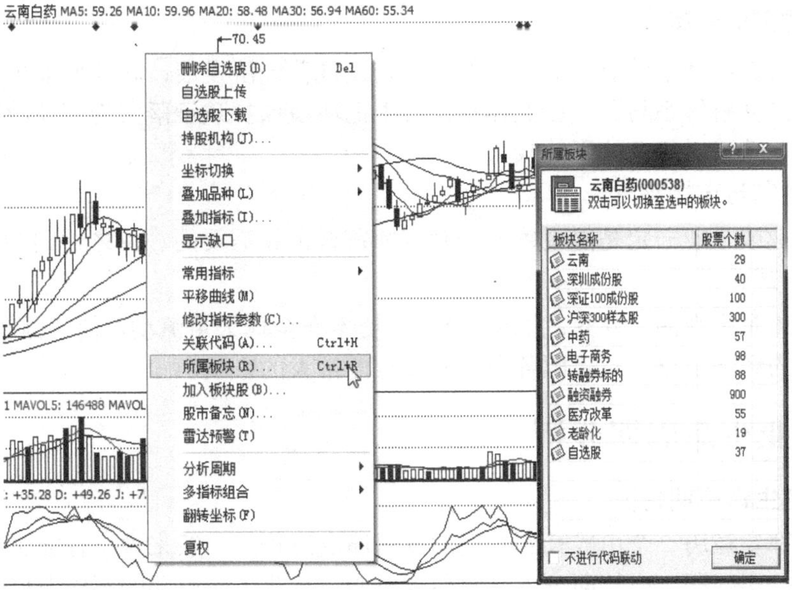

图 4-6　云南白药所属的板块

二、我国上市公司的行业分类

中国证监会于 2012 年公布了《上市公司行业分类指引》（2012 年修订）。该指引将上市公司分为 19 个门类，90 个大类。

有关上市公司分类也可以通过软件板块栏中的行业板块了解。如图 4-7 所示。

图 4-7 行业板块

三、影响行业兴衰的主要因素

1. 技术进步对行业的影响

技术进步对行业的影响无疑是巨大的，一项新技术的出现可以促使一个新兴行业的产生或快速发展，如互联网成就了阿里巴巴；也可以使一个传统行业走向衰退，如数码技术淘汰了相机巨头柯达公司。

2. 政府的产业政策

当前，新常态经济下政府产业政策的导向是：规范经济发展；转变发展模式；转变增长方式；建立国民创新体系与国民创业体系。其中把环境保护政策落实为产业政策，纳入国家财政投资范围。政策对行业的影响较大。

3. 社会倾向与市场需求

新兴的行业或企业一定是能引领社会潮流和符合市场需要的，反之，则会面临消亡。

4. 经济全球化

经济全球化是指商品、劳务、技术、货币、资本在全球大量流动，使各国经济紧密联系，日益互相依赖的经济现象。对我国各个行业都有非常大的影响。

四、行业生命周期分析

1. 行业各生命周期特征

每种行业都要经历一个由成长到衰退的发展演变过程。一般来说，行业生命周期包括了以下四个阶段：初创期、成长期、成熟期和衰退期。行业生命周期的不同发展阶段各有其特色，见表 4-4。图 4-8 为各行业所处的周期的图示形式，能更清晰地反映各行业所处的周期。

表 4-4 各行业生命周期特点

	初 创 期	成 长 期	成 熟 期	衰 退 期
市场需求	小	快速增长	增长趋缓或停滞	萎缩
竞争者	少	数目增加	许多对手	数目减少
客户	少，喜尝试冒险	新客户增多	稳定	延迟的客户
现金流量	负的	适度的	高的	低的
风险与利润	高风险低收益	高风险高收益	低风险低收益	高风险低收益

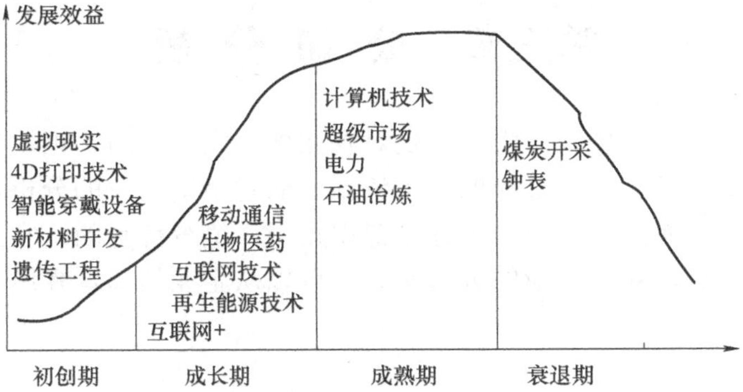

图 4-8 不同行业所处的周期

2. 行业周期长度

传统行业，尤其是机械制造行业生命周期一般是 30 年。也就是说一种产品从产生到快速增长到成熟，基本上有 30 年的好时光。从微软开始以后我们进入到软件时代，信息产业有 20 年的周期。中国互联网从 2000 年年初到现在为止无不碰到了新一波移动互联网浪潮的冲击，所以生命周期只有 10 年，10 年就面临着转型。现在移动互联网时代、大数据时代、云时代，生命周期又缩短了一半，只剩下 5 年了。

照此看来，未来的行业生命周期有可能仅有 2～3 年。但作为投资者，看大趋势 5 年还是可以的。目前，5 年内发展向好的行业主要包括移动互联网、物联网、云计算、大数据、新媒体等。

五、行业市场类型分析

从行业中的企业数量、产品的性质及价格控制力、进入壁垒等因素来看，行业的市场类型有完全竞争型、垄断竞争型、寡头垄断型、完全垄断型四种类型。表 4-5 将四种类型下的市场进行比较。

表 4-5 四种类型下的市场比较

特 征	行业内企业数目	产品差异化程度	价格控制力	进 入 壁 垒	生产要素的流动	典 型 行 业
完全竞争	许多企业	同质无差异	无	无	自由流动	农业
垄断竞争	较多	有差别	稍能控制	较低	流动性较大	轻工业 零售业
寡头竞争	少数几家	差别程度很小或较大	有控制能力	很高	流动性较小	资本、技术密集型行业或资源集中的行业 汽车 移动通信 石油
完全垄断	独家	独特，无替代品	能控制	非常高，其他企业无法进入	基本无流动	铁路、邮电公用事业 资本、技术高度密集型行业

第三节 公 司 分 析

对证券投资经济环境的分析，实际上是对企业外部大环境的认识，反映了宏观上总的经济发展趋势，是影响证券行市总体的一个依据；而对个别企业的分析，则是从企业内部环境上来具体分析哪些企业或公司的证券是值得投资、值得持有的，它是证券投资者最具体、最直接的参考依据。对于企业的分析研究，可以从企业的基本素质、财务方面来具体地进行分析。

一、公司基本素质分析

公司的基本素质分析，是从公司内部的经营管理、公司的盈利能力、公司的经营战略、公司的外部关系以及公司的购并重组等方面对公司的综合素质进行评价，为证券投资人提供信息，帮助他们了解企业的现状、发展趋势以及未来可能的发展潜力。具体的分析内容可以从以下几个方面来展开：

1．公司盈利能力分析

投资者投资企业的目的是为了盈利，因此公司的盈利能力强弱是投资者进行投资抉择首先要考虑的因素。盈利能力越高，资产成本越低，公司投资价值就越高。一般而言，公司盈利能力取决于两个选择：一是行业选择；二是公司的竞争地位。

（1）公司所处行业

公司的盈利能力与企业的行业选择有关。公司开展主业的行业，从某种程度上决定企业盈利能力的大小。统计表明：不同行业的资本利润是有高低差别的。比如传统产业中，食品与制糖业等部门的利润率要高于一般的行业企业。不同的时期，以及不同的国家和地区，行业的利润水平也是不相同的。

（2）公司间的竞争分析

公司在既定行业所处的竞争地位，以及公司为保持竞争优势地位而采取的竞争战略，也决定了公司的盈利能力。从行业角度分析，决定行业竞争激烈程度的主要因素有以下内容：一是现有企业间的竞争程度。行业内生产同种同质的企业数量的多寡，企业产品的市场需求状况如何，市场开发的程度如何等因素，都会直接影响到企业竞争的激烈程度。二是企业间的竞争手段。企业间的竞争方式有价格竞争和非价格竞争两种。从一个行业的企业间竞争程度来分析，主要考虑现有企业间的竞争、新企业的竞争和企业的谈判地位。

2．对公司管理的分析

企业经营管理水平的高低是衡量一个企业现状与未来发展潜力的重要标准。企业管理对于企业的生产、流通、利润的增长等方面起着非常重要的作用。投资者应着重就企业的决策者素质、企业的组织结构、公司的重大经营政策、企业文化、企业外围环境以及企业并购带来的企业价值的变化等方面来展开。

3．对公司的联合与并购的分析

公司的联合与并购，可能在根本上改变企业的内在因素，对公司的价值产生实质性影响。

在证券市场上不乏企业经过联合与并购，进行了脱胎换骨的变化。证券投资者对企业的联合与并购等行为要十分关注。企业进行资产重组的动因与目的一般具有多重性：一则可以降低企业扩张的成本；二则可以绕开某些行业市场准入的标准；三则可以缩短新建项目的产品投产时间。另外，多元化经营也是企业进行联合与并购的重要动机。

当前，互联网+时代的来临，使得新兴企业与传统企业联手，通过兼并和重组获得企业升级。

二、公司财务分析

通过对上市公司的财务资料、业务资料、投资项目、市场状况资料等进行全面综合分析，才能找到该公司股票的合理价位，进而通过比较市场价位与合理定价的差异而进行投资。

1．财务数据资料的获取渠道

1）从上市公司的财务报告中获悉信息。招股说明书、上市公告、定期报告和临时报告。这些报告虽然包括许多非财务信息，但大部分信息具有财务性质或与财务有关，因而具有财务报告的性质，我们统称为上市公司财务报告。

2）从年度报告、中期报告中获取信息并加以分析。从目前来看，上市公司公开的信息中，最为全面系统的财务资料当属上市公司的年度和中期财务报表。

3）从临时公告中捕捉信息。临时公告包括重大事件公告和公司收购公告。投资者应对此类公告细心研究，关注收购方的经营状况及财务变化。

此外，通过实地考察与研究，亲身深入公司的实地或深入市场进行调研，也是获取企业财务数据的另一个途径。可以通过与公司密切接触者、企业高管、企业员工的交流以及从政府或研究机构的一些统计资料中，筛选一些有关企业的数据来进行研究。

2．公司财务报表分析

（1）资产负债表

1）报表的资产项目，说明了企业所拥有的各种资源以及企业偿还债务的能力。

2）报表的负债项目，显示了企业所负担的长、短期债务的数额和偿还期限的长短。

3）报表的所有者权益项目，表明了企业的投资者对企业资产所持有的净权益。

4）不同时期相同项目的对比，反映了企业财务状况的变化趋势。

此外，还可通过资产负债表有关项目，计算资产负债率、流动比率、速动比率、资本保值增值率等，了解企业负债水平的高低、短期债务偿还的能力以及投资者投入企业资本的完整性和保全性。

（2）损益表（又称“收益表”“利润表”）

1）损益表反映企业的收入、成本和费用，全面反映企业生产经营的收入情况和成本耗费情况，说明企业的投入产出比例关系。

2）企业的损益是各项工作的收益与耗费的集中表现，是反映企业生产经营情况的综合性指标。通过考核利润的完成情况，就能为全面考核企业生产经营计划的完成情况提供依据。

3）通过分析前后期营业利润、投资净收益、营业外收支的增减变动情况，可以分析和测定企业损益的发展趋势，预测企业未来的收益能力。

（3）现金流量表

1）可为报表使用者提供所关心的现金流量信息。作为企业的债权人和投资者，他们最关心的是企业经过一段时间的经营后，是否有足够的现金来支付他们的股利、利息，以偿还债务和分配利润。通过现金流量表，将现金流量净额同债务总额比较，可以考查企业以现金净流量偿还债务的能力；将现金净流量同企业实收资本比较，可以了解每元投资所能获得的现金净流量。

2）通过不同时期现金流量表的对比分析，可以考查企业资产流动性的变化及其变化趋势。

3）可向报表使用者提供一份以收付实现制为基础而编制的会计报表。企业的经营绩效与盈利能力往往以所获利润的多少来衡量，可是会计上都采用权责发生制原则、配比原则，使利润的计算包含了较多的估计，特别在当前企业间普遍存在相互拖欠的情况下，衡量企业经营绩效与盈利能力，只有建立在收付实现制基础上编制的现金流量表中反映的现金流量和偿付能力，才具有实际的意义。

3．比率分析法

（1）变现能力分析

变现能力是公司产生现金的能力。

流动比率=流动资产/流动负债

速动比率=（流动资产−存货）/流动负债

（2）营运能力分析

营运能力是指公司利用资金运营的能力。

存货周转率（次）=营业成本/平均存货

存货周转天数=360/存货周转率

应收账款周转率（次）=营业收入/平均应收账款

应收账款周转天数=360/应收账款周转率（次）

流动资产周转率（次）=营业收入/平均流动资产

总资产周转率（次）=营业收入/平均资产总额

（3）长期偿债能力分析

长期偿债能力是公司偿付到期长期债务的能力。

资产负债率=负债总额/资产总额×100%

产权比率=负债总额/股东权益×100%

有形资产净值债务率=负债总额/（股东权益−无形资产净值）×100%

已获利息倍数=税息前利润/利息费用

（4）盈利能力分析

营运能力是指公司赚取利润的能力。

营业净利率=净利润/营业收入×100%

营业毛利率=（营业收入−营业成本）/营业收入×100%

资产净利率=净利润/平均资产总额×100%

$$净资产收益率=净利润/年末净资产\times100\%$$

（5）投资收益分析

$$每股收益=净利润/发行在外的年末普通股总数$$

$$市盈率=每股市价/每股收益$$

$$股利支付率=每股股利/每股收益\times100\%$$

$$市净率=每股市价/每股净资产$$

$$每股净资产=年末净资产/发行在外的年末普通股总数$$

以上大多数比率数据信息通常在分析软件中都有提供，在个股分时走势或日 K 线界面上按 F11 就可以显示，如图 4-9 所示。

上海医药601607

【股本结构】							
总股数	268891万	流通股	192294万	B股	-	境外法人股	-
国家股	-	流通比例	71.51%	H股	76589万	股东总数	80,718
【权息状况】							
送股比率	0.00%	派息率	0.26%	配股价	0.00	除权日	20140526
转赠比率	0.00%	配股比率	0.00%	配股上市日	-	登记日	20140523
【资产状况】							
资产总计	643.41亿	负债合计	365.18亿	股东权益合计	278.22亿	公积金	-
【盈利能力】							
主营业务收入	923.99亿	主营业务利润率	3.54%	投资收益	5.95亿	每股净资产	10.35
主营业务利润	32.70亿	税后利润率	2.80%	净利润	25.91亿	每股盈利	0.96
【成长能力】							
主营增长率	18.12%	主营利润率	3.54%	总资产回报率	4.03%	税后利润率	2.80%
存货周转率	12.38%	净资产收益率	-	资产倍率	0.94%	股东权益周转率	3.32%
【偿债能力】							
资产负债比率	56.76%	速动比率	111.15%	现金比率	0.36%	应收帐款周转率	4.63%
【现金保障】							
销售商品提供劳务收到的现金			970.31亿	现金及现金等价物净增加额			-14.55亿
经营活动产生的现金流量净额			13.36亿	投资活动所产生的现金流量净额			-18.45亿

图 4-9 数据信息

第五章　证券投资技术分析

第一节　K线分析

➘ 学习目标

- ➢ 能准确理解不同周期的K线图含义；
- ➢ 能正确辨认出各种K线组合；
- ➢ 能通过K线分析来判断短期内多空双方力量对比，预测证券价格短期走势。

一、技术分析概述

技术分析是以证券市场过去和现在的市场行为（价、量、时、空）为分析对象，应用数学和逻辑的方法，探索出一些典型变化规律，并据此预测证券市场未来变化趋势的技术方法。技术分析以证券价格为中心，以市场供求关系为基础。技术分析者认为，当股票的供大于求时，股票价格会下跌；反之，当股票的供小于求时，股票价格会上升。投资者可以通过研判证券市场价格的变动情况，从中观测到市场供求关系的转变，进而选择正确的交易方向与时机。

技术分析以三大假设作为其理论基础：

1. 市场行为涵盖一切

该假设是技术分析的基础，该假设认为影响证券价格变动的所有信息都会被反映在证券的市场行为（证券的价、量、时、空）中，因此可以直接通过分析证券的市场行为而不用去分析影响证券价格的所有因素，从而节省了时间与精力。

2. 价格沿趋势移动

这条假设是技术分析最根本、最核心的理论基础，认为股价是按一定规律运动的，这个规律就是价格沿趋势运动，如果没有“外力”影响，股价将保持其原有运动方向。从物理学角度来看，这就是牛顿第一运动定律。

3. 历史会重演

“历史会重演”是从证券交易者的心理因素方面考虑的。证券市场中进行具体买卖的是人，是由人决定最终的操作行为。某些市场行为或价格形态会在交易者头脑中留下深刻的印象。在进行技术分析时，一旦遇到与过去某一时期相同或相似的情况，就会认为现在的情况极有可能是过去的翻版，也就是说历史会在这里重演一次，因而投资者极有可能采用相同的操作策略，从而使得证券的某些市场行为如趋势、形态等会重复出现。可见这一假设也有一定的合理成分，它坚信的是"让历史告诉未来"。

技术分析主要分析证券的市场行为，即通常所说的价格、成交量、时间、空间。价格因素是指证券价格的涨跌（幅），成交量是指价格运动过程中伴随着的交易量，时间是指价格完成其运动过程的时间跨度，空间是价格运动的最高和最低的界限。

技术分析的方法多种多样，主要包括 K 线类、切线类、形态类、指标类等方法。

二、K 线概述

技术分析是通过分析证券过去和现在的市场行为来预测其未来的走势的，因此技术分析是建立在对证券市场行为准确、有效的记录基础上的，K 线即是这样一种能够准确有效记录证券过去和现在市场行为的工具。

K 线又称日本线或蜡烛线，起源于 200 年前日本的米市，当时的大米商人用其记录大米过去和现在的交易价格。后来这种方法传到美国，被融入技术分析中去，被称为远东分析方法。

1．K 线画法

K 线是一柱状的线条，由实体和上下影线组成，中间的方块是实体，影线在实体上方的部分叫上影线，下方的部分叫下影线。实体分阴线和阳线两种，当天收盘价高于开盘价的称为阳线，收盘价低于开盘价的称为阴线。最常见的 K 线是日 K 线，也有周 K 线、月 K 线、60 分钟 K 线等不同种类，下面以日 K 线为例来说明其画法，其他不同时间周期的 K 线画法可以此类推。

画日 K 线时需要四个价格，即交易日的开盘价、收盘价、最高价和最低价。开盘价是每个交易日的第一笔成交价格，收盘价是每个交易日的最后一笔成交价格，道氏理论认为收盘价是一天当中最重要的价格。最高价和最低价是每个交易日的最高和最低成交价格，二者之间的区域即为当天股价波动的范围。日 K 线的具体画法如图 5-1 所示。

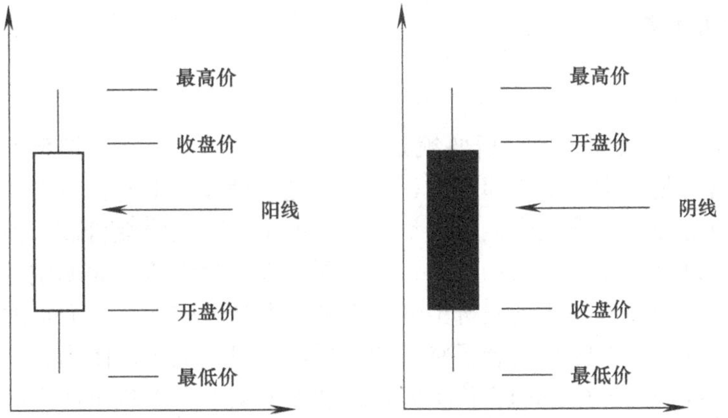

图 5-1　日 K 线的具体画法

第一步是确定 K 线的阴阳，如果当天开盘价低于收盘价为阳线，如果当天开盘价高于收盘价为阴线，无论是阴线还是阳线，都将开盘价和收盘价之间的价格区域用方框表示，即K线的实体部分。

第二步是画出上下影线，将当天最高价与K线实体上端一根线连接起来为上影线，将当天最低价与K线实体下端用一根线连接起来为下影线。

2. K线种类

（1）光头光脚K线。这种K线没有上下影线，当开盘价和收盘价分别与最高价和最低价中的一个相等时，就会出现这种K线。图5-2从左至右分别为光头光脚大、中、小阴线和光头光脚大、中、小阳线。

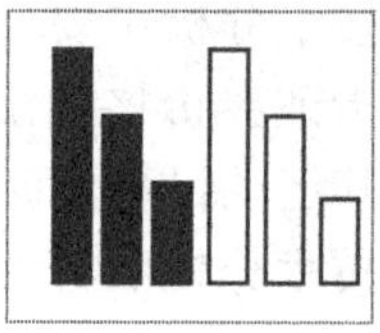

图5-2　光头光脚K线

（2）带上影线的K线。这种K线没有下影线，即最低价与收盘价或是开盘价当中的一个相等时，就会出现这种K线，图5-3从左至右分别为带上影线的大、中、小阴线和带上影线的大、中、小阳线。

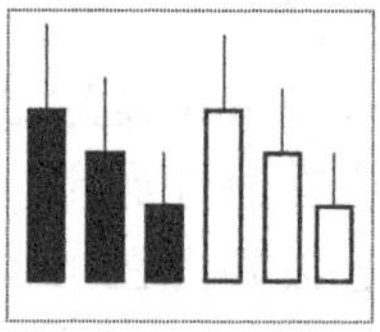

图5-3　带上影线的K线

（3）带下影线的K线。这种K线没有上影线，即最高价与收盘价或是开盘价当中的一个相等时，就会出现这种K线，图5-4从左至右分别为带下影线的大、中、小阴线和带下影线的大、中、小阳线。

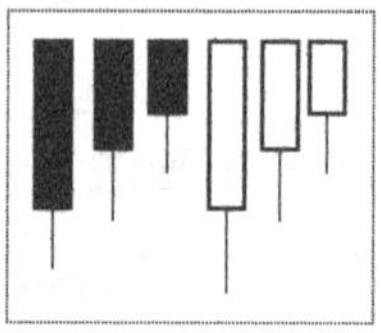

图5-4　带下影线的K线

（4）带上下影线的K线。这是一种最常见的K线，图5-5从左至右分别为带上下影线的大、中、小阴线和带上下影线的大、中、小阳线。

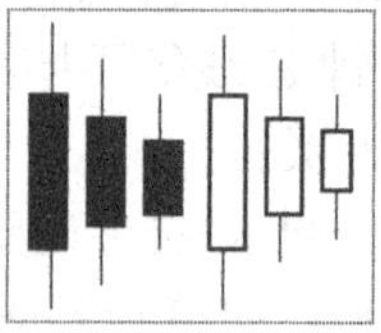

图5-5　带上下影线的K线

（5）其他类型的K线。这些是不太常见的K线，图5-6从左至右分别为十字星（当天开盘价和收盘价相等）、T字星（当天开盘价、收盘价和最高价相等）、倒T字星（当天开盘价、收盘价和最低价相等）和一字星（当天四个价格均相等，出现这种K线一般不是涨停就是跌停）。

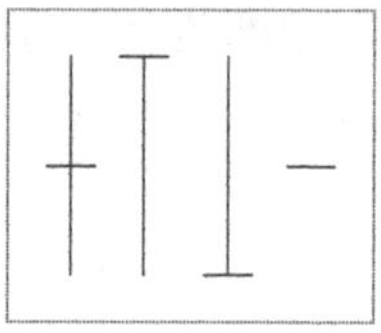

图5-6　其他类型的K线

三、K线分析方法

1. 单根K线分析

单根K线的各个组成部分的分析要领如下：

收盘价：收盘价是多空（多方即买方，其目标是推动股价上升；空方即卖方，其目标是推动股价下跌）双方在一天交战中最后的均衡点，如果当天的收盘价高于前一天的收盘价，表明多方占优；反过来，如果当天的收盘价低于前一天的收盘价，表明空方占优。

上影线：上影线由多方先推动股价上升，再被空方从上向下打压而形成，是空方从多方手中抢得的地盘。因此，上影线代表了空方的能量，是股价上升的阻力。

下影线：下影线由空方先推动股价下降，再被多方从下向上攻击而形成，即多方从空方手中抢得的地盘，因此，下影线代表了多方的能量，是股价下跌的阻力（即支撑）。

实体：实体表示多空双方优势一方的优势大小，实体越大其代表的优势一方的优势越大，反之越小。

一般来说，股价波动的短暂趋势有较大的偶然性，从这个角度来看，单根K线分析并不具备太大的技术分析意义，投资者更应该关注出现在关键位置的K线，典型的关键位置出现的K线包括两种：股价持续下跌后出现的大阳线或较长的下影线，股价持续上升后出现的大阴线或是较长的上影线。

[案例5-1]　图5-7中，股价持续下跌，空方的能量在持续下降过程中一点点地被消耗，而多方的力量却在此过程中一点点地积蓄，出现的大阳线或较长的下影线显示了多方力量的集中爆发以及其在低位的强大支撑，此时是较好的买入时机。

图5-8中，股价持续上升，多方能量在持续上升过程中一点点被消耗，而空方的能量却在此过程中一点点地积蓄，出现的大阴线或较长的上影线显示了空方能量的集中爆发以及其在高位的强大压力，此时是较好的卖出时机。

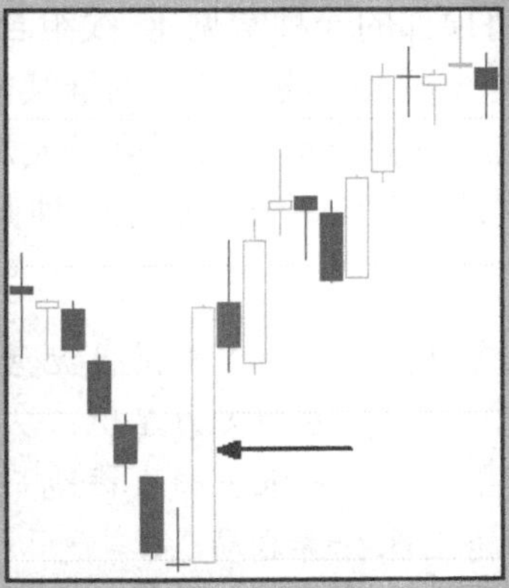

图5-7　下降途中长阳线

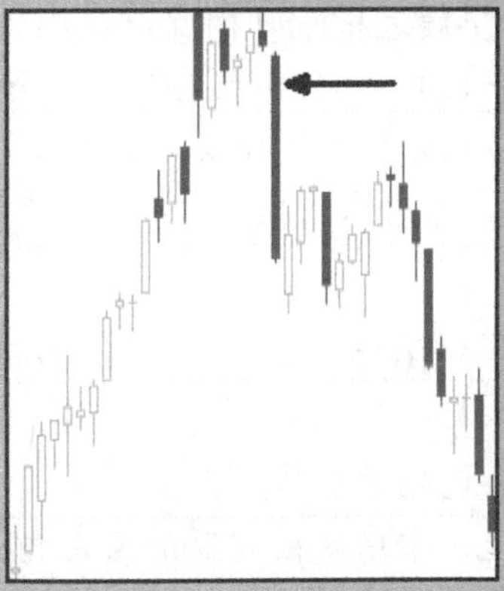

图5-8　上升途中长阴线

2. 二根K线组合分析

二根K线组合的形态较多，图5-9列出了比较典型的四种组合，即空方抵抗型、多方抵抗型、阴吃阳型和阳吃阴型（图5-9中从左至右依次排列）：

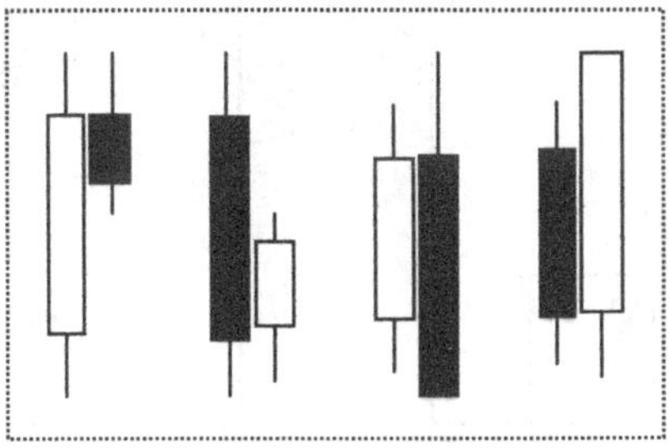

图5-9　二根K线组合

在空方抵抗型中，多方在第一天拉长阳，表明多方实力强劲，第二天空方不甘心失败，于是发力打压，但由于其实力不敌多方，故只能将股价向下打压一点点，是谓空方抵抗型。总体看来多方占优。

在多方抵抗型中，空方在第一天拉长阴，表明空方实力强劲，第二天多方不甘心失败，于是发力上攻，但由于其实力不敌空方，故只能将股价向上攻击一点点，是谓多方抵抗型。

总体看来空方占优。

在阴吃阳型中，多方在第一天拉长阳，表明多方实力强劲，第二天空方不甘心失败，于是发力打压，一根大阴线吃掉了第一天的大阳线，是谓阴吃阳型，总体看来空方占优。

在阳吃阴型中，空方在第一天拉长阴，表明空方实力强劲，第二天多方不甘心失败，于是发力上攻，一根大阳线吃掉了第一天的大阴线，是谓阳吃阴型，总体看来多方占优。

3．其他典型 K 线组合分析

（1）早晨之星与黄昏之星——反转形态

早晨之星是出现在行情底部的一种常见 K 线组合，一般由 3 根 K 线组成，第一天是一根大阴线，空方的能量继续显现，第二天是一个十字星（或者是小阳线、小阴线），多空双方的能量相当，第三天是一根大阳线，多方的能量显现，通过这三根 K 线，空、多双方实现了优势转化，这是一种典型的 K 线反转形态（见图 5-10）。

黄昏之星与早晨之星刚好相反，是出现在行情顶部的一种常见 K 线组合，也由 3 根 K 线组成（见图 5-11）。其分析要领如下：第一天是一根大阳线，多方的继续能量显现，第二天是一个十字星（或者是小阳线、小阴线），多空双方的能量相当，第三天是一根大阴线，空方的能量显现，通过这三根 K 线，多、空双方实现了优势转化，这是一种典型的 K 线反转形态。

[案例 5-2]　图 5-10 中，第一天，股价继续惯性下跌，并且由于恐慌性抛盘出现而留下一根阴线，大势不妙；第二天，跳空下行，但跌幅不大，多方的实力显现，从而形成一根十字星，表明多方已经蓄势待发；第三天，多方突然发力，一根长阳线拔地而起，收复第一天的大部分失地，市场发出明显的看涨信号，一轮上涨行情启动。

图 5-11 中，第一天，市场在一片热烈中继续涨势，拉出一根长阳线；第二天，继续冲高，但尾盘回落，空方实力显现，形成一根小阴线，表明多方已是强弩之末；第三天，空方突然发力，拉出一根长阴线，市场发出明显的下跌信号，一轮下跌行情启动。

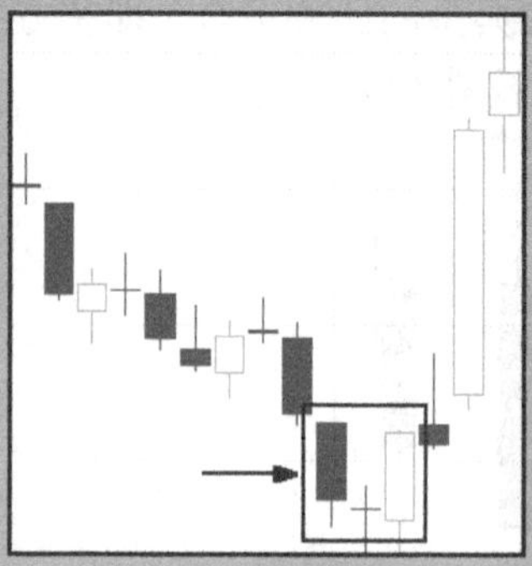

图 5-10　早晨之星

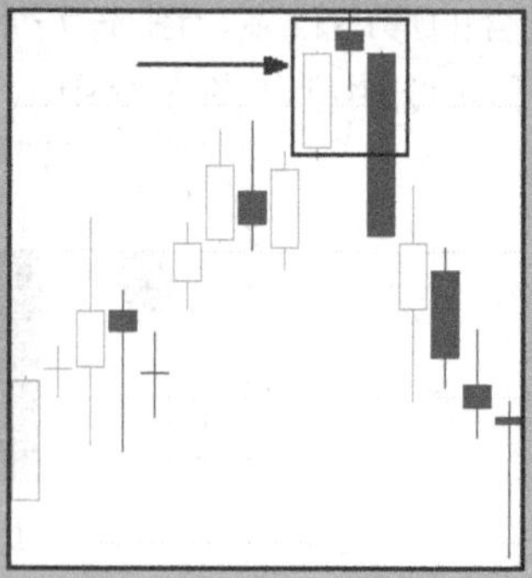

图 5-11　黄昏之星

（2）上升三部曲和下降三部曲——持续形态

上升三部曲是出现在上涨行情中的一种常见 K 线组合（见图 5-12）。市场在持续上涨一段时间以后，多方需要积蓄力量，空方趁机打压连续出现数根大小不等的阴线，等多方“缓冲”完毕，便发力上攻，连续拉出三根规模相当的大阳线，股价重归升途。上升三部曲的出现表明升势将持续，因而是一个可以建仓或加码买进的机会。

下降三部曲与上升三部曲刚好相反，是出现在下跌行情中的一种常见 K 线组合（见图 5-13）。市场在持续下跌一段时间以后，空方需要积蓄力量，多方趁机上攻连续出数根大小不等的阳线，等空方“缓冲”完毕，便发力打压，连续拉出三根规模相当的大阴线，股价重归跌途。下跌三部曲的出现表明跌势将持续，因而是一个可以减仓的机会。

[案例 5-3] 图 5-12 中，在第一个长升三部曲中，股价从低位上升，多方为表明拉升的决心与能力，连拉三根大阳线，形成第一个上升三部曲；在第一个上升三部曲结束后，空方心有不甘，发力抵抗，形成了由四根 K 线组成的回档（多方趁机蓄势），之后多方便连续发力，形成三根大阳线，股价上升的趋势确立。

图 5-13 中，股价从高位下跌，但多方心有不甘，从而形成了一根小阳线（空方趁机蓄势），之后空方便连续发力，形成三根大阴线，股价下跌的趋势确立。

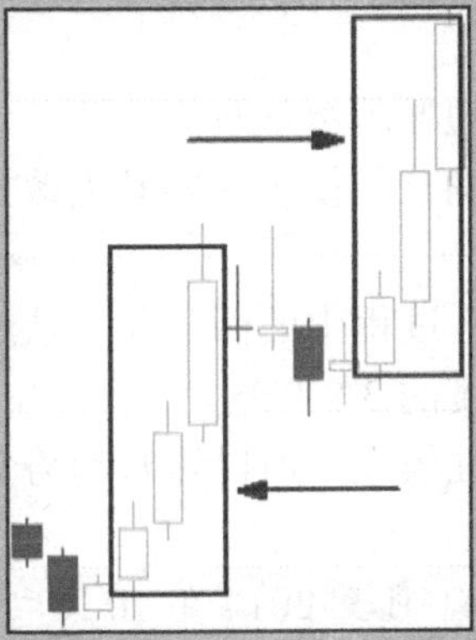

图 5-12 上升三部曲

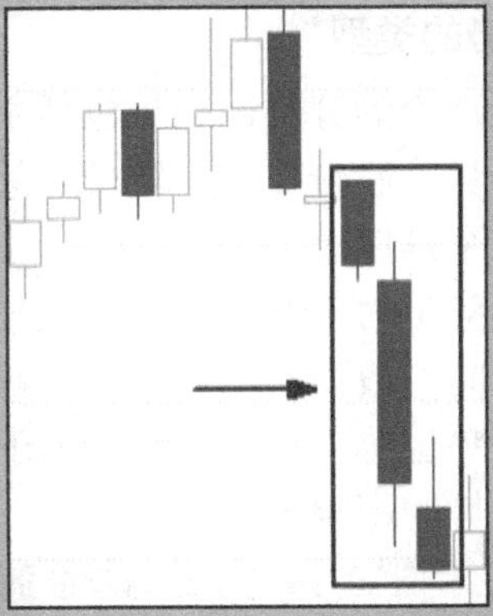

图 5-13 下降三部曲

K 线组合情况非常多，这里不能一一分析，只要投资者掌握上述 K 线（组合）分析的要领，即可以举一反三，对其他 K 线组合进行分析。

第二节 趋 势 分 析

学习目标

- 能准确画出趋势线（主要趋势、次要趋势），并能根据实际情况进行修正；
- 通过各种方法较为精确地预测出股价（指数）运动的支撑位与压力位；
- 能判断突破的真伪，并据此预判走势。

一、趋势分析

证券市场有顺应潮流的问题。“顺势而为”，不“逆势而动”，已经成为投资者的共识。这个潮流是指股价变动有一定的趋势，在长期上涨或下跌的趋势中，会有短暂的盘旋或调整，投资者应把握长期趋势，不为暂时的回调和反弹所迷惑，同时也应及时把握大势的反转。趋势理论（也称为切线理论）就是帮助投资者识别大势变动方向的较为实用的方法。

1．趋势的定义

简单地说，趋势就是证券价格运动的方向。技术分析的三大假设中的第二条明确说明价格的变化是有趋势的，没有特别的理由，价格将沿着这个趋势继续运动。这一点就说明趋势这个概念在技术分析中占有很重要的地位，是投资者应该注意的核心问题。一般说来，市场变动不是朝一个方向直来直去，中间肯定要有曲折，从图形上看就是一条曲折蜿蜒的折线，折点处就形成峰或谷。由这些峰和谷的相对高度，投资者可以看出趋势的方向。

2．趋势的方向

趋势的方向有三个：上升方向；下降方向；水平方向，也就是无趋势方向。上升趋势最明显的特征是一峰比一峰高，而下降趋势最明显的特征是一谷比一谷低，而当股价在一定区域内横盘整理时即称为水平趋势或无趋势。一般来说，股价盘整是在等待或选择下一步的运动方向。

3．趋势的类型

按道氏理论的分类，趋势包括主要趋势、次要趋势和短暂趋势三种。

主要趋势是股价在一个较长时间内的运动趋势，一旦确立，便不太容易更改，其持续时间一般在三个月以上。

次要趋势是对主要趋势的修正与调整运动，表现为上升过程中的回落和下跌过程中的回升，持续时间一般为一至三个月，幅度一般在主要趋势幅度的 3/8 以内。

短暂趋势也称为日常波动，由于股价日常波动的偶然性较大，所以短暂趋势对于次要趋势和主要趋势的影响不大。

[案例 5-4]　图 5-14 中，上证综指（1A001）自 2007 年 11 月至 2014 年 10 月之间，走出了一个七年的下降趋势（长期趋势），期间也有过几次反弹（次要趋势）。可以结合图 5-14 仔细体会趋势分析对于投资者买卖行为的极端重要性。

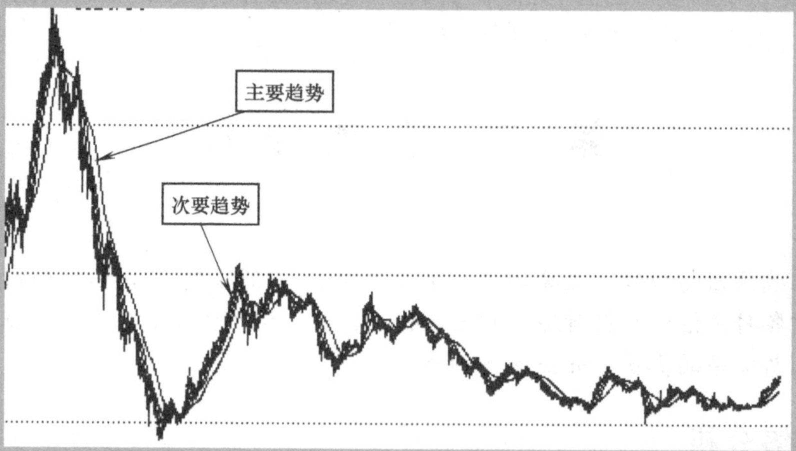

图 5-14　上证综指七年的下降趋势

二、支撑线、压力线与突破

1．支撑线和压力线的含义

支撑线又称抵抗线。当股价跌到某个价位附近时，股价停止下跌，甚至有可能回升，这是因为多方在此买入造成的。支撑线起阻止股价继续下跌的作用。这个起着阻止股价继续下跌的价格就是支撑线所在的位置。

压力线又称阻力线。当股价上涨到某个价位附近时，股价会停止上涨，甚至回落，这是因为空方在此抛压造成的。压力线起阻止股价继续上升的作用。这个起着阻止股价继续上升的价位就是压力线所在的位置。支撑线和压力线如图 5-15 所示。

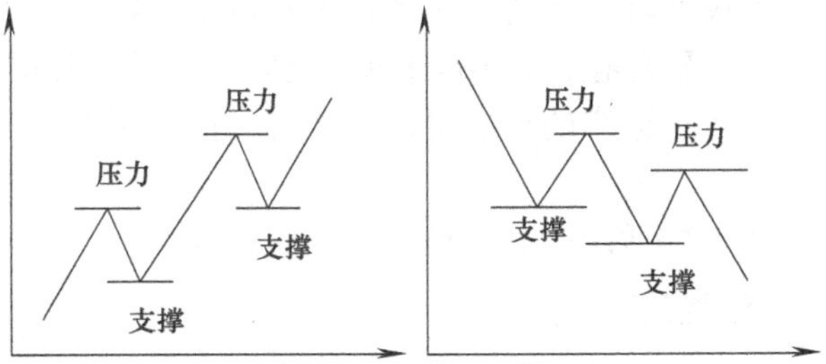

图 5-15　支撑线和压力线

投资者往往会产生这样的误解，认为只有在下跌行情中才有支撑线，只有在上升行情中才有压力线。其实，在下跌行情中也有压力线，在上升行情中也有支撑线。但是由于在下跌行情中人们最注重的是跌到什么地方，关心支撑线就多一些，在上升行情中人们更注重涨到什么地方，所以关心压力线多一些。

2. 支撑线和压力线的作用

如前所述，支撑线和压力线的作用是阻止或暂时阻止股价朝一个方向继续运动。由于股价的变动是有趋势的，要维持这种趋势，保持原来的变动方向，就必须冲破阻止其继续向前的障碍。比如说，要维持下跌行情，就必须突破支撑线的阻力和干扰，创造出新的低点；要维持上升行情，就必须突破上升压力线的阻力和干扰，创造出新的高点。

由此可见，支撑线和压力线迟早会有被突破的可能，它们不足以长久地阻止股价保持原来的变动方向，只不过是使它暂时停顿而已。

3. 支撑线和压力线的相互转化

支撑线和压力线是可以相互转化的，也就是说一条支撑线如果被跌破，那么这一支撑线将成为压力线；同理，一条压力线被升破，这个压力线将成为支撑线。这说明支撑线和压力线的地位不是一成不变的，而是可以改变的，条件是它被有效的足够强大的股价变动突破（见图 5-16）。

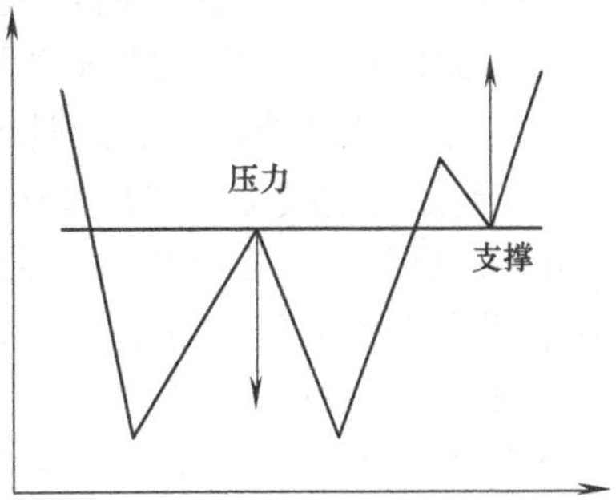

图 5-16　支撑线和压力线的相互转化

支撑线和压力线考虑了投资者的心理因素，两者的相互转化更多的是考虑了投资者的心理。在一个市场中无外乎三种人，即多头、空头和旁观者。旁观者又可分为持股者和持币者两种。假设价格在一个支撑区域停留了一段时间后开始向上移动，在此支撑区域买入股票的多头肯定地认为自己买对了，并对自己没有多买而感到后悔。在此支撑区域卖出股票的空头这时也认识到自己卖错了，他们希望价格再跌回他们的卖出区域，并将他们原来卖出的股票补回来。而旁观者中持股者的心情和多头相似，持币者的心情同空头相似。无论是这四种人中的哪一种，都有买入股票成为多头的愿望。

正是由于这四种人决定要在下一个买入的时机买入股票，所以才使价格稍一回落就会受到大家的关心，他们会或早或晚地进入市场买入股票，这使价格还未下降到原来的支撑位置，上述四种新的买入大军就把价格推上去了。在该支撑区域发生的交易量越多就说明越多的股票投资者在这个区域有切身的利益，这个支撑区就越重要。

假设价格在一个支撑位置获得支撑后，停留了一段时间开始向下移动，而不是像前面假设的那样向上移动。在该支撑区域买入的多头就意识到自己买错了，而没有买入或卖出的空头都意识到自己可能做对了。无论是空头还是多头，他们都有抛出股票逃离目前市场的想法。一旦价格有些回升，即使未达到原来的支撑位，也会有一批股票抛售出来，从而再次将价格压低。

以上的分析对于压力线同样适用，只不过方向正好相反。

4．支撑线与压力线的位置判断

由于支撑线和压力线能阻止或暂时阻止股价朝一个方向继续运动，因此，支撑线和压力线所在的位置往往是买入和卖出的最佳价位和时机。在一个上升的趋势中，每次股价回落时获得支撑的价位即是追涨的最佳价位，而在一个下降的趋势中，每次股价回升时受到压力的价位即是投资者杀跌的最佳价位。因此，投资者有必要学会如何辨认股价运动过程中的支撑位和压力位。由于支撑位和压力位会互相转化，因此，支撑位和压力位辨认与判断的方法是相同的。一般来讲，支撑位与压力位产生在以下位置：

1）趋势线位。上升趋势线主要对股价产生支撑作用，而下降趋势线主要对股价产生压力作用。

2）均线位。均线代表了一段时期内市场的平均成本与多空双方的均衡点，因此是多空双方争夺的焦点，因而会产生支撑和压力作用。

3）阶段性的高低点。由于投资者心理的变化，前期股价运动所产生的阶段性的高点会对于目前股价上攻产生压力作用，而前期股价运动所产生的阶段性低点会对于目前股价的下跌产生支撑作用。

4）前期成交密集区。所谓成交密集区是指伴随着大成交量的价格区域，如果股价从下方上攻至此区域，可能会遭遇到大量的解套盘，从而对股价产生压力作用；相反，如果股价从上方回落至此区域，可能会遇到大量补仓盘，从而对股价产生支撑作用。

5）黄金分割线位。即按黄金分割率计算的支撑与压力位。

6）整数关口。支撑位与压力位从很大程度上是投资者的心理压力线，因此，一些整数位往往成为支撑位和压力位，通常称之为整数关口，对于股指来说如 1 000 点、1 100 点等，对于个股来说如 10 元、11 元等。

上述六点是判断支撑位与压力位的常用方法，不同的方法得到的结论是不一样的，投资者应该如何判断呢？最常用的办法就是确认法，即如果用不同的方法进行分析，得到的结论是相同的，那么这个结论的可靠程度是高的；反之，如果用不同的方法进行分析，得到的结论是不同的，那么，这些结论的可靠程度则不高。

[案例 5-5]　图 5-17 中，前期的高低点（也是成交密集区）对于后期股价的支撑与压力作用显现得非常充分与明显，尤其是构成支撑的前期低点，其对于后期股价的支撑作用非常强大。

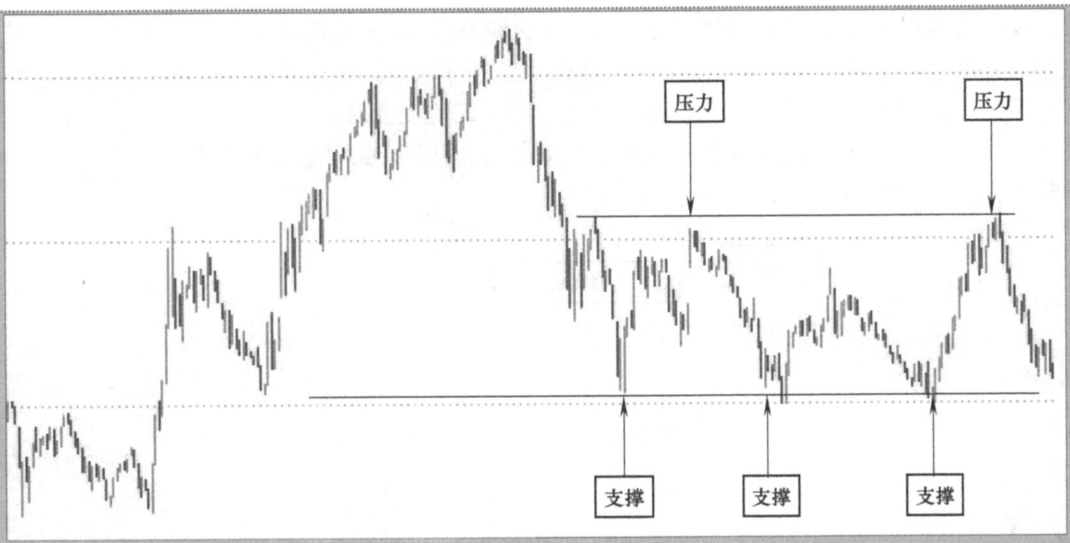

图 5-17　支撑位与压力位的确认

一般来说，一条支撑线或压力线对当前股价影响的重要性从三个方面来考虑：一是股价在这个区域停留时间的长短；二是股价在这个区域伴随的成交量大小；三是这个支撑区域或压力区域发生的时间距离当前这个时期的远近。很显然，股价停留的时间越长，伴随的成交量越大，离现在越近，则这个支撑或压力区域对当前的影响越大，反之就越小。

5. 突破

突破是指股价对于已有的支撑位和压力位的穿透。突破有着重要的技术分析意义，一般来说，股价突破压力位将会看高一线，而股价突破支撑位则会看低一线，对于投资者的投资行为有着重大影响，但股价运动过程中经常会出现一些假的突破，因此，如何判断一次有效的突破就显得非常重要。一般来说，判断突破有效与否有三条原则（见图 5-18）：

1）收盘价原则。有效突破当天的收盘价应该在支撑位（压力位）的下方（上方）3%以上。当然，3%只是一个参考幅度，投资者应该结合具体情况具体判断，此外，股价指数的幅度可以小点，而个股的幅度应该大点。

2）成交量原则。向上突破应该有成交量的放大作为配合，而向下突破则不一定需要大成交量的配合。

3）时间窗原则。自突破当天之后的连续二至三个交易日内收盘价应该保持在支撑位（压力位）的下方（上方），以表示对此次突破的确认。

对于这三条原则，投资者在应用的时候应该本着确认和背离的原则，即一次突破符合的原则（互相确认）越多则越可能有效，相反，如果在一次突破中，这几条原则互相背离，则假突破的可能性较大。

[案例 5-6]　在图 5-18 中，有三次假突破与一次真突破。第一次假突破，股价仅是上影线穿透了 30 日均线，收盘价低于 30 日均线以下，不符合收盘价原则。第二次假突破，股价当天收盘站在 30 日均线上方，但第二天便跌至 30 日均线下方，不符合时间窗原则。第三次假突

破，股价连续两天站在30日均线上方，但第三天又跌至30日均线下方，不符合时间窗原则。值得注意的是，在这三次假突破过程中，均线均呈下降状态，意味着股价依然处于下降趋势。

图中的真突破中，股价第一日放长阳站在30日均线上方，第二天虽然空方反攻导致股价下跌，但均线较好地发挥了其支撑作用，收盘价稳稳地站在均线上方，第三天，股价再放长阳，突破宣告成功。

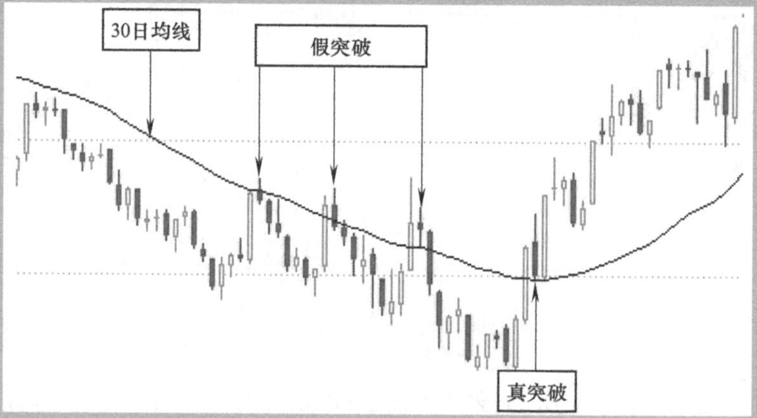

图 5-18　判断突破的有效性

三、趋势线和轨道线

1．趋势线

（1）趋势线的画法

趋势线是衡量价格波动方向的有效工具，由趋势线的方向可以明确地看出股价的趋势。在上升趋势中，将两个低点连成一条直线，就得到上升趋势线；在下降趋势中，将两个高点连成一条直线，就得到下降趋势线。趋势线的具体画法如图 5-19 所示。

由图 5-19 中可看出上升趋势线起支撑作用，下降趋势线起压力作用，也就是说，上升趋势线是支撑线的一种，下降趋势线是压力线的一种。当然，一旦其被有效突破，其支撑或压力作用将互换。

（2）趋势线的验证（确认）

趋势线比较容易画出来，但是要得到一条真正起作用的趋势线，要经多方面的验证才能最终确认，不符合条件的一般应删除。首先，必须确实有趋势存在，也就是说，在上升趋势中，必须确认出两个依次上升的低点，在下降趋势中，必须确认两个依次下降的高点，才能确认趋势的存在，连接两个点的直线才有可能成为趋势线。

其次，画出直线后，还应得到三个点的验证才能确认这条趋势线是有效的。一般说来，所画出的直线被触及的次数越多，其作为趋势线的有效性越能得到确认，用它进行预测越准确有效，另外，这条直线延续的时间越长，就越有效。

（3）趋势线的作用

趋势线有两种作用：①对今后价格的变动起约束作用，使得价格总保持在这条趋势线的上方（上升趋势线）或下方（下降趋势线）。实际上，就是起支撑和压力作用。②趋势线被突破后，就说明股价下一步的走势将要反转，越重要、越有效的趋势线被突破，其转势的信号越强烈。被突破的趋势线原来所起的支撑和压力作用，现在将相互交换角色（见图 5-20）。

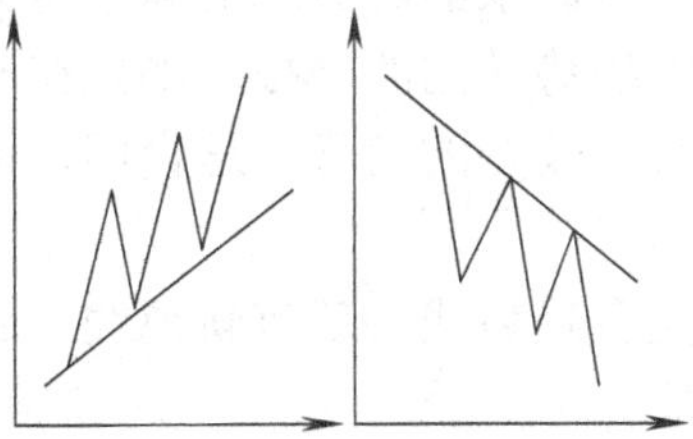

图 5-19 趋势线的具体画法

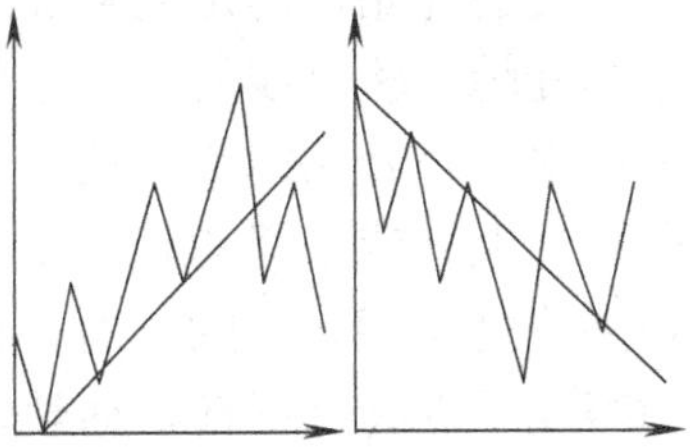

图 5-20 趋势线的互换

（4）趋势线的修正

趋势线作为重要的支撑线与压力线，其重要性的判断也遵循前文对支撑位与压力位重要性判断的三个原则，有时，由于股价的变动，会发现原来确认的支撑线和压力线可能不真正具有支撑或压力的作用。这时，就需要对支撑线和压力线进行调整，这就是支撑线和压力线的修正。趋势线的修正具体如图 5-21 所示。

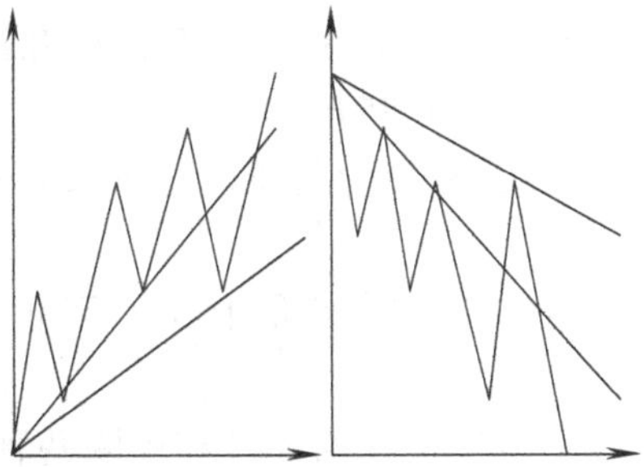

图 5-21 趋势线的修正

2. 轨道线

（1）轨道线的定义与画法

轨道线又称通道线和管道线，是基于趋势线的一种方法。在已经得到了趋势线后，通过第一个峰或谷可以做出这条趋势线的平行线，这条平行线就是轨道线。具体的轨道线如图 5-22 所示。

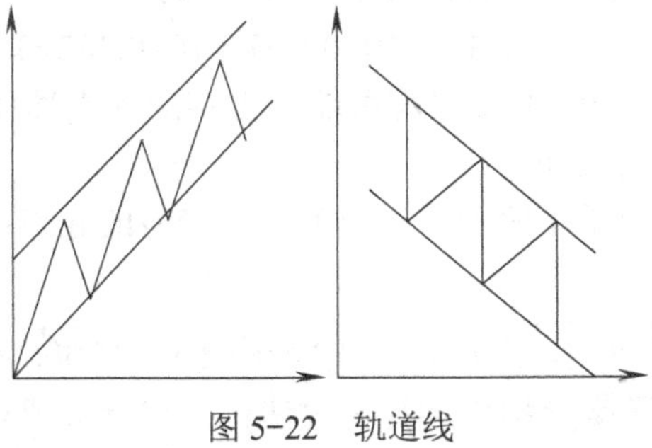

图 5-22 轨道线

（2）轨道线的作用

两条平行线组成一个轨道，这就是常说的上升和下降轨道。轨道的作用是限制股价的变动范围，让它不能变得太离谱。一个轨道一旦得到确认，那么价格将在这个通道里变动。对上面的或下面的直线的突破将意味着行情有一个大的变化。与突破趋势线不同，对轨道线的突破并不是趋势反转的开始，而是趋势加速的开始，即原来的趋势线的斜率将会增加，趋势线的方向将会更加陡峭。轨道线的另一个作用是发出趋势转向的警报。如果在一次波动中未触及轨道线，离得很远就开始掉头，这往往是趋势将要改变的信号。这说明，市场已经没有力量继续维持原有的上升或下降的趋势了。

轨道线和趋势线是互相合作的一对。很显然，先有趋势线，后有轨道线，趋势线比轨道线重要得多。趋势线可以独立存在，而轨道线则不能。

四、黄金分割线和百分比线

黄金分割线和百分比线是两种重要的判断支撑位与压力位的方法，其中黄金分割线又分为单点黄金分割线和二点黄金分割线。

1．单点黄金分割法

（1）单点黄金分割线的画法

1）画黄金分割线首先要记住若干个特殊的数字：0.191、0.382、0.5、0.618、0.809、1.191、1.382、1.618、1.809、2、2.618、4.236、6.854……

这些数字中，0.618、1.618 和 4.236 最为重要，股价极容易在由这三个数产生的黄金分割线处得到支撑或压力。

2）找到一个阶段性的高点（低点），这个点是上升（下降）行情结束、掉头向下（向上）的最高（低）点。

3）计算出黄金分割线的位置。这里又分为上升和下降两种情况。

① 对于上升的情况，投资者关心的是股价在上升过程中会遇到哪些压力，例如一只股票从 10 元起步开始上升，则下述位置可能会成为其未来的压力位：

$$10\times1.191=11.91 \quad 10\times1.382=13.82 \quad 10\times1.618=16.18 \quad 10\times1.809=18.09$$

$$10\times2=20 \quad 10\times2.618=26.18 \quad 10\times4.236=42.36 \quad 10\times6.854=68.54$$

在这些位置中，最有可能成为未来上升压力的是 16.18、26.18 和 42.36 三个位置。

② 对于下降的情况，投资者关心的是股价在下降过程中会遇到哪些支撑。例如一只股票从 10 元起步开始下跌，则下述位置可能会成为其未来的支撑位。

$$10\times0.809=8.091 \quad 10\times0.618=6.18 \quad 10\times0.5=5 \quad 10\times0.382=3.82 \quad 10\times0.191=1.91$$

在这五个价位中，6.18、5 和 3.82 最有可能产生实际的支撑作用。

（2）单点黄金分割线的适用条件

单点黄金分割线主要适用于主要趋势，一个主要趋势的起点或终点都可以成为单点黄金分割线的计算依据。

[例 5-7] 以我国上海股市为例，上证指数（1A0001）自 2006 年 10 月 17 日创造出历史最高位 6124 点，依据单点黄金分割线的计算方法，可以计算出以下位置可能成为其下跌的支撑位：

$$6\,124\times0.809=4\,954.3 \quad 6\,124\times0.618=3\,784.6 \quad 6\,124\times0.5=3\,062$$

6 124×0.382=2 339.4　6 124×0.191=1 169.7

读者可以验证上证指数已经产生的实际支撑位与这些理论上的支撑位之间的差距。

2. 二点黄金分割线法

二点黄金分割线法实际上是百分比线的一个特殊情况，将在后面介绍。

3. 百分比线

（1）百分比线的画法

1）确定百分比数，常用的包括 1/8、2/8、3/8、4/8、5/8、6/8、7/8、1/3、2/3 等。

2）找到一次上涨开始的最低点和下跌开始的最高点两者之间的差，按下面的公式计算：

百分比线位=百分数×（高点－低点）+低点

3）计算百分比线位。百分比线同时适用上升和下降两种情况，不用区别开来。

在百分比线中，最有可能产生支撑与压力作用的是 1/3、1/2、2/3 这三个位置。

[例 5-8]　如一只股票上一个波段行情的起点是 10 元，终点是 20 元，按上述公式计算出的百分比线位如下：

10+（20−10）×1/8=11.25　10+（20−10）×2/8=12.50　10+（20−10）×3/8=13.75

10+（20−10）×4/8=15.00　10+（20−10）×5/8=16.25　10+（20−10）×6/8=17.50

10+（20−10）×7/8=18.75　10+（20−10）×1/3=13.33　10+（20−10）×2/3=16.6

也就是说，该股票极有可能在上述位置获得支撑（压力）。

（2）百分比线的适用条件

百分比线主要适用于次要趋势，即主要趋势中的反向运动，其计算时需要的起点和终点即一个波段行情的起点和终点，投资者在使用时应把百分比线法和单点黄金分割法区别开来。

另外，如果将百分比线法中的百分比数换成黄金分割数字，即 0.191、0.382、0.5、0.618、0.809，其他均不变，百分比线法就变成了两点黄金分割法了，所以说二点黄金分割法只是百分比线法的一个特例而已。把这两种方法结合起来，百分比线法中最常用的三个数字是 61.8%、50%和 38.2%。

第三节　均 线 分 析

学习目标

- 能准确理解和把握均线的三大实质；
- 能熟练运用葛兰维尔八大法则选择和把握买卖时机和方向，并据此选择正确的操作；
- 能迅速辨认出均线的多（空）头排列以及黄金（死亡）交叉点，并据此选择正确的操作策略。

一、均线概述

均线（MA）也称移动平均线，均线理论作为投资大师葛兰维尔的得意杰作，是现有技术分析方法中最重要、最有效和最具有可操作性的分析工具之一，其核心思想是通过移动平均的方法来消除股价变动的偶然性因素，以发现股价变动的必然性因素（即股价运行的规律，也就是股价运行的趋势）。

所谓均线是指根据一定的计算方法，将连续一段时间内平均收盘价连成连续的线。均线的计算方法有三种，即算术移动平均法、加权移动平均数、指数平滑移动平均法。

一般采用第一种计算方法，简单实用且方便快捷。其计算公式为

$$\mathrm{MA}_n = \frac{C_1 + C_2 + C_3 + \cdots + C_n}{n}$$

式中，MA_n 是移动平均值，n 是计算周期，C_n 是第 n 天的收盘价。

均线按其计算周期的不同可以分为短期均线、中期均线、长期均线，短期、中期和长期均线并没有一个相对固定的规定，都是相对的。一般来说计算周期为 5 天的均线通常简称为 5 日均线，以此类推，有 10 日均线、20 日均线、30 日均线等概念，这些都是常用的均线，当然有时也会用到半年线和年线等概念。

二、均线实质

1）均线方向代表了计算期内股票价格的运动趋势。平均的基本作用在于消除偶然性因素而留下必然性因素，移动平均线通过移动平均的方法将股价变动中的偶然性因素去掉后，剩下的即股价运动的必然性因素。从这个角度来讲，均线的运动方向即为股价的运动趋势。

2）均线代表了计算期内市场投资者的平均成本。以 10 日均线为例，其第 10 日的移动平均值是这 10 个交易日收盘价的平均价，假定一个交易日内所有投资者都按照收盘价来买入和卖出股票，这样第 10 日的移动平均值即为 10 天内投资者的平均成本。理解这一点对于投资者把握短期买卖时机非常重要。

[案例 5-9]　在图 5-23 中，上海钢联（300226）2014 年 9 月 30 日的收盘价为 52.17 元，当日其 30 日均线值为 40.50 元（表明 30 日内买入该股投资者的平均买入成本为 40.50 元），若按当天收盘价卖出，则 30 日内买入该股投资者的平均收益将达到 28.81%，其计算过程如下：

投资者收益率=（52.17−40.50）÷40.50×100%=28.81%

在 30 日之内即可获得超过 28%的收益率，在这种诱惑下，多数投资者会选择卖出获利了结，从而将会导致股价向下运动。

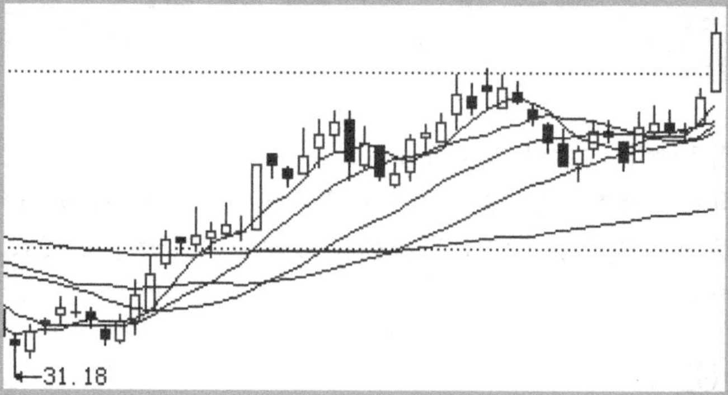

图 5-23　上海钢联日 K 线图

3）均线代表了计算期内多空双方力量的均衡点。这一点很好理解，道氏理论认为收盘价即一个交易日内多空双方的均衡点，均线值是收盘价的平均值，自然就代表了多空双方在计算期内的均衡点。这可以帮助投资者理解为什么通常股价在均线位上方时股价会上涨、股价在均线位下方时股价会下跌。

多方希望拉动股价上升而空方希望拉动股价下跌，当股价站在均线位的上方就说明了计算期内多方将股价拉到均衡点上方，多方占优，股价上升；反之，股价站在均线下方说明空方占优，股价自然下跌。

[案例 5-10]　图 5-24 是光韵达（300227）9 月 30 日收盘日 K 线图，股价虽有不规则波动（偶然性因素导致），但从总体上来看，股价是从底部盘整阶段转入上升阶段，均线是一条比较光滑的上行曲线，较好地反映了股价的上升运动趋势。

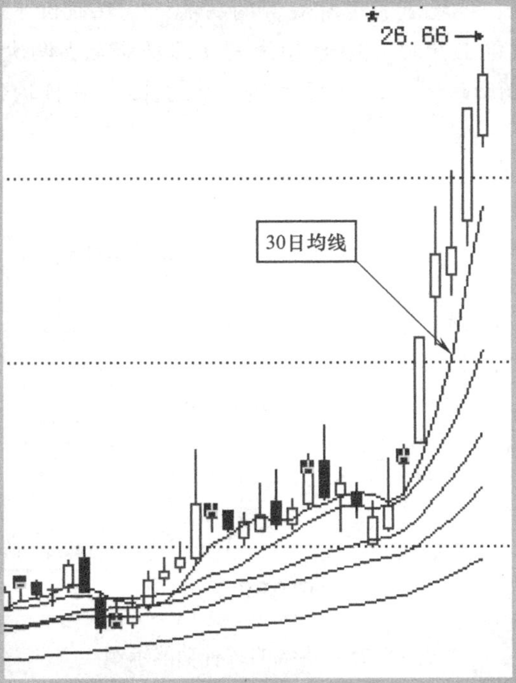

图 5-24　光韵达 9 月 30 日收盘日 K 线图

同时，从图中可以看出，当股价下降时，股价在均线下方运动，这是因为空方占优，故而能将股价拉到多空双方均衡位（即均线）以下；反过来，当股价上升时，多方占优，故而能将股价拉到多空双方均衡位（即均线）以上。这种关系表明，均线的确代表了计算期内多空双方的均衡点。

三、均线的功能

（1）追踪趋势功能

这一点前面已经分析过，这里不再重述，值得注意的是不同计算周期的均线追踪趋势的功能不尽相同，计算周期太短了不能消除主要的偶然性，计算周期太长了又会显得过于滞后，通常认为 30 日至 120 日之内的均线比较适宜追踪趋势。

（2）助涨与助跌功能

股价在均线上方向上运动，当股价远离均线时短期获利盘会使得股价朝着均线运动，但当股价跌至均线位时追涨投资者便会买入（此时买入股票成本最低），因而股价会止跌回升，即均线产生了助涨功能。相反，当股价在均线下方向下运动，股价远离均线时补仓盘会使得股价向着均线运动，当股价升至均线位时解套投资者便会卖出（此时卖出股票损失最小），即均线产生了助跌功能。

（3）支撑线和压力线功能

均线的助涨和助跌功能即决定了均线扮演了支撑线和压力线的角色，技术分析者将均线位作为一种重要的支撑与压力来看待。

[案例 5-11]　图 5-25 中，均线的三种功能显现无疑：①30 日均线先下降后上升，反映了股价的先跌后升的运动趋势，体现了其追踪趋势的功能；②在股价下跌时，30 日均线的助跌功能至少两次显现，而股价上升时，30 日均线的助涨功能至少两次显现，体现了其助涨与助跌的功能；③30 日均线助跌时，即是压力线，反过来，30 日均线助涨时，即是支撑线。

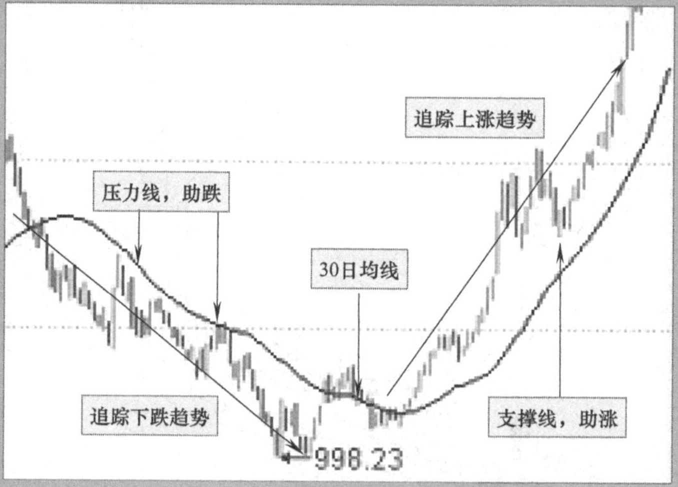

图 5-25　均线的三种功能示例

四、均线的应用

1．葛兰维尔八大法则

葛兰维尔八大法则具体如图 5-26 所示。

第一买入点，均线从下降转为盘局或上升，股价从均线下方向上突破均线，买入。理由是均线向上说明股价有向上的趋势，股价也向上运动并突破均线，二者相互确认。

第二买入点，股价跌破均线，但立刻回升到均线上，而均线仍持续上升，买入。理由是均线持续上升说明股价的趋势依然向上。

第三买入点，股价跌至均线附近立即回升，均线依然向上，买入。理由是均线产生了支撑作用且股价运动趋势依然向上。

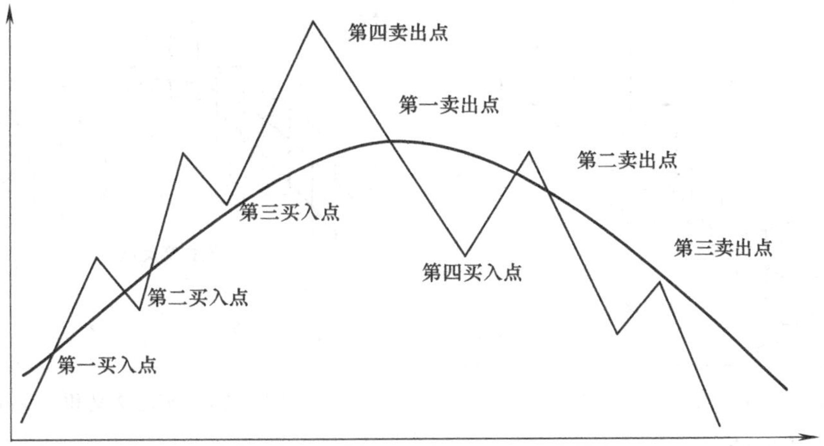

图 5-26 葛兰维尔八大法则

第四买入点，股价急跌，远离均线，买入。理由是被套牢的投资者有买入股票降低加权成本的要求，抢反弹的投资者也有买入要求，但总的来说，此时对于股价向上的推动力不大，因此，此处仅是一个短期买入点。

第一卖出点，均线从上升转为盘局或下跌，股价向下跌破均线，卖出。理由是股价趋势向下，且股价也向下跌破均线，二者互相确认。

第二卖出点，股价向上突破均线，但立即回跌至均线以下，均线仍持续下跌，卖出。理由是股价运动趋势向下。

第三卖出点，股价走在均线下方，股价上升至均线附近时立即下跌，卖出。理由是均线对股价产生压力作用，同时股价趋势依然向下。

第四卖出点，股价急涨，突破均线且远离均线，卖出。理由是短期获利盘对股价造成向下压力，因而短期获利了结。

2．均线的组合运用

尽管均线通过平均计算可以消除股价变动的偶然性因素，但是为了保险起见，通常还将不同时期的均线结合起来组合使用，如将 10 日、20 日和 30 日均线三条均线（短、中、长组合）放在一起使用，这样做的目的是降低均线分析时出错的概率。

（1）黄金交叉和多头排列

所谓黄金交叉是指短期均线上穿中、长期均线，上穿的位置即为黄金交叉点，这一点即重要的买入点。在均线的组合运用中，短期均线向上突破中、长期均线为买入信号，在此之后，如果短、中、长三条均线从依次从上到下排列，就称之为多头排列。这种组合的操作策略是在黄金交叉点买入，一直持有直到股价向下突破长期均线为止。黄金交叉和多头排列如图 5-27 所示。

（2）死亡交叉和空头排列

所谓死亡交叉是指短期均线下穿中、长期均线，下穿的位置即死亡交叉点，这一点是重要的卖出信号，故称作死亡交叉点。在均线的组合运用中，短期均线向下突破中、长期均线为卖出信号，在此之后，如果长、中、短三条均线依次从上到下排列，就称为空头排列。这种组合的操作策略是在死亡交叉点卖出，一直至股价从下方上穿长期均线为止方可回补。死亡交叉和空头排列如图 5-28 所示。

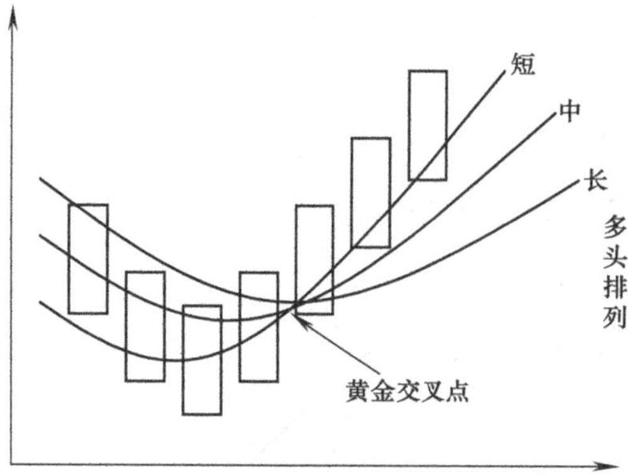

图 5-27　黄金交叉和多头排列

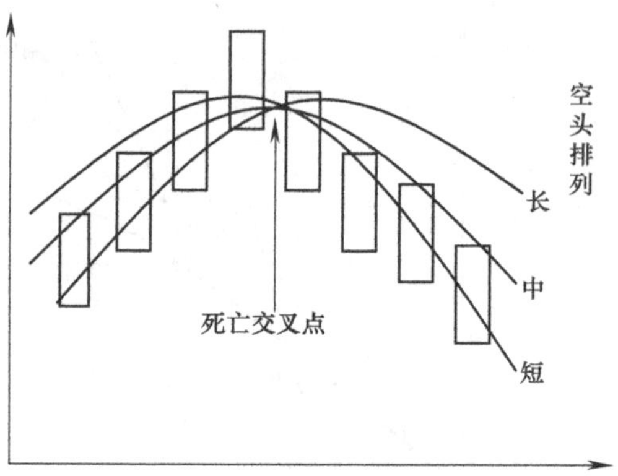

图 5-28　死亡交叉和空头排列

（3）均线的失效

正如人们常说的“金无足赤、人无完人”一样，均线系统作为一种非常有效和广泛使用的技术分析方法，也有其不足和缺陷。当股价进行横盘整理时，均线会和股价交织在一起，此时均线系统经常会发出买入和卖出信号，显然这时发出的买入和卖出信号是不可信的，此时均线失效。

第四节　形 态 分 析

学习目标

- 能准确辨认主要的反转形态与持续形态；
- 能根据股价运动留下的形态分析和预测股价未来的走势及其目标；
- 依据形态分析，结合其他技术分析手段，提出客观可行的操作策略。

一、反转形态

1．头肩顶和头肩底

头肩顶和头肩底是股价反转形态中出现得较多的形态，是最著名和最可靠的反转突破形态。图 5-29、图 5-30 是这两种形态的简单形式。

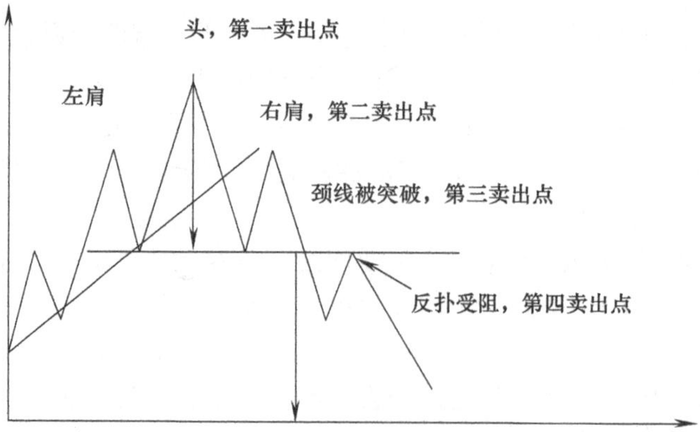

图 5-29　头肩顶

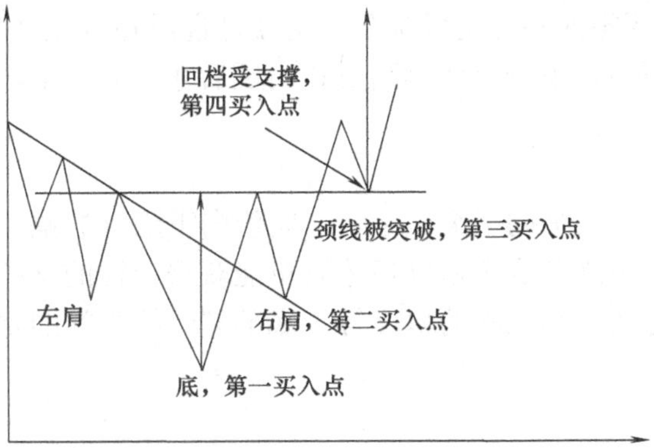

图 5-30　头肩底

（1）形成过程

从图中看出，这种形态一共出现三个顶（底），也就是要出现三个局部的高点（低点）。中间的高点（低点）比另外两个都高（低），称为头（底），左右两个相对较低（高）的高点（低点）称为肩，这就是头肩形态名称的由来。以下以头肩顶（图 5-29）为例对头肩形态进行介绍。

从图中可以看出，股价沿着上涨趋势线向上运动，至左肩处创出第一高点，股价回落至趋势线处受到支撑继续上升，一鼓作气超越了左肩而形成了另一高点即头部，此时多方力量消耗殆尽而致使股价下跌，跌到前期低点时受到支撑而反弹，但由于多方力量下降而空方力量增加，使得反弹空间有限而形成一个与左肩相近高度的右肩，当股价回落跌破图中水平直线的时候，头肩顶正式确立。

头肩底的形成过程刚好与之相反，请投资者自己体会。另外值得投资者注意的是，对于头肩顶来讲，左肩、头和右肩所对应的成交量依次减少。而对于头肩底来讲，其左肩、底和右肩所对应的成交量没有明显的规律，但是其向上突破颈线时需要大成交量的配合。

（2）颈线的作用与意义

头肩顶的颈线是连接左肩与右肩对应的两个低点而形成的一条直线，头肩底的颈线是连接左肩与右肩对应的两个高点而形成的一条直线。

颈线的作用与意义体现在三个方面：

1）对于头肩顶来讲，在股价没有跌破颈线前，颈线起的是支撑作用，跌破后颈线起的是压力作用。对于头肩底来讲，在股价没有升破颈线前颈线起的是压力作用，升破后颈线起的是支撑作用。

2）对于头肩顶来讲，颈线被股价向下突破是头肩顶成立的最终标志。对于头肩底来讲，颈线被股价向上突破是头肩底成立的最终标志。

3）对于头肩顶来讲，颈线被向下突破是坚决卖出的机会。对于头肩底来讲，颈线被向上突破是坚决买入的机会。

（3）反扑的作用与意义

反扑也称回档，在头肩顶中，股价向下突破颈线后有一个回升的过程，当股价回升至颈线附近后受到其压力又继续掉头向下运行，从而形成反扑（图 5-29）。在头肩底中则刚好与之相反。对于反扑，投资者应该注意两方面问题：

1）在头肩顶中，反扑为多方提供了最后一次出逃的机会。在头肩底中，反扑为空方提供了补买机会。

2）反扑不是这两个形态的必然组成部分，也就是说反扑可能会出现，也可能不会出现，所以对于投资者来讲，不能指望一定要等到反扑出现后才采取行动，而应该在颈线被突破后坚决采取行动。

（4）预测价值

对于头肩顶来讲，当颈线被向下突破之后，股价向下跌落的幅度等于头和颈线之间的垂直距离，也就是股价至少下跌了这个幅度后才有可能获得像样的支撑。同样，对于头肩底来讲，股价向上突破颈线之后，其上涨的幅度等于底部与颈线之间的垂直距离，此时，股价上升才有可能遇到像样的压力。

（5）操作策略

对于头肩顶来说，头是第一卖出点，但大部分投资者认为先前的上升趋势仍然持续，故而不太可能把握住这一卖出点；右肩是第二卖出点，这一点是整个头肩顶形态的较佳卖出点，此时股价上升至左肩位置，由于买方动能不足而回落，头肩形态基本成形，因此投资者在此位置要主动卖出；颈线被突破是第三卖出点，这一点是头肩顶最重要的卖出点，当颈线被突破后，头肩顶宣告成立，股价运动趋势逆转无疑，投资者应坚决卖出；股价突破后反弹至颈线附近时是第四卖出点，这一点也是头肩顶最后一个卖出点，但正如前面提到的，这一点有时不会出现，所以投资者面对头肩顶来说，一定要把握住前面的三个卖出机会，不要把希望都寄托在反扑上面。

对于头肩底来说，底是第一买入点，右肩是第二买入点，股价向上突破颈线是第三买入点，股价从颈线上方回落至颈线附近时是第四买入点（买入的理由请投资者自行分析与体会）。

［案例 5-12］ 图 5-31 是联创光电（600363）2010 年 3 至 2012 年 2 月份的周 K 线图，图中，当股价上升至最高点时，出现了第一卖出点，但由于此时多数投资者心态还比较乐观，认为股价还将保持上升趋势，因而只有少数投资者能把握这一卖出点。当股价回落至颈线反弹至左肩附近时，出现了两根较长的上影线，说明卖方在此处的能量较强，股价受到压制而回落，从而形成了较佳卖出点（第二卖出点）；股价从右肩处下降并跌破了颈线，头肩顶态宣告成立，此时形成了这一形态的最重要卖出点，投资者在此处应该坚决卖出；股价跌破颈线，反弹至颈线附近受到颈线压力，此时形成了本形态的最后一个卖出点。

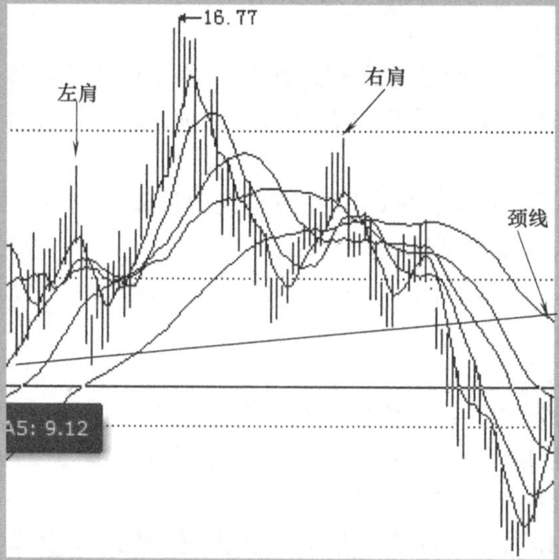

图 5-31　联创光电周 K 线图

2. 双重顶和双重底

双重顶和双重底即证券市场上众所周知的 M 头和 W 底，这种形态在实际中出现得非常频繁。图 5-32、图 5-33 是这种形态的简单形状。

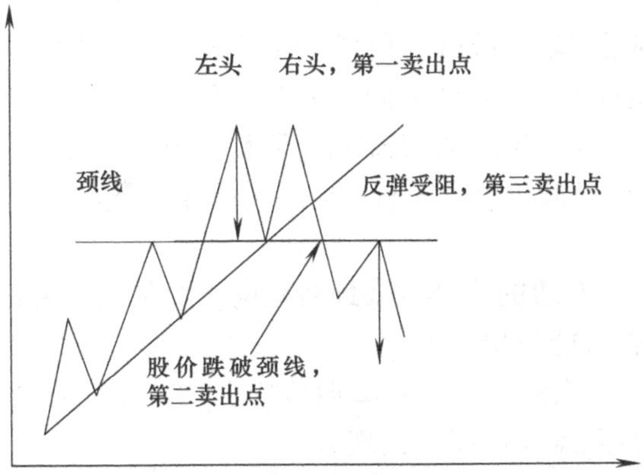

图 5-32 双重顶

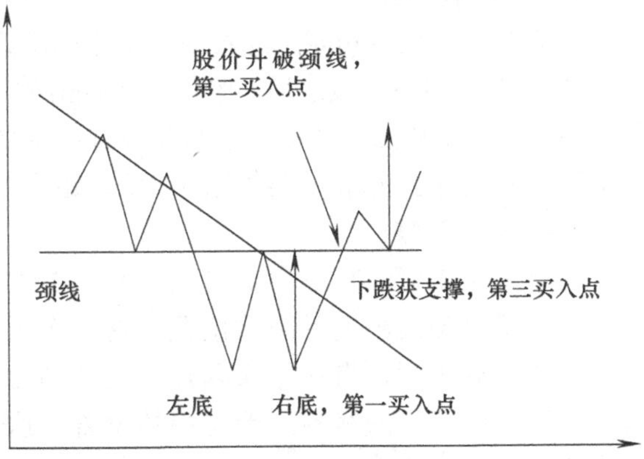

图 5-33 双重底

（1）形成过程

从图中可以看出，双重顶（底）一共出现两个顶（底），也就是两个相同高度的高点（低点）。下面以 M 头（图 5-32）为例说明一下双重顶形成的过程。在上升趋势过程的末期，股价在第一个高点之后进行正常的回落，受上升趋势线的支撑，这次回档将获得支撑，获得支撑后是继续上升，但是由于买方力量不够，上升高度不足，在前期高点处遇到压力，股价向下，这样就形成了两个顶的形状。当股价向下跌破图中水平直线的时候，M 头正式确立。双重底的形成过程刚好与 M 头相反，请投资者自己体会。

另外值得注意的是，对于 M 头来讲，左边头部所对应的成交量一般大于右边头部所对应的成交量。而对于 W 底来讲，左边底的成交量一般小于右边底部所对应的成交量，尤其是在向上突破颈线时需要大成交量的配合。

（2）颈线的作用与意义

以双头（底）中间的低（高）点作为水平直线，就得到一条非常重要的直线——颈线。颈线的作用与意义体现在三个方面：

1）对于 M 头来讲，在股价没有跌破颈线前颈线起的是支撑作用，跌破后颈线起的是压力作用。对于 W 底来讲，在股价没有升破颈线前颈线起的是压力作用，升破后颈线起的是支撑作用。

2）对于 M 头来讲，颈线被股价向下突破是 M 头成立的最终标志。对于 W 底来讲，颈线被股价向上突破是 W 底成立的最终标志。

3）对于 M 头来讲，颈线被向下突破是坚决卖出机会。对于 W 底来讲，颈线被向上突破是坚决买入机会。

（3）反扑的作用与意义

对于反扑，投资者也同样要注意两方面问题：

1）在 M 头中，反扑为多方提供了最后一次出逃的机会。在 W 底中，反扑为空方提供了最后一次跟进机会。

2）反扑不是这两个形态的必然组成部分，也就是说反扑可能会出现，也可能不会出现，所以对于投资者来讲，不能指望一定要等到其出现后才采取行动，而应该在颈线被突破后坚决采取行动。

（4）预测价值

形态的一个重要功能是能对股价未来的涨跌幅进行较为准确的预测，M 头和 W 底也不例外。当 M 头被向下突破之后，股价向下跌落的幅度等于头和颈线之间的垂直距离，也就是股价至少下跌了这个幅度后才有可能获得像样的支撑。同样，对于 W 底来讲，股价突破颈线之后，其上涨的幅度等于底部与颈线之间的垂直距离，此时，股价上升才有可能遇到像样的压力。

（5）操作策略

对于双头来说，有三个卖出点（见图 5-32）：①右边的头部；②颈线被向下突破的位置；③股价反弹至颈线附近受阻的位置（这一卖出点有可能不出现）。

对于双底来说，有三个买入点（见图 5-33）：①右边的底部；②股价向上突破颈线的位置；③股价回落至颈线附近受支撑的位置（这一买入点有可能不出现）。

[案例 5-13]　图 5-34 是天科股份（600378）2014 年 5 月至 7 月期间的日 K 线图，图中，该股价格从高位下跌至 12.53 元后开始反弹，形成一个小高点（即颈线位置）后继续回落，股价在前期底部附近获得支撑，形成双底的第一个买入点，股价此后持续上升，向上突破颈线形成第二个买入点，在颈线上部回落后形成第三买入点，值得注意的是，第三买入点并没有完全到位，而是在颈线上方，由此可见，投资者不能将买入的希望寄托在第三买入点，而应在股价突破颈线时（第二买入点）坚决买入。

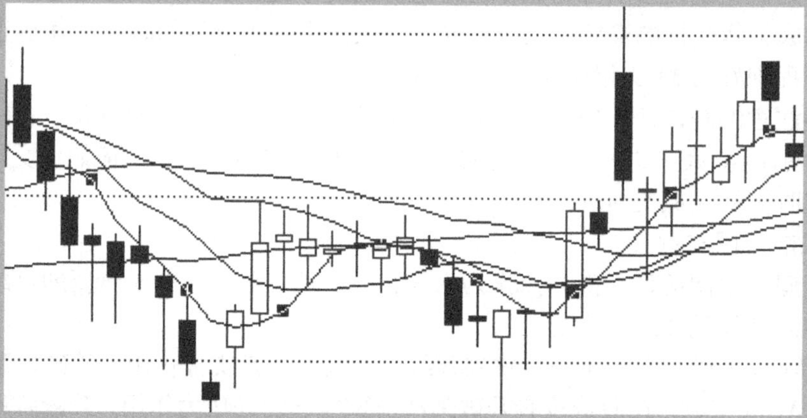

图 5-34　天科股份日 K 线图

3．圆弧形态

（1）形成过程

圆弧形又称为碟形、圆形、碗形等，是一种不常见但很有爆发力的反转形态。由于多空双方的力量较为接近，此消彼长的过程既缓和又缓慢，导致股价在顶部或底部的变化幅度要比前面介绍几种形态变化幅度小。在这种情况下，将价格在一段时间内的顶部高点用折线连起来，从而得到一条类似于圆弧的弧线，盖在股价上面，即圆弧顶；相反，将价格在一段时间内的底部低点用折线连起来，从而得到一条类似于圆弧的弧线，托在股价下面，即圆弧底。

在识别圆弧形态时，成交量也是很重要的。无论是圆弧顶还是圆弧底，在它们的形成过程中，成交量都是两头多、中间少。越靠近顶或底成交量越少，到达顶或底时成交量达到最少（圆弧底在达到底部时，成交量可能突然大一下，之后恢复正常）。在突破后的一段，都有相当大的成交量。具体的圆弧形如图 5-35、图 5-36 所示。

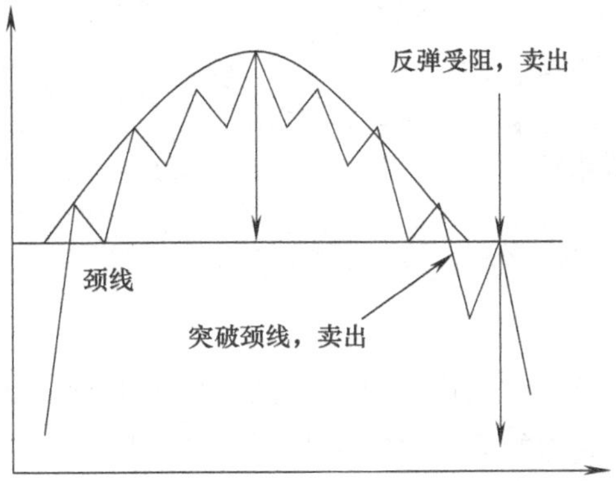

图 5-35　圆弧顶

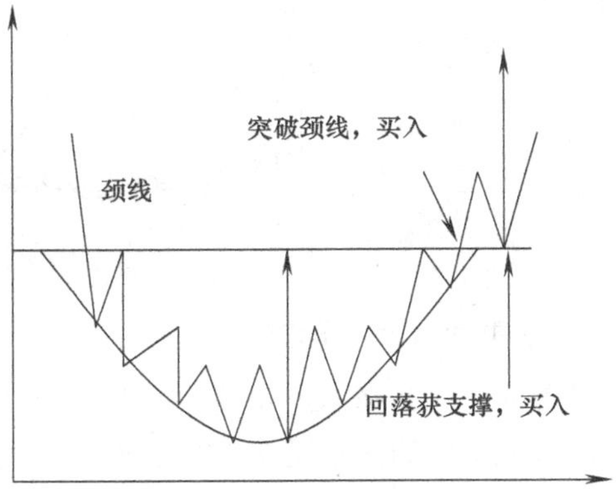

图 5-36　圆弧底

（2）颈线与反扑

圆弧形态也有颈线和反扑，从圆弧形态开始的地方做一条水平的直线即为颈线，对于圆弧顶来讲，其主要作用是支撑作用，而对于圆弧底来讲，其主要作用是压力作用。一旦颈线被突破之后，也可能有个反扑的过程。其作用和其他反转形态的作用类似，这里不再一一说明。

（3）预测价值

与前面几种反转形态都具有较为明确的预测价值不同，圆弧形态未来的涨跌幅度较难预测。但由于圆弧形态平时极少出现，正如人们所说的物以稀为贵，因此，一旦圆弧形态出现，其爆发力极强。总的来说，其未来的涨跌幅度与圆弧形态形成的时间成正比，即形成圆弧形态的时间越长，其未来的涨跌幅度就越大，反之越小。此外，人们通常以圆弧半径作为其未来涨跌的第一个目标位。

（4）操作策略

圆弧形态出现的概率较小，但越是出现概率小的形态，其出现以后对投资者的价值也就越大。

对于圆弧底来说，当股价向上突破颈线时是第一买入点，当股价回落获得颈线支撑后是第二买入点；对于圆弧顶来说，当股价向下突破颈线时是第一卖出点，当股价反弹受到颈线阻碍后是第二卖出点。

[案例 5-14]　图 5-37 是涪陵电力（600452）2014 年 4 月至 7 月期间的日 K 线图，在此期间，股价在底部经过三个多月的盘整，股票的换手比较充分，多方的优势充分积累，从而一举突破颈线，并实现了快速拉升，很快便到达了其突破后的第一目标位。

这个图形印证了证券市场上的一句谚语“底有多长，涨有多高”，即股票在底部盘整的时间跨度越长，其未来的涨幅就越大。

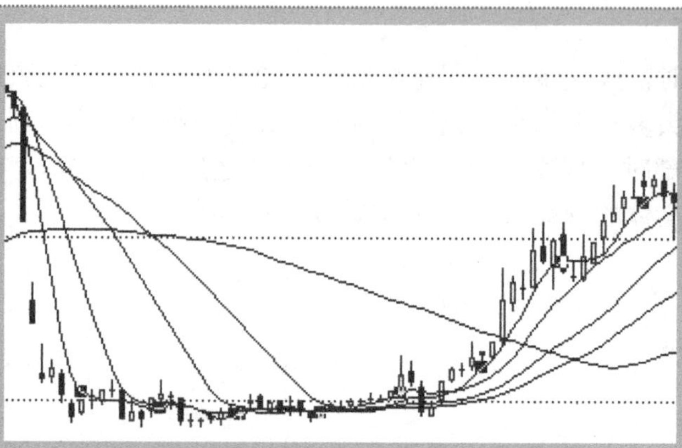

图 5-37　涪陵电力日 K 线图

4. 三重顶（底）形态

三重顶（底）形态严格说是头肩形态的一种变形，它是由三个一样高（低）的顶（底）组成。与头肩形的区别是头的价位回缩到与肩差不多相等的位置，有时甚至低于或高于肩部一点。从这个意义上讲，三重顶（底）与双重顶（底）也有相似的地方，只是前者比后者多"折腾"了一次。因此，对于这种形态的分析，投资者可以参考头肩顶（底）和双重顶（底）的有关内容，从形成过程、颈线作用与意义、反扑作用与意义以及预测价值四个方面自行分析，其操作策略也与头肩形态（双顶、双底形态）类似。三重顶（底）形态如图 5-38、图 5-39 所示。

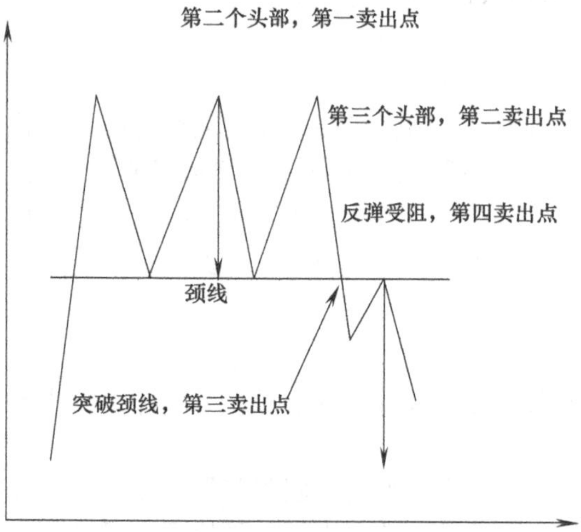

图 5-38　三重顶

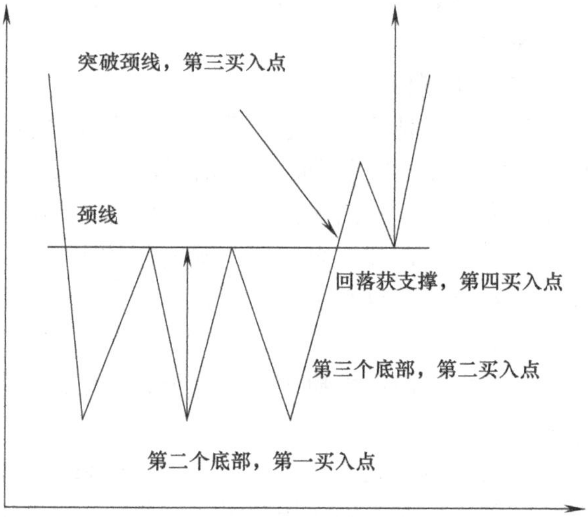

图 5-39　三重底

二、持续形态

1. 三角形

三角形是一种典型的持续形态，根据其形态的不同，可以分为对称三角形、上升三角形和下降三角形三种形态。

（1）对称三角形

对称三角形的情况大多是发生在一个大趋势进行的途中，它表示原有的趋势暂时处于休整阶段，之后还要随着原趋势的方向继续行动。由此可见，见到对称三角形后，股价今后走向最大的可能是沿原有的趋势方向运动。下面以上升的对称三角形为例来介绍，如图 5-40 所示。

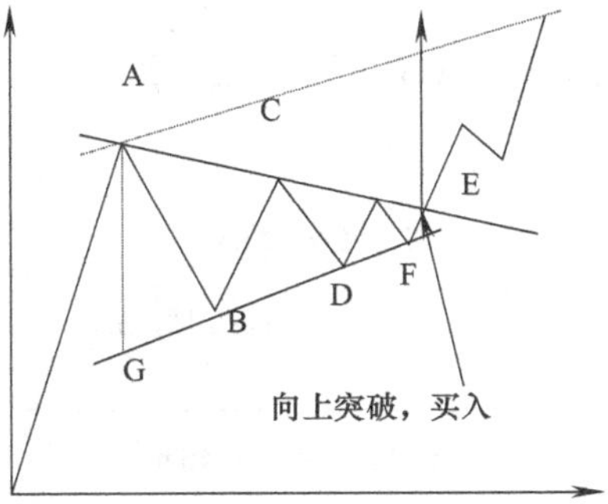

图 5-40　对称三角形

1）对称三角形的图形特征　从图中可以看出，对称三角形有两条聚拢的直线，上面的向下倾斜，起压力作用；下面的向上倾斜，起支撑作用。两直线的交点称为顶点。另外，对称三角形要求至少应有四个转折点，图中的 A、B、C、D、E、F 都是转折点。四个转折点的要求是必然的，因为每条直线的确定需要两个点，上下两条直线就至少要求有四个转折点。正如趋势线的确认要求第三点验证一样，对称三角形一般应有六个转折点，这样，上下两条直线的支撑、压力作用才能得到验证。

2）对称三角形的突破　对称三角形只是原有趋势运动的途中休整阶段，所以持续的时间不应太长，如果持续时间太长，则股价保持原有趋势的能力就会下降。一般说来，突破上下两条直线的保卫，继续沿原有既定的方向运动的时间要尽量早些，越靠近三角形的顶点，三角形的各种功能就越不明显，对投资者进行买卖操作的指导意义就越不强。

一般来说，对称三角形突破的位置一般应在三角形的横向宽度（即虚线 AG 的高度）的 1/2 到 3/4 的某个位置，这样投资者可以大致测算出其要突破的时间范围。当然，三角形突破的有效性也遵循前面介绍的判断突破的三种方法。

3）对称三角形的预测价值　三角形被有效突破后，可以通过两种方法来测算其未来涨跌幅度。

方法一：如图 5-40 所示，从 E 点向上带箭头直线的高度，是未来股价至少要达到的高度。箭头直线长度与 AG 连线长度相等。AG 连线的长度称为对称三角形的高度。

方法二：如图 5-40 所示，过 A 点作平行于下边直线的平行线，图中斜虚线，是股价今后至少要达到的位置。

需要说明的是，对称三角形本身并没有方向，其方向是由其所处的股价趋势所决定的，即上升趋势中的对称三角形在突破后仍将向上运行，而下降趋中的对称三角形在突破后仍将向下运行。

（2）上升三角形

1）上升三角形的图形特征　从图 5-41 中可以看到，如果将对称三角形上面的斜线变成水平方向，对称三角形就会变成上升三角形。上面的直线起压力作用，下面的（斜）直线起支撑作用。在对称三角形中，压力和支撑都是逐步加强的。一方是越压越低，另一方是越撑越高，看不出谁强谁弱。在上升三角形中就不同了，压力是水平的，始终都是一样，没有变化，而支撑都是越撑越高。由此可见，上升三角形比起对称三角形来，有更强烈的上升意识，多方比空方更为积极。通常以三角形的向上突破作为这个持续过程终止的标志。

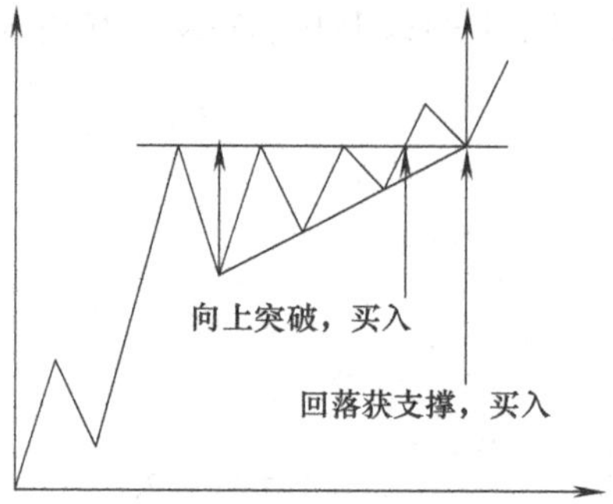

图 5-41　上升三角形

2）上升三角形的突破　上升三角形的突破时间、位置以及其有效性的判断都与对称三角形类似，这里不再多做说明。但需要提醒投资者注意一个问题，即“上升”的意思是指三角形的底部支撑越来越高，而不是说其未来运动方向一定向上。如果股价原有的趋势是向上，则很显然，遇到上升三角形后，几乎可以肯定今后是向上突破。因为一方面要保持原有的趋势，另一方面形态本身就有向上的愿望。这两方面的因素使股价很难逆大方向而动。如果原有的趋势是下降，则出现上升三角形后，前后股价的趋势判断起来有些难度。一方要继续下降，保持原有的趋势，另一方要上涨，两方必然发生争执。如果在下降趋势处于末期时（下降趋势持续了相当一段时间），出现上升三角形还是以看涨为主，这样，上升三角形就成了反转形态的底部。

3）上升三角形的预测价值　上升三角形突破后的涨跌幅度以及测算方法与对称三角形基本相同，请投资者参照上面的分析。

[案例 5-15]　图 5-42 是联环药业（600513）2014 年 6 月至 9 月的日 K 线图，股价从低位上涨，形成上升三角形形态，股价每次反弹到 L2 线时都会获得支撑，最终股价成功向上突破，股价运动在经过持续三角形后保持继续上升的态势。

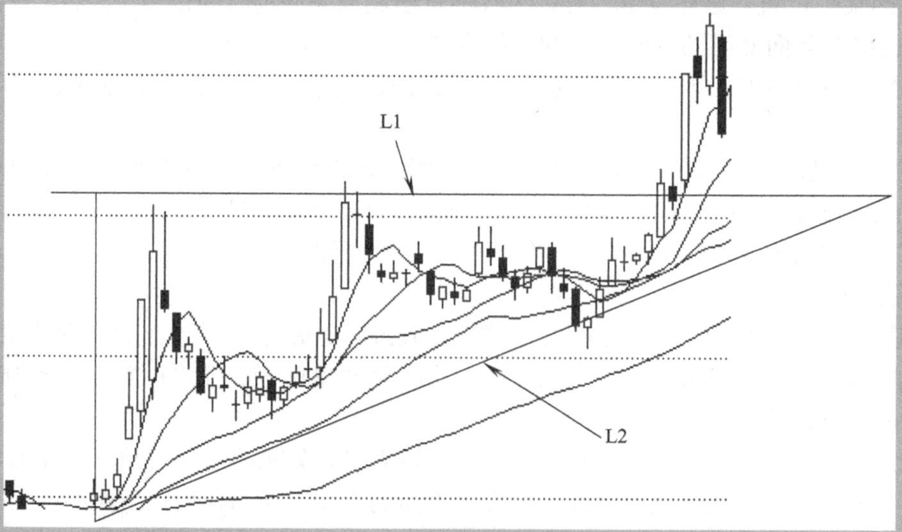

图 5-42　联环药业日 K 线图

（3）下降三角形

下降三角形同上升三角形方向相反，是看跌的形态。它的基本内容同上升三角形可以说完全相似，只是方向相反，如图 5-43 所示。

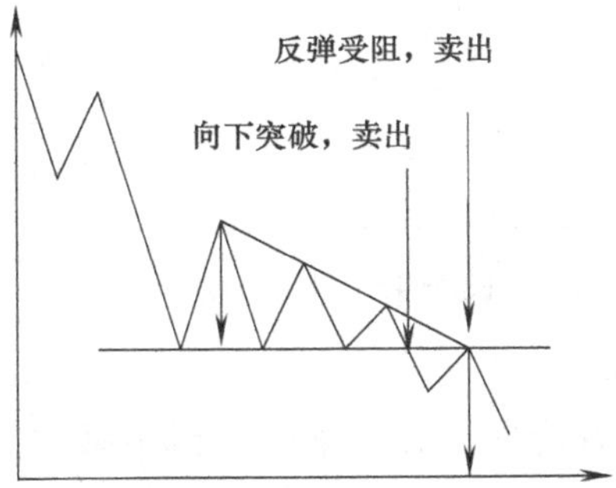

图 5-43　下降三角形

2. 矩形

（1）矩形的形成过程

矩形又叫箱形，是一种典型的整理形态。股票价格在两条横着的水平直线之间上下波动，作横向延伸的运动。矩形在形成之初，多空双方全力投入，各不相让。空方在价格涨到某个位置就抛压，多方在股价下跌到某个价位就买入，时间一长就形成两条明显的上下界线。随着时间的推移，双方的战斗热情会逐步减弱，市场趋于平淡。具体的矩形如图 5-44 所示：

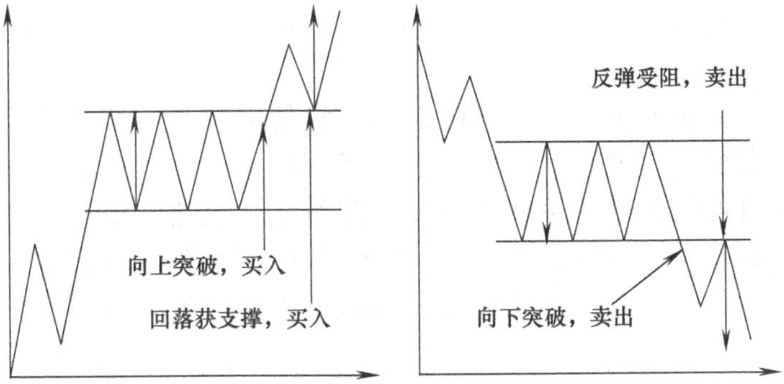

图 5-44　矩形

（2）矩形的突破方向

如果原来的趋势是上升，那么经过一段矩形整理后，一般会继续原来的趋势，多方会占优势并采取主动，使股价向上突破矩形的上界；如果原来是下降趋势，则空方一般会采取行动，突破矩形的下界。

从图 5-45 中可以看出，矩形在其形成的过程中极有可能演变成三重顶（底）形态，这是投资者应该注意的。正是由于矩形的判断有这么一个容易出错的可能性，在面对矩形和三重顶（底）进行操作时，几乎一定要等到突破之后才能采取行动，因为这两个形态今后的走势方向完全相反。一个是持续整理形态，要维持原来的趋势；一个是反转突破形态，要改变原来的趋势。

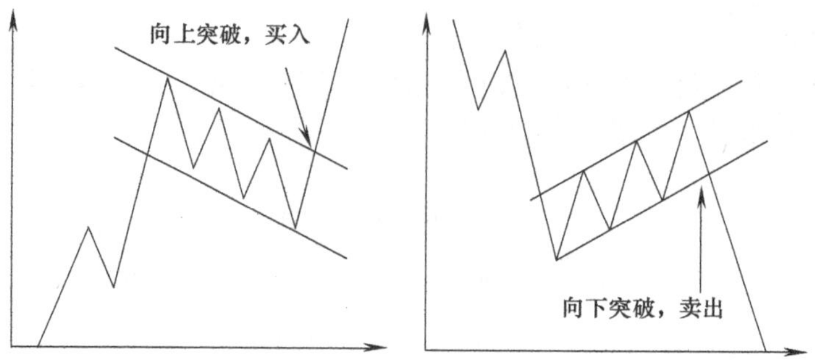

图 5-45　矩形的演变

（3）矩形突破后的预测价值

矩形被突破后，也具有测算价值，其未来上升或下降的高度等于矩形的宽度。与别的大部分形态不同，矩形为投资者提供了一些短线操作的机会。如果在矩形形成的早期能够预计到股价将进行矩形调整，那么，就可以在矩形的下界线附近买入，在矩形的上界线附近抛出，来回做几次短线的进出。如果矩形的上下界线相距较远，短线的收益也是相当可观的。

3．旗形和楔形

旗形和楔形是两个最为著名的持续整理状态。在股票价格的日 K 线图上，这两种形态出现的频率最高，一段上升或下跌行情的中途，可能出现好几次这样的图形。它们都是一个趋势的中途休整过程，休整之后，还要保持原来的趋势方向。这两个形态的特殊之处在于，它们都有明确的形态方向，如向上或向下，并且形态方向与原有的趋势方向相反。例如，如果原有的趋势方向是上升，则这两种形态的方向就是下降。

（1）旗形

从几何学的观点看旗形应该叫平行四边形，它的形状是一个上倾或下倾的平行四边形。旗形大多发生在股价极度活跃、剧烈、近乎直线上升或下降的方式的情况下。这种剧烈运动就是产生旗形的条件。由于上升或下降得过于迅速，市场必然会有所调整，旗形就是完成这一休整过程的主要形式之一。旗形的上下两条平行线起着压力和支撑作用，这一点有些像轨道线。这两条平行线的某一条被突破是旗形完成的标志。具体的旗形如图 5-45 所示。

旗形也有测算功能。旗形的形态高度是平行四边形左右两条边的长度。旗形被突破后，股价将至少要走到形态高度的距离，大多数情况是走到旗杆高度的距离。

应用旗形时，有几点要注意：①旗形出现之前，一般应有一个旗杆，这是由于价格做直线运动形成的；②旗形持续的时间不能太长，时间太长会导致它保持原来趋势的能力下降，一般不超过 3 周；③旗形形成之前和被突破之后，成交量都很大。在旗形的形成过程中，成交量从左向右逐渐减少。

（2）楔形

如果将旗形中上倾或下倾的平行四边形变成上倾或下倾的三角形，就会得到楔形。从图 5-46 中可看出，楔形中的三角形的上下两条边都是朝着同一个方向倾斜，这与前面介绍的三角形态不同。

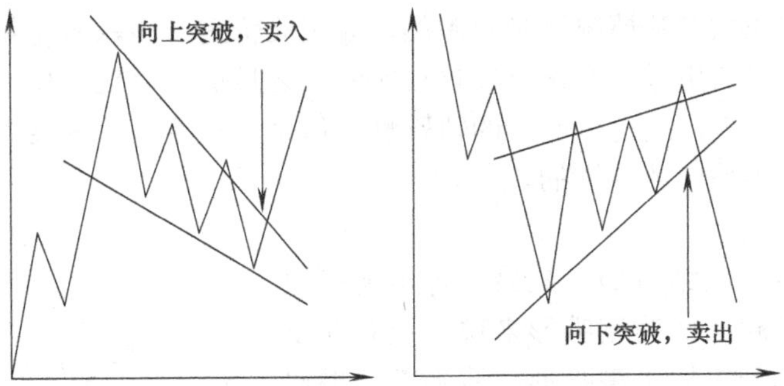

图 5-46 楔形

与旗形和三角形一样，楔形有保持原有趋势方向的特点，股价运行趋势的途中会遇到这种形态。与旗形和三角形不同的是，楔形偶尔也可能出现在顶部或底部而作为反转形态。这种情况一定是发生在一个趋势经过了很长时间接近尾声的时候。投资者可以借助很多别的技术分析方法，从时间上判断趋势是否可能接近尾声。尽管如此，当看到一个楔形后，首先还是把它当成中途的持续状态。

在形成楔形的过程中，成交量是逐渐减少的。楔形形成之前和突破之后，成交量都很大。

4. 喇叭形、菱形

这两种形态是三角形的变形体，在实际中出现的次数不多，但是一旦出现，则极为有用。这两种形态的共同之处是，大多出现在顶部，而且两者都是看跌。从这个意义上说，喇叭形和菱形又可以作为顶部反转突破的形态。更为可贵的是，喇叭形和菱形在形态完成后，几乎总是下跌，所以就没有突破是否成立的问题，在形态形成的末期就可以行动了。

（1）喇叭形

喇叭形的正确名称应该是扩大形或增大形。因为这种形态酷似一支喇叭，故得名。这种形态其实也可以看成是一个对称三角形倒转过来的结果，所以可以把它看作三角形的一个变形体。图 5-47 是喇叭形的图形表示。

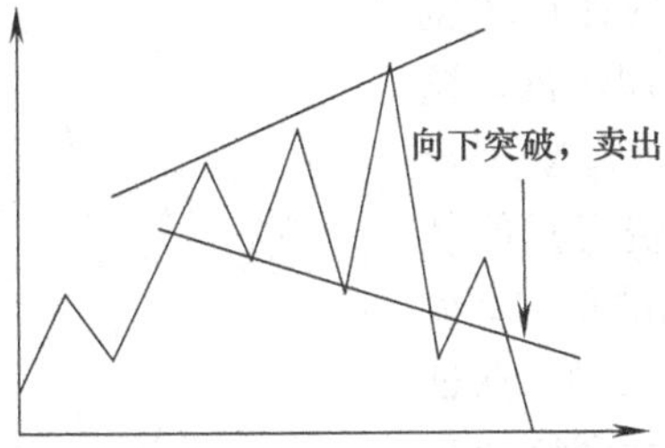

图 5-47 喇叭形

从图中看出，由于股价波动的幅度越来越大，形成了越来越高的三个高点，以及越来越低的两个低点。这说明当时的交易异常的活跃，成交量日益放大，市场已失去控制，完全由参与交易的公众的情绪决定。在这个混乱的时候进入证券市场是很危险的，进行交易也十分困难。在经过了剧烈的动荡之后，人们的热情会渐渐平静，远离这个市场，股价将逐步向下运行。

三个高点和两个低点是喇叭形已经完成的标志。股票投资者应该在第三峰调头向下时就抛出手中的股票，这在大多数情况下是正确的。如果股价进一步跌破了第二个谷，则喇叭形完全得到确认，抛出股票更成为必然。股价在喇叭形之后的下降过程中，肯定会遇到反扑，而且反扑的力度会相当大，这是喇叭形的特殊性。但是，只要反扑高度不超过下跌高度的一半，股价下跌的势头还是应该继续的。

（2）菱形

菱形的另一个名称叫钻石形，是另一种出现在顶部的看跌形态。它比起上面的喇叭形来说，更有向下的愿望。它的前半部分类似于喇叭形，后半部分类似于对称三角形。所以，菱形有对称三角形保持原有趋势的特性。前半部分的喇叭形之后，趋势应该是下跌的，后半部分的对称三角形使这一跌暂时推迟，但终究没能摆脱下跌的命运。图 5-48 是菱形的简单图示。

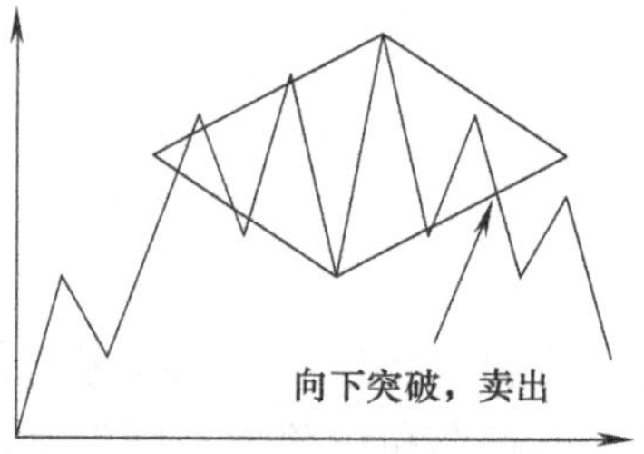

图 5-48　菱形

菱形形成过程的成交量是随价格的变化而变化的，开始是越来越大，后来是越来越小。

由于对称三角形的存在，菱形还具有测算股价下跌深度的功能。菱形的测算功能是以菱形的最宽处的高度为形态高度的。今后下跌的深度从突破点算起，至少下跌一个形态高度，这同大多数形态的测算方式是相同的。

识别菱形时有几点应该注意：

1）菱形有时也作为持续形态，不出现在顶部，而出现在下降趋势的中途，在这种情况下，它还是要保持原来的趋势方向，换句话说，这个菱形之后的走势仍是下降。

2）菱形上面两条直线的交点有可能并非正好是一个高点。左、右两边的直线由各自找的两个点画出，两条直线在什么位置相交就不要求了。同理，菱形下面两条直线也有与上面两条直线相似的可能。

3）技术分析中，形态理论中的菱形不是严格的几何意义上的菱形。

5．V 形反转

V 形是一种反转形态，它出现在市场剧烈的波动之中，它的顶或底只出现一次，这一点同其他反转形态有较大的区别。V 形反转一般事先没有明显的征兆，投资者只能从别的分析方法中得到一些不明确的信号，如已经到了支撑、压力区等。就我国沪、深证券市场而言，V 形反转往往同突发利好消息的出现有密切关系。具体的 V 形反转如图 5-49 所示。

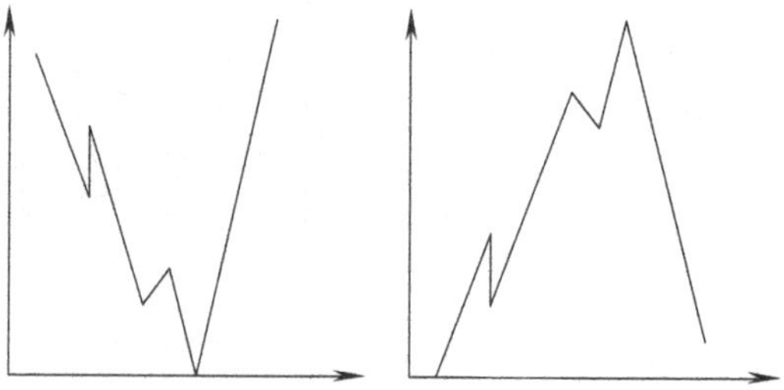
图 5-49　V 形反转

三、缺口与岛形反转

1．缺口

（1）缺口与缺口回补

缺口是指两个交易日的交易价格区域之间存在的空隙。狭义的缺口是指两个交易日之间存在的一段没有交易的价格区域，即两根 K 线的上下影线之间的空隙。广义的缺口是指两个 K 线实体之间的空隙。通常缺口指的是狭义的缺口。缺口回补是指缺口形成以后，价格重新经过该缺口所留下的价格区域，即为缺口回补。回补有可能使得缺口完全被关闭，也可能被部分关闭。

（2）缺口的种类

从是否有意义的方面进行划分，缺口可以分为两大类，即有分析意义的缺口和无分析意义的缺口。无分析意义的缺口是指对技术分析指导作用不大的缺口，这样的缺口包括跳空幅度小、出现频率大的缺口，此外，除权缺口也属于此类。

有分析意义的缺口是对技术分析有指导意义的缺口，也称功能性缺口。功能性缺口可以分为三类，即突破性缺口、持续性缺口和竭尽性缺口。

1）突破性缺口（图 5-50 的 A 点），是指股价在底部或顶部出现的缺口，这种缺口的出现将意味着大的反转行情的出现。以亿晶光电（600537）2014 年 8 月至 9 月为例，2014 年 8 月 25 日该股价向上跳空高开，形成一个向上的突破性缺口，股指自此开始了一波大行情。

2）持续性缺口（图中的 B 点），指在一个大的上升或下降行情中途出现的缺口，它的出现意味着行情将持续，并且还将有相同幅度的上升或下降。

3）竭尽性缺口（图中的 C 点），又称为消耗性缺口，是出现在长期上涨或下跌行情末端的缺口，是优势一方的最后一搏。

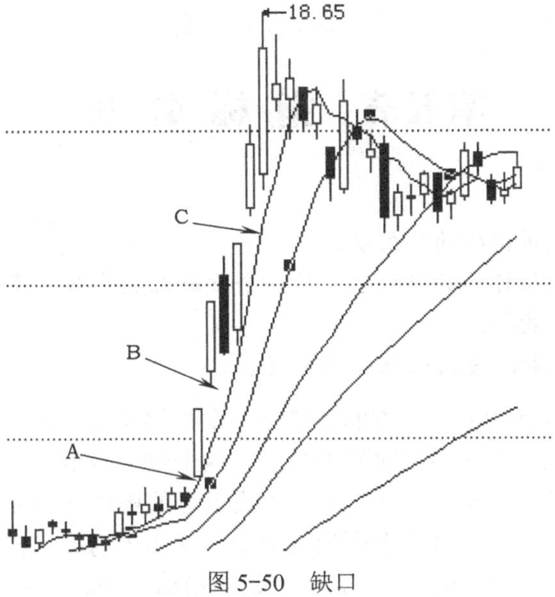

图 5-50　缺口

2．岛形反转

岛形反转是一个紧密的交易区域，是指由一个竭尽性缺口与一个突破性缺口所形成的一个反转形态。

从图 5-51 可以看到，它的左边由竭尽性缺口与之前的上升趋势相隔离，右边由一个突破性缺口与之后的下降趋势相隔离，从而形成顶部股价交易的一个孤岛形态。当然，岛形反转也有可能出现在底部。

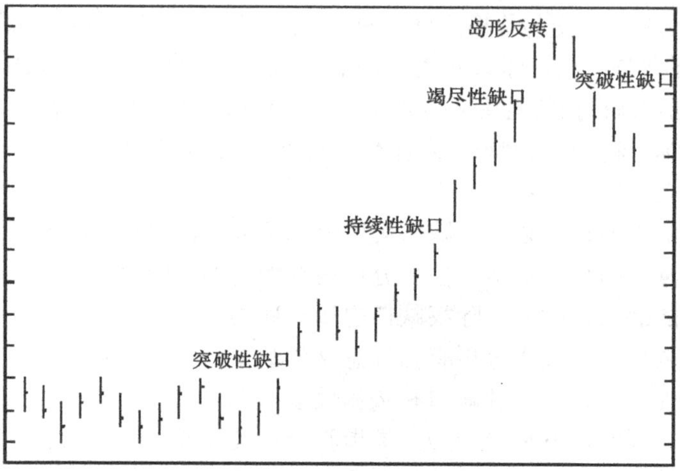

图 5-51　岛形反转

四、应用形态理论应该注意的问题

形态分析是比较早就得到应用的方法，相对比较成熟，尽管如此，也有正确使用的问题。一方面，站在不同的角度，对同一形态可能产生不同的解释。例如，头肩形是反转形态，但有时从更大的范围去观察，则有可能成为中途持续形态；另一方面，进行实际操作时，形态理论要求形态完全明朗才能行动，从某种意义上讲，有错过机会的可能。

第五节　指 标 分 析

学习目标

- 熟练掌握主要技术指标的应用法则；
- 能通过主要技术指标的数值和波动预判个股或大盘价格走势；
- 会综合运用技术指标；
- 能准确判断技术指标发出信号的可靠性。

指标分析要考虑市场行为的各个方面，建立一个数学模型，给出数学上的计算公式，得到一个体现证券市场的某个方面内在实质的数字，这个数字叫指标值。指标值的具体数值和相互间关系，直接反映证券市场所处的状态，为投资者的操作行为提供指导方向。指标反映的东西大多是无法从行情报表中直接看到的。目前，证券市场上的各种技术指标数不胜数。例如，相对强弱指标（RSI）、随机指标（KD）、趋向指标（DMI）、指数平滑异同移动平均线（MACD）、能量潮（OBV）、心理线（PSY）、乖离率（BIAS）等。这些都是很著名的技术指标，在证券市场中长盛不衰。而且，随着时间的推移，新的技术指标还在不断涌现。

一、MACD 指标与 BIAS 指标

1．MACD

（1）MACD 指标概述

MACD 指标全称为指数平滑异同移动平均线，是通过计算两条不同速度的指数平滑移动

平均线之间的离差值来研判股市行情的一种技术分析方法。其基本原理是利用快速与慢速移动平均线聚合与分离的征兆功能，加以双重的平滑计算，用以研判买卖时机。

（2）MACD 的计算公式

MACD 计算过程比较复杂，所需要的指标也较多，包括快、慢速移动平均线（12 日 EMA、26 日 EMA），快、慢速移动平均线离差值（也称正负差，即 DIF），离差值的平均值（DEA）。其中 DIF 是核心，DEA 是辅助。

DIF 的计算　DIF 是快速平滑移动平均线与慢速平滑移动平均线的差，快速和慢速的区别在于进行指数平滑时采用的参数大小不同，快速是短期的，慢速是长期的。下面以常用的参数 12 日和 26 日为例，对 DIF 的计算过程进行介绍。

快速平滑移动平均线（EMA）是 12 日的，计算公式为

$$\text{今日 EMA（12）}=\frac{2}{12+1}\times\text{今日收盘价}+\frac{11}{12+1}\times\text{昨日 EMA（12）}$$

慢速平滑移动平均线（EMA）是 26 日的，计算公式为

$$\text{今日 EMA（26）}=\frac{2}{26+1}\times\text{今日收盘价}+\frac{25}{26+1}\times\text{昨日 EMA（26）}$$

以上两个公式是指平滑的公式，平滑因子分别为 2/13 和 2/27。如果选别的系数，同可照此法处理。

（3）MACD 的应用法则

1）牛熊判断　如果 DIF 和 MACD 值都在零线上方则为牛市，反之为熊市。

2）买入信号　DIF 上穿 MACD 为买入信号。如果上穿发生在零线上方，则是牛市中发出的买入信号，为强势买入信号，可靠性强；如果上穿发生在零线下方，则是熊市中发出的买入信号，为弱势买入信号，可靠性弱，为空方补仓机会。

3）卖出信号　DIF 下穿 MACD 为卖出信号。如果下穿发生在零线下方，则是熊市中发出的卖出信号，为强势卖出信号，可靠性强；如果下穿发生在零线上方，则是牛市中发出的卖出信号，为弱势卖出信号，可靠性弱，为多方获利了结机会。

4）背离信号　MACD 作为最重要的市场趋势指标之一，对于市场主要趋势的预测相当准确，尤其是其与股价的背离走势更是原趋势发生逆转的主要信号。MACD 指标与股价的背离走势有两种，即顶背离与底背离。

顶背离是指股价一峰比一峰高，而 MACD 却一峰比一峰低，是股价由上升转为下降的预警信号；底背离是指股价一谷比一谷底，但 MACD 却一谷比一谷高，是股价由下降转为上升的预警信号。投资者可以参见上证指数（1A0001）2004 年 2 月 10 日至 4 月 7 日的行情，股指在 2 月 23 日和 4 月 7 日分别创出 1 730 和 1 783 两个高点，而 MACD 的峰值分别是 2 月 10 日的 46.10 和 4 月 8 日的 21.99，明显与股指呈现了顶背离的走势，股指自此后从 1 783 的高点开始下跌，一直跌至 1 162 点为止。

5）MACD 曲线的形态分析　MACD 的走势也同 K 线一样，会走出各种各样的形态，典型的如双头（底）和头肩顶（底）等，形态分析的有关分析方法完全适用于 MACD 曲线。

（4）简要评述

MACD 的优点是利用了二次移动平均来消除股价变动当中的偶然因素，因此其对于

股价运动趋势的把握是比较成功的。当然，MACD 也有不足，当市场没有明显趋势而进入盘整时，其经常会发出错误的信号，另外，对未来行情的上升和下降的深度也不能提出有帮助的建议。

【案例 5-16】 图 5-52 是宝新能源（000690）2014 年 12 月至 2015 年 12 月 7 月的日 K 线图，股价从最低 5.52 起步，此时 MACD 指标发出弱势买入信号，随着股价的持续稳步上升，MACD 指标提前发出了强势买入信号，此时投资者要坚决买入，随着股价的继续上升，MACD 指标在市场最为乐观的时候发生出了强势卖出信号，股价随之从 18.20 点的最高点开始下降，展开了一波下跌行情，MACD 指标在股价下跌过程发出了一个弱势卖出信号，此时投资者要坚决卖出。

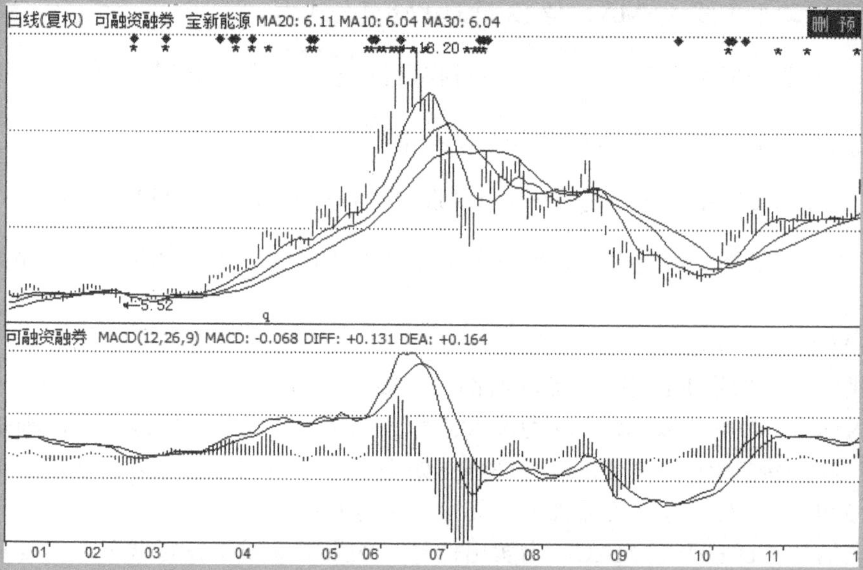

图 5-52 宝新能源日 K 线图

2．乖离率

（1）乖离率（BIAS）概述

BIAS 指标是通过计算股价与移动平均线之间出现的偏离程度，从而得出股价在震荡中因偏离移动平均线而将产生的回档与反弹。这个指标可以解释为什么当股价远离均线时就会向均线靠拢，从而给投资者提供短线买卖的信号。

（2）BIAS 的计算公式及参数

$$\text{BIAS}(n)=\frac{C_t-\text{MA}(n)}{\text{MA}(n)}\times 100\%$$

式中，BIAS（n）是 n 日的乖离率，C_t 是当日收盘价，MA（n）是当天的 n 日移动平均值。

从公式中可以看出 BIAS 有正值也会有负值，正值意味着股价向上偏离均线，负值意味着股价向下偏离均线。

BIAS 的公式中含有参数的项只有一个，即 MA，因此 MA 的参数就是 BIAS 的参数，也就是天数 n。参数大小的选择首先影响 MA，其次影响 BIAS，不同的市场和不同的投资者的参数选择会有所不同。

（3）BIAS 的应用法则

BIAS 代表了一段时期内市场平均盈利（亏损）程度。前文在移动平均理论中谈到过均线能代表市场的平均成本，再做一个假设，即假设投资者在一天内的买入和卖出价格的平均价是当天的收盘价，这样就可以将 BIAS 理解为一段时期内（n 日）的市场平均盈利程度和平均亏损程度。正值代表盈利，负值代表亏损。当 n 日内市场平均盈利程度高时，多数投资者会选择获利了结，从而使得股价向着均线回落；当 n 日内市场平均亏损程度高时，多数没有止损的投资者会选择补仓以降低其加权成本，另有部分投资者抢反弹，从而推动股价向着均线回升。

可以看出 BIAS 能够给投资者的投资行为进行短线的指导，即通过提示一段时间内的市场平均盈利和亏损程度来发出短线买入和卖出信号，但正如前文所述，不同市场和不同投资者对于参数 n 的选择是不同的，所以投资者应该根据自己的实际情况来确定参数 n，以下仅供投资者参考。

1）BIAS（5）>3.5%、BIAS（10）>5%、BIAS（20）>8%以及 BIAS（60）>10%，是卖出时机。

2）BIAS（5）<−3%、BIAS（10）<−4.5%、BIAS（20）<−7%以及 BIAS（60）<−10%，是买入时机。

3）对于综合指数而言，BIAS（10）>30%为抛出时机，BIAS（10）<−10%为买入时机。

4）对于个股而言，BIAS（10）>35%为抛出时机，BIAS（10）<−15%为买入时机。

（4）简要评述

BIAS 指标的主要原理是测算股价偏离均线即市场平均成本的程度，从而计算出在一定时期内市场的平均盈利程度和平均亏损程度，以发现短期的买入和卖出信号，其有效性不容置疑。但不同的市场和不同的投资者对于盈利的期望大小和亏损的承受能力是不同的，因而导致了 BIAS 没有一个公允的判断标准，这就给投资者在使用这个指标时造成了一定的困难。图 5-53 以西藏金珠为例描述了 BIAS 指标中股价偏离均线的程度，从而发现买入卖出信号。

图 5-53 根据 BIAS 研判买卖点

二、威廉指标和KDJ指标

1. 威廉指标

（1）威廉指标（WMS或R%）概述

这个指标是由Larry Williams于1973年首创的，WMS取值的大小表示市场当前的价格在过去一段时间内所处的相对高度，进而表明价格是否处于超买和超卖的状态。

（2）WMS的计算公式和指标含义

计算公式为

$$\text{WMS}(n)=\frac{H_n-C_t}{H_n-L_n}\times 100$$

式中，C_t是当天的收盘价；H_n和L_n是最近n日内（包括当天）出现的最高价和最低价。

由公式可知，WMS有一个参数，那就是选择天数n。WMS指标表示的含义是当天的收盘价在过去的一段时间内全部价格范围内所处的相对位置。如果WMS的值比较大，则当天的价格处在相对较高的位置，要提防回落；如果WMS的值较小，则说明当天的价格处在相对较低的位置，要注意反弹；WMS取值居中，在50左右，则价格上下的可能性都有。

（3）WMS的参数选择和应用法则

1）参数选择

在WMS出现的初期，人们认为市场出现一个周期循环大约是4周，那么取周期的前半部分或后半部分，就一定能包含这次循环的最高值或最低值。这样，WMS选的参数只要是2周，则这2周之内的H_n和L_n至少有一个成为顶价或底价，这对应用WMS进行研判行情很有帮助。基于上述理由，WMS的选择参数应该至少是循环周期的一半。中国证券市场的循环周期目前还没有明确的共识，在应用WMS时，应该多选择几个参数试试。

2）应用法则

① 强势市场和弱势市场判断。WMS的取值介于0～100之间，以50为中轴将其分为上下两个区域。在上半区，WMS大于50，表示行情处于弱势；在下半区，WMS小于50，表示行情处于强势。

② 超买与超卖区域判断。当WMS高于80，即处于超卖状态，行情即将见底，应当考虑买进；当WMS低于20，即处于超买状态，行情即将见顶，应当考虑卖出。这里80和20只是一个经验数字，不是绝对的，有些个别的股票可能比80大，也可能比80小，不同的情况产生不同的买进和抛出信号，要根据具体情况，在实战中不断摸索。

③ 背离分析。在WMS进入高位后，一般要回头，如果这时股价还继续上升，这就产生顶背离，是卖出的信号；在WMS进入低位后，一般要反弹，如果这时股价还继续下降，这就产生底背离，是买进的信号。

④ WMS指标的形态分析。WMS指标也可以进行形态分析，分析要领与K线形态分析要领相同。

（4）简要评述

WMS指标作为一个短线指标，能够较为准确地发现短期内超买和超卖的信号，从而为投资者短期操作行为提供有效的指导，但是正如上面所分析的，该指标在参考数值选择上没有固定的标准，这无疑会给投资者的实际操作带来麻烦。同时投资者应该注意到在盘整过程中 WMS 的准确性较高，而在上升或下降趋势当中，却不能只以 WMS 超买超卖信号为依据来判断行情即将反转。

2. KDJ 指标

（1）KD 指标概述

KDJ 指标的中文名称是随机指数，是由 George Lane 首创的，最早用于期货市场，目前已经成为股票市场中最著名和最常用的指标之一。

（2）KD 指标的计算公式和理论依据

KD 指标的计算至少有两种公式，下面介绍的是其中一种，分为 3 个步骤：

1）计算未成熟随机值 RSV（Row Stochastic Value）　计算公式为

$$\text{RSV}（n）=\frac{C_t-L_n}{H_n-L_n}\times 100$$

式中，C_t、H_n、L_n 的意义同 WMS 指标。

2）对 RSV 进行指数平滑以得到 K 值　计算公式为

$$\text{今日 K 值}=\frac{2}{3}\times\text{昨日 D 值}+\frac{1}{3}\times\text{今日 RSV}$$

式中，1/3 是平滑因子，可以人为选择，不过目前已经约定俗成，固定为 1/3。

3）对 K 值进行指数平滑以得到 D 值　其计算公式为

$$\text{今日 D 值}=\frac{2}{3}\times\text{昨日 D 值}+\frac{1}{3}\times\text{今日 K 值}$$

式中，1/3 为平滑因子，可以改成别的数字，同样已成约定俗成，固定为 1/3。

在介绍 KD 时，往往还附带一个 J 指标，其计算公式为

$$J=3D-2K$$

可见，J 是 D 加上一个修正值。J 的实质是反映 D 和 D 与 K 的差值。此外，有的书中 J 指标的计算公式为 J=3K–2D。

KD 指标是在 WMS 的基础上发展进来的，所以 KD 就有 WMS 的一些特性和原理。一般来讲，在反映证券市场价格变化时，WMS 最快，K 其次，D 最慢。在使用 KD 指标时，往往称 K 为快指标，D 为慢指标。K 指标反应敏捷，但容易出错；D 指标反应稍慢，但稳重可靠。

（3）KDJ 指标的应用法则

KDJ 指标是三条曲线（K，D，J），在应用时主要从五个方面进行考虑：KD 取值的绝对数字；KD 曲线的形态；KD 指标的交叉；KD 指标的背离；J 指标的取值大小。

1）超买区和超卖区判断　KD 的取值范围都是 0～100，一般将其划分为几个区域：超买区、超卖区、徘徊区。按一般的划分法，80 以上为超买区，20 以下为超卖区，其余为徘徊区。根据这种划分，KD 超过 80 就应该考虑卖出，低于 20 就应该考虑买入。这种操作是很简单的，同时又是很容易出错的，完全按这种方法进行操作很容易招致损失。大多数对 KD 指标了解不深的人，以为 KD 指标的操作就限于此，故而对 KD 指标的作用产生误解。应该说明的是，上述对 0～100 的划分只是一个应用 KD 指标的初步过程，仅仅是信号。真正做出买卖的决定还必须从以下几方面考虑。

2）KD 指标形态分析　当 KD 指标在较高或较低的位置形成了头肩形和多重顶（底）时，

是采取行动的信号。注意，这些形态一定要在较高位置或较低位置出现，位置越高或越低，结论越可靠，越正确。操作时可按形态分析方面的原则进行。

对于 KD 的曲线同样也可以画趋势线，以明确 KD 的趋势。在 KD 的曲线图中仍然可以引进支撑线和压力线的概念。某一条支撑线或压力线的被突破，也是采取行动的信号。

3）买入和卖出信号　一般来说，K 线上穿 D 线是金叉，为买入信号，K 线下穿 D 线是死叉，为卖出信号。但是 KD 指标较为敏感，频繁地发出买入和卖出信号会使得投资者无所适从，因此，KD 指标发出的买入或是卖出信号是否可靠，还要看别的信号。下面以买入信号为例来说明：

第一个条件是金叉的位置应该比较低，最好处在超卖区的位置，越低越可靠。第二个条件是与 D 相交的次数。有时在低位，K、D 要来回交叉好几次。交叉的次数以 2 次为最少，越多越可靠。第三个条件是交叉点相对于 KD 线低点的位置，这就是常说的“右侧相交”原则。K 是在 D 已经抬头向上时才同 D 相交，比 D 还在下降时与之相交要可靠得多。换句话说，右侧相交比左侧相交好。满足了上述条件，买入就放心一些。少满足一条，买入的风险就多一些。但是，如果要求每个条件都满足，尽管比较安全，但也会错过很多机会。对于 K 线从上向下穿破 D 线的死叉，也有类似的结果，投资者不妨自己试试，这里就再不重复。

4）背离分析　KD 指标也会与股价出现背离的走势（图 5-54），当 KD 处在高位，并形成两个依次向下的峰，而此时股价还在一个劲地上涨，这叫顶背离，是卖出的信号；与之相反，KD 处在低位，并形成一底比一底高，而股价还继续下跌，这构成底背离，是买入信号。

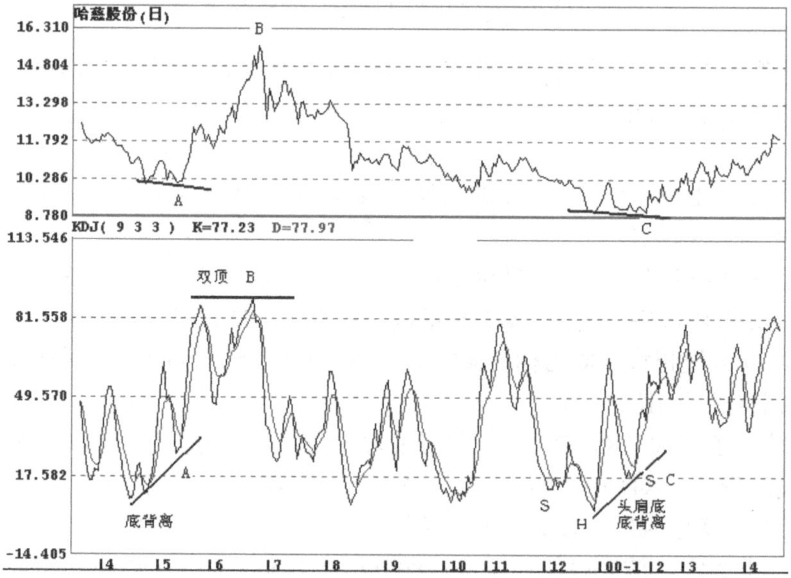

图 5-54　KD 指标研判顶底

5）J 值研判　J 值指标取值超过 100 和低于 0 时，都属于价格的非正常区域，大于 100 为超买，小于 0 为超卖。

（4）简要评述

KD 指标作为最常用的短线指标之一，能够敏锐地抓住股价上升和下跌的信号，对于短线操作的指导意义大。但是 KD 指标也存在着明显的不足，主要有以下几个方面：①KD 指标发出的买入和卖出信号过于频繁，投资者需要结合其他分析方法来确认信号的有效性；②KD指标在顶部和底部会产生钝化的现象，也就是说当股价处于顶部或底部时，KD 指标发出的信号可靠性差；③当价格进入整理区域时，KD 指标也会显得无所作为。

三、相对强弱指标（RSI）与 DMI 指标

1．RSI 指标

（1）RSI 概述

相对强弱指标 RSI（Relative Strength Index）是与 KD 指标齐名的常用技术指标。RSI 以一特定时期内股价的变动情况推测价格未来的变动方向，并根据股价涨跌幅度显示市场的强弱。

（2）RSI 的计算公式

RSI 的参数是天数，即考虑的时间长度，一般有 5 日、9 日、14 日等。这时的 5 日与 MA 中的 5 日线是截然不同的。下面以 14 日为例，具体介绍 RSI（14）的计算方法，其余参数的计算方法与此相同。

先找到包括当天在内的连续 15 天的收盘价，用每一天的收盘价减去前一天的收盘价，得到 14 个数字。这 14 个数字中有正（比前一天高），有负（比前一天低），有零（与前一天相等）。令 A=14 个数字中正数之和，B=14 个数字中负数之和×（–1）。此时，A 和 B 都是正数。由此得出 RSI（14）。

$$\text{RSI（14）}=\frac{A}{A+B}\times 100$$

式中，A 表示 14 天中股价向上波动的部分，代表了股价向上的动能；B 表示 14 天中股价向下波动的部分，代表了股价向下的动能，A+B 表示股价总的波动。RSI 实际上是表示向上波动的部分占总的波动的百分比，或者说表示了股价向上的动能占总的动能的比重，如果占的比例大于 50 就是强市，否则就是弱市。

显然，RSI 的计算只涉及收盘价，并且可以选择不同的参数。RSI 的取值介于 0～100 之间。

（3）RSI 的应用法则

1）不同参数的两条或多条 RSI 曲线的联合使用　同 MA 一样，天数越多的 RSI 考虑的时间范围越大，结论越可靠，但速度也就越慢，这是无法避免的。参数小的 RSI 称为短期 RSI，参数大的称为长期 RSI。这样，两条不同参数的 RSI 曲线的联合使用法则可以完全照搬 MA 中的两条 MA 线的使用法则：①短期 RSI>长期 RSI，则属多头市场；②短期 RSI<长期 RSI，则属空头市场。当然，这两条只是参考，不能完全照此操作。

2）弱势与强势区域判断　这是指将 0 至 100 分成四个区域，根据 RSI 的取值落入的区域进行操作。划分区域的方法见表 5-1。

表 5-1　RSI 取值的四个区域

RSI 值	市场特征	投资操作
80～100	极强	卖出
50～80	强	买入
20～50	弱	卖出
0～20	极弱	买入

“极强”与“强”的分界线和“极弱”与“弱”的分界线是不明确的，换言之，这两个区域之间不能画一条截然分明的分界线，这条分界线实际上是一个区域。有的技术分析书籍中采用 30、70 或者 15、85，这些数字实际上是对这条分界线的大致描述。应该说明的是，这条分界线位置的确定与以下几个因素有关：① 与 RSI 的参数有关。不同的参数，其区域的划分就不同。一般而言，参数越大，分界线离中心线 50 就越近，离 100 和 0 就越远。②与选择的股票有关。不同的股票，由于其活跃程度不同，RSI 所能达到的高度也不同。一般而言，越活跃的股票，分界线离 50 就应该越远；越不活跃的股票，分界线离 50 就越近。③ 与使用的时期有关。不同的时期，RSI 的波动有不同的表现，所选择的分界点也是有区别的。

随着 RSI 取值的从上到下，应该采取的行动是这样的一个顺序：卖出——买入——卖出——买入。市场进入强市，可以考虑买入，但是强过头了就该抛出。物极必反，量变引起质变都是对这个问题很好的说明。

3）根据 RSI 的曲线形状判断行情　RSI 在较高或较低的位置形成头肩形和多重顶（底），是采取行动的信号。这些形态一定要出现在较高位置和较低位置，离 50 越远越好，越远结论越可信，出错的可能性就越小。形态分析中有关这类形状的操作原则，这里都适用。

与形态分析紧密相连的趋势线在这里也有用武之地。RSI 在一波一波的上升和下降中，也提供了画趋势线的机会。这些起着支撑线和压力线作用的趋势线一旦被突破，就是采取行动的信号。

4）背离分析　RSI 与 MACD 等技术分析指标一样，会与股价产生顶背离和底背离的现象（见图 5-55）。顶背离是指股价一峰比一峰高，而 RSI 却是一峰比一峰低，这是股价由上升趋势转为下降趋势的信号；底背离是指股价一谷比一谷低，而 RSI 指标一谷比一谷高，这是股价由下降趋势转为上升趋势的信号。

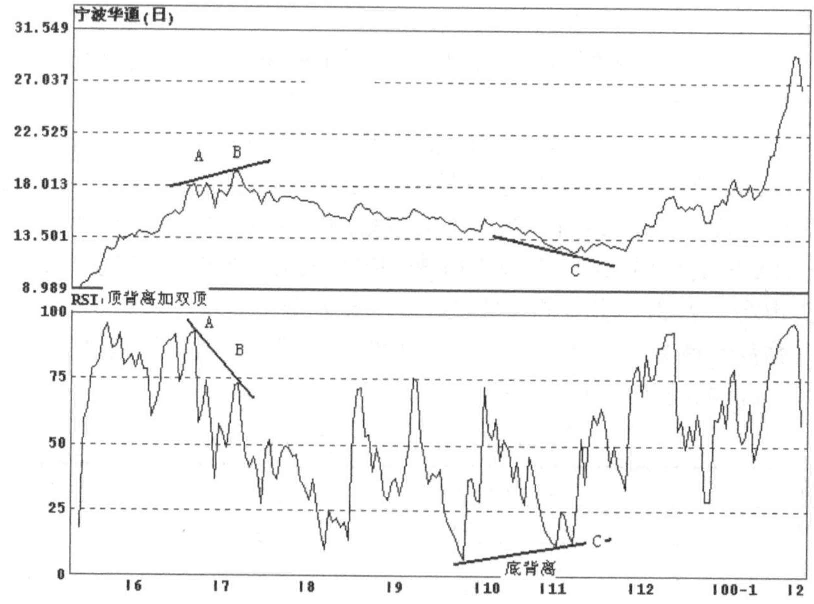

图 5-55　RSI 背离

（4）简要评述

RSI 指标通过计算一段时期内股价上升动能占总动能的比重来判断多空双方的力量对比，其分析思路明确，方法得当，因而是最为常用的指标之一。当然，RSI 指标也存在着不足，投资者应该正确地认识并客观地对待，如 RSI 在第一次进入应该采取行动的区域而形成单峰或是单谷的时候发出的信号不太可靠，需要结合其他技术分析方法加以确认。

2. DMI 指标

（1）DMI 概述

DMI 中文名称直译为方向移动指数，目前在中国证券市场中有趋势指标、趋向指标和动向指标等不同的叫法。

（2）DMI 指标计算公式

计算 DMI 的过程很复杂，在计算 DMI 的过程中包括±DI、DX、ADX、ADXR 4 项内容。

1）+DI 和–DI　DI 是 Directional Indicator 的缩写，中文名称为方向线。共有两个内容，即+DI 和–DI。+DI 表示上升方向线，-DI 表示下降方向线。计算公式为

$$+DI=\frac{+DM}{TR}\times 100\% \quad -DI=\frac{-DM}{TR}\times 100\%$$

式中，±DM 为正负趋向变动值，是表示价格涨跌的一种方法。价格的涨跌是通过对连续两天的价格波动的最高值和最低值的比较而确定的。

① ±DM 的计算方法。具体的计算方法分为以下几种情况：

如果 H>YH，并且 L>YL，则今日的 DM 为正数，并且+DM=H–YH，–DM=0。

如果 H<YH，并且 L<YL，则今日的 DM 为负数，并且+DM=0，–DM=YL–L。

如果 H>YH，并且 L<YL，则今日的 DM 是正是负还不一定，要由下式确定：

如果 H–YH>YL–L，则今日的 DM 是正数，+DM=H–YH，–DM=0。

如果 H–YH<YL–L，则今日的 DM 是负数，–DM=YL–L，+DM=0。

如果 H<YH，并且 L>YL，则今日的 DM=0。

在上面的式子中，H 为今日的最高价；YH 为前一日的最高价；L 为今日的最低价；YL 为前一日的最低价。应该说明的是，每日的 DM 尽管名称上有正负之分，但-DM 和+DM 的具体取值都是正数，没有负数。

② TR 的计算方法。TR 是 True Range 的缩写。从 DM 的计算方法可知，DM 是当日价格波动幅度大于昨日价格部分的最大值，表明价格波动增加和减少的程度。TR 则是当日价格波动幅度与昨日收盘价相比较的最大值。TR 的计算分以下 3 种情况：

如果 H>YC>L，则今日的 TR=H–L。

如果 YC>H，则今日的 TR=YC–L。

如果 YC<L，则今日的 TR=H–YC。

这里的 YC 为前一日的收盘价，H 和 L 的含义与上面相同。

③ ±DI（*n*）的计算公式及参数。前面给出了±DM 和 TR 的计算公式，下面将要给出±DI（*n*）的计算公式。

$$+DI(n)=\frac{\sum +DM}{\sum TR}\times 100\%$$

$$-\text{DI}(n)=\frac{\sum -\text{DM}}{\sum \text{TR}}\times 100\%$$

式中，Σ±DM 为连续 n 个交易日的±DM 之和；ΣTR 为连续 n 个交易日的 TR 之和。这里 n 是参数，表示所选择的时间区间的长度，也就是交易日的天数。一般而言，参数 n=14。当然，使用者可以自行决定 n 的选择。

从 DM 和 TR 的计算上可知，+DI（n）和−DI（n）的取值永远在 0 至 100 之间。+DI（n）和−DI（n）的实际含义就是上升方向的变动和下降方向的变动在全部变动中所占的比例。如果某方向所占的比例大，这个方向上的力量就大；如果占的比例小，这个方向上的力量就小。±DI（n）是多空双方力量的绝对强度，这一点恰好是 DMI 构造的基本思想。

2）DX（Directional Movement Index） DX 的中文名称叫动向值，也叫比例数，是鉴于±DI（n）的一些不足而产生的新的技术指标。DX 以+DI（n）和−DI（n）两者之差与两者之和的比值作为对当前市场动向的综合评判。DX 的计算公式为

$$\text{DX}=\frac{|+\text{DI}-(-\text{DI})|}{+\text{DI}+(-\text{DI})}\times 100\%$$

式中，分子的左右两竖线是绝对值的意思，目的是为了保证 DX 取正数。由于+DI 和−DI 都是正数，可以很明确地知道 DX 的取值范围是 0 至 100。

从直观上讲，如果+DI=−DI，则说明向上和向下的力量相等，那么价格将没有趋势，波动也没有方向，而这时 DX=0。从另一个极端看，如果±DI 中有一个是 0，比如说+DI 为 0，那么向下的力量完全战胜向上的力量，而这时 DX=100。由此可知，DX 越大，价格越具有趋势和波动方向；而 DX 越小，价格就没有明确的趋势和波动方向。

从 DX 的表达方式中也可以看出，DX 表明的是多空双方差异的相对水平。

3）ADX（Average Directional Movement Index） 这是 DMI 指标的主角，中文名称为平均方向指标。从名称中就可以知道 ADX 是 DX 的移动平均。之所以选择 ADX 而不选择 DX，是为了避免某一天的偶然取值使其大幅度变动，引起我们对总体形势的错误判断。说到移动平均就涉及参数，即时间区间的长度，也就是天数。一般以 10 作为计算 ADX 的参数。当然投资者可以选择自己习惯的参数，不能拘泥于书本。ADX 的计算公式为

$$\text{ADX}(m)=\frac{\sum \text{DX}}{m}$$

式中，m 为参数。

4）DEA 是 DIF 的移动平均，也就是连续数日的 DIF 的算术平均。这样，DEA 自己又有了个参数，那就是做算术平均的 DIF 的个数，即天数。对 DIF 做移动平均就像对收盘价做移动平均一样，是为了消除偶然因素的影响，使结论更可靠。

5）此外，在分析软件上还有一个指标叫柱状线（BAR）：

$$\text{BAR}=2\times(\text{DIF}-\text{DEA})$$

（3）DMI 的应用法则

1）±DI 的应用法则（图 5-56） 利用+DI 和−DI 这两条曲线可以很容易判断出行情的发展趋势并以此为依据确立自己的买入和卖出价位。

图 5-56 DMI 的应用法则

从±DI 的含义可知，±DI 表示上升动力和下降动力绝对数字的大小，所以当+DI 上升、–DI 下降时，就说明目前多方力量强大。如果+DI 从低位向上，而–DI 从高位向下，当+DI 上穿–DI 时，为多方最终占优势的局面，是买入信号。

与上述方向相反，当–DI 上升、+DI 下降时，则说明目前市场是空方力量渐渐增强，而多方力量渐渐减弱。如果–DI 从低向上，而+DI 从高向下，当–DI 上穿+DI 时，是空方最终占优的标志，是卖出信号。

2）DX 和 ADX 的应用法则　DX 和 ADX 的应用法则是相同的，以下只叙述 ADX 的应用法则。在多头市场中，价格会不断地上涨，从而导致+DI 的上升和–DI 的下降，ADX 也会上升。而在空头市场中，价格不断地下降，+DI 会下降，–DI 会上升，最终 ADX 还是上升。这就是说，无论是在空头市场还是在多头市场，ADX 的曲线总是呈现上升的趋势。也就是说，ADX 只能帮助投资者判断是否有趋势存在，即价格目前是否按照某一方向移动，而不能帮助投资者弄清楚价格具体是向上移动还是向下移动。

① ADX 曲线持续上升到高位，说明目前价格波动有一个明确固定的方向，可能是上升也可能是下降。当然，ADX 达到什么数字算是高位，要根据参数的选择和股票的种类而定。

② 当 ADX 上升到很高的高位并转折向下时，说明原来的趋势可能遇到了麻烦，不能再像原来那样沿原方向畅快地运动了，甚至可能是这一轮趋势反转的开始。所以，ADX 从高位回头向下，是应该引起注意的现象。这属于技术指标转折的范畴。

③ 价格不断出现新高或新低，ADX 同时也不断出现新高，而价格这种创新高和创新低的行为还将保持一段时间，不会立即停下来，这就是 ADX 的助涨和助跌作用。

④ ADX 进入低位时（具体低到什么数字才算低，要根据具体的情况而定），说明+DI 和–DI 已经接近，多空双方的力量对比基本相当，谁也不占大的优势。此时，价格进入盘整阶段，没有明确的运动方向。ADX 一旦进入低位就失去了它的作用。ADX 的价值体现在 ADX 处在高位时的表现，当处于低位时，对投资者的意义不大。

（4）简要评述

几乎所有技术分析指标都是通过某种方式来发现多空双方力量对比的变化，进而预测未来的行情，DMI 也不例外。DMI 包括了几个技术指标，这些技术指标都可以单独运用于价格的预测。但是，DMI 最好同别的技术指标结合使用，这可使推测的结果更加准确。

与 DMI 结合使用得最多的技术指标是 RSI。RSI 和 DMI 都是描述多空双方力量对比的技术指标，DMI 是从最高价和最低价的角度，RSI 是从收盘价的角度。在大多数情况下，DMI 与 RSI 的波动方向是一致的，是同步的。如果 DMI 和 RSI 所显示的多空双方力量发生了矛盾，这时的行情可能会有大的动作。

四、其他技术指标

1．心理线

（1）心理线的计算公式及参数

心理线（Psychological Line，PSY）主要是从股票投资者买卖趋向的心理方面，对多空双方的力量对比进行探索的技术指标。PSY 的计算公式为

$$\text{PSY}(n)=\frac{A}{n}\times 100$$

式中，n 为天数，是 PSY 的参数；A 是在这 n 天之中股价上涨的天数。

例如，n=10，10 天之中有 3 天上涨，7 天下跌，则 A=3，PSY（10）=30。上涨和下跌以收盘价为准，当天收盘价高于前一天收盘价为上涨，当天收盘价低于前一天收盘价为下跌。

从 PSY 的公式来看，PSY 是指 n 天内，上涨天数在 n 天内占的比例。该指标以上涨代表多方力量，下跌代表空方力量，PSY 数值在 50 以上是多方市场，50 以下是空方市场。PSY 参数的选择是人为的，没有硬性规定，一般选择参数为 10 或大于 10。参数选得越大，PSY 的取值范围越集中、越平稳；参数选得小，PSY 取值范围上下的波动就大。

（2）PSY 的应用法则

1）盘整区域判断　PSY 的取值在 50 附近为盘整区域，上下限一般定为 25 和 75。PSY 在 25～75 说明多空双方基本处于平衡状况。如果 PSY 的取值超出了这个平衡状况，就是超卖或超买。

2）买卖信号　PSY 的取值极高或极低时即为买入和卖出信号，一般 PSY<10 时为买入信号，PSY>90 为卖出信号。

3）PSY 形态分析　PSY 曲线如果在低位或高位出现大的 W 底或 M 头，也是买入或卖出的行动信号。

此外，PSY 曲线一般最好同股价曲线配合使用，这样更能从股价的变动中了解超买或超卖的情形。常碰到的背离现象在 PSY 中也是适用的。

2．人气指标（AR）、买卖意愿指标（BR）和中间意愿指标（CR）

（1）构造 AR、BR 和 CR 的基本原理

正如每一个事物都有一个开始一样，多空双方的争斗也是从某个基点水平（或者是均衡价位）开始的。股价在这个基点水平的上方，说明多方处于优势；反之，股价若处于这个基点水平的下方，则说明空方处于优势。因此，正确恰当地找到这个基点水平是非常重要的。AR、BR 和 CR 这三个技术指标从各自不同的角度选择了基点水平，也就是多空双方处于均衡的价位水平。AR、BR 和 CR 最初构造的原理是相同的，都是用距离基点水平或均衡价位

的远近描述多空的实力，远的就强，近的就弱。所不同的是基点水平或者说是均衡价位的选择不同罢了。这种选择的不同不会导致很严重的偏离和误断，AR、BR 和 CR 的结合使用是可以弥补各自的不足的。

（2）AR 指标（人气指标）

1）AR 指标的计算公式和参数　在 AR 指标的计算公式中，多空双方每天的强弱可用数学公式表示如下：

$$多方强度=H-O$$
$$空方强度=O-L$$

式中，H 为当日的最高价；L 为当日的最低价；O 为当日的开盘价。

下面以参数为 26 为例来计算 AR 指标，其计算公式为

$$AR（26）=\frac{P_1}{P_2}\times 100$$

式中，$P_1=\sum$（H–O），为 26 天的多方强度的总和；$P_2=\sum$（O–L），为 26 天的空方强度的总和。

由式中可看出，AR 指标反映多空双方 26 日以来总的强度的比值。AR 指标越大，则多方力量越强；AR 指标越小，空方力量越大。双方的分界线是 100，100 以上是多方优势，100 以下是空方优势。

2）AR 指标的应用法则

① 从 AR 的取值上看大势所处的状态。AR 指标以 100 为分界线区分多空双方强度，当 AR 值在 100 附近徘徊时，说明大势处于多空基本平衡的局面。当 AR 取值在 80～120 时，为盘整状态，也就是没有明显趋势。

② AR 与股价的背离。同大多数技术指标一样，AR 指标也有领先股价达到峰顶和谷底的功能，这就为应用背离原则提供了方便，也就是说 AR 和股价产生顶背离为股价到顶的信号，AR 和股价产生底背离为股价到底的信号。

③ AR 指标与 BR 指标的结合使用。这个内容将在介绍 BR 指标时介绍。

④ 应用 AR 指标应该注意的事项。当指标第一次到达该采取行动的区域时，所冒的风险是很大的，技术指标在这个时候极容易出现错误。只有等到指标第二次或更多次进入采取行动的区域，才能大大地增加取胜的机会。

（3）BR 指标（买卖意愿指标）

1）BR 指标的计算公式和参数　在 BR 指标的计算公式中，多空双方的力量可用如下公式表示

$$多方强度=H-Y_c$$
$$空方强度=Y_c-L$$

式中，H 和 L 为今日的最高价和最低价；Y_c为昨日的收盘价。

下面以参数 26 为例来计算 BR 指标，其计算公式为

$$BR（26）=\frac{P_1}{P_2}\times 100$$

式中，$P_1=\sum$（H−Y_c），表示 26 天多方强度的总和；$P_2=\sum$（Y_c−L），表示 26 天的空方强度的总和。

由式中可看出，BR 指标也反映多空双方 26 日以来总的强度的比值。BR 指标越大，则多方力量越强；BR 指标越小，空方力量越大。双方的分界线是 100，100 以上是多方优势，100 以下是空方优势。

2）BR 指标的应用法则

① 一般来说，当 BR 在 70～150 之间时，证券市场处在整理阶段，多空双方的力量至多是一方稍占优势，谁都没有足以击垮对方的力量；BR>300 时，应注意股价的回头向下；BR<40 时，应注意股价的向上反弹。应该说明的是这里的具体数字需要根据不同情况进行不断地变动，不能一概而论。

② BR 指标与股价的背离。BR 与股价的背离与 AR 指标类似，这里不再详细论述。

③ AR 指标和 BR 指标的结合使用。一般而言，BR 指标的取值比 AR 大一些，上下波动的范围要大一些。从图形上看，BR 指标总在 AR 指标的上方或总在 AR 指标的下方。AR 指标可以单独使用，而 BR 指标一般应同 AR 结合使用。这是因为，BR 指标有时上下波动得实在太大，不好掌握，而 AR 指标不存在这个问题。如果 AR、BR 都急剧上升，则说明股价离顶峰已经不远了，持股者应考虑获利了结。如果 AR 被 BR 从上向下穿破，并且处在低位，则是逢低买进的信号。如果 BR 急剧上升，而 AR 指标未配合上升，而是盘整或小回，是逢高出货的信号。

（4）CR 指标（中间意愿指标）

1）CR 指标的计算公式　在 CR 指标的计算公式中，每日多空双方的力量用下面公式进行描述：

$$多方强度=H-Y_M$$
$$空方强度=Y_M-L$$

式中，H 为今日最高价；L 为今日最低价；Y_M——昨日（上个交易日）的中间价。

中间价其实也是一个技术指标，它是由开盘价（O）、最高价（H）、最低价（L）和收盘价（C）这四个价格通过加权平均得到的。加权平均中每个价格的权重可以人为选定，常用计算方法有以下四种：$Y_M=(2C+H+L)\div4$；$Y_M=(C+H+L+O)\div4$；$Y_M=(C+H+L)\div3$；$Y_M=(H+L)\div2$。

下面以 26 天为参数为例来计算 CR 指标，其计算公式为

$$CR(26)=\frac{P_1}{P_2}\times100$$

式中，$P_1=\sum(H-Y_M)$，表示 26 天以来多方力量的总和；$P_2=\sum(Y_M-L)$，表示 26 天以来的空方力量的总和。

CR 正是 P_1、P_2 两种力量的比值。

从公式中可以看出，CR 指标越大，多方力量越强；CR 指标越小，空方力量越强。

2）CR 指标的应用法则　CR 指标的构造原理和方法与 AR 指标和 BR 指标是相同的，CR 指标的上升和下降，反映的也是多空双方力量的消长。反过来，多空双方力量对比的变化，也会在 CR 指标取值的大小上得到体现。

总的来说，CR 指标的应用法则同 AR 指标和 BR 指标是相似的，有关 AR 指标和 BR 指

标的应用法则的叙述都适用于 CR 指标，只要略作一些修改就可以了。

① 从 CR 指标的取值方面考虑。这里 CR 指标的取值方面与 BR 指标有些不同，CR 指标的取值低于 90 时，买入一般较为安全。不过，90 这个数字也是个参考。当然，CR 指标越低，买入越安全。CR 指标取值比较大时，应考虑卖出，这个时候应该参考 AR 指标和 BR 指标的表现。

② 从 CR 指标的形态方面及背离方面考虑。这两个方面其实是相通和相似的。同别的指标一样，只要指标与股价的底部和顶部形成背离，都是采取行动的信号。

当然，应用 CR 指标应注意两个方面的问题：①CR 指标比 BR 指标更容易出现负值，当出现负值时，最简单的方法就是将负值的 CR 指标一律当成 0。②当 CR 指标第一次发出行动信号时，往往错误可能性比较大，应当注意。

3. OBV 指标

OBV 的英文全称是 On Balance Volume，中文名称直译是平衡交易量，也有人形象地称其为能量潮。人们一般利用 OBV 验证当前股价走势的可靠性，并由 OBV 得到趋势可能反转的信号，比起单独使用成交量来，OBV 要看得更清楚一点。

（1）OBV 的计算公式

假设已知上个交易日的 OBV，则当日的 OBV 用数学公式表示为

$$\text{今日 OBV}=\text{昨日 OBV}+sgn\times\text{今天的成交量}$$

式中，sgn 是符号的意思，sgn 可能是+1，也可能是−1，如果当日收盘价大于等于前一个交易日收盘价，则 sgn 取+1，反之则取−1。成交量指的是成交股票的手数，不是成交金额。

OBV 构造的基本原理是根据潮涨潮落的原理，可以把证券市场比喻成一个潮水的涨落过程，如果多方力量大，则向上的潮水就大，中途回落的潮水就小。衡量潮大小的标准是成交量。成交量大，则潮水的力量就大；成交量小，潮水的力量就小。每一天的成交量可以理解成潮水，但这股潮水是向上还是向下，是保持原来的大方向，还是途中的回落，这个问题就由当天收盘价与昨天收盘价的高低比较而决定。

如果今收盘价≥昨收盘价，则这一潮属于多方的潮水；如果今收盘价<昨收盘价，则这一潮属于空方的潮水。

潮涨潮落反映多空双方力量对比的变化和最终大潮将向何处去。这就是 OBV 的基本原理，也是 OBV 又叫能量潮的原因。

（2）OBV 的应用法则和注意事项

1）OBV 不能单独使用，必须与股价曲线结合使用才能发挥作用。

2）计算 OBV 有一个选择最初值的问题，最初值可由使用者自行确定一个数值。

3）OBV 曲线的上升和下降对进一步确认当前股价的趋势有着很重要的作用：股价上升（下降），而 OBV 也相应地上升（下降），则可以确认当前的上升（下降）趋势；股价上升（下降），但 OBV 并未相应地上升（下降），则我们对目前的上升（下降）趋势的认定程度就要大打折扣。这就是背离现象，OBV 已经提前指出趋势的后劲不足，有反转的可能。

4）对别的技术指标适用的形态分析和趋势理论的内容也同样适用于 OBV 曲线，W 底和 M 头等著名的形态分析结果也适用于 OBV。

5）在股价进入盘整区后，OBV 曲线会率先显露出脱离盘整的信号，向上或向下突破，且成功率较大。

4. 大盘指标

大多数技术指标都是既可以应用到个股，又可以应用到综合指数。但有一类指标只能用于综合指数，而不能应用于个股，一般称之为大盘指标。常用的大盘指标有 ADL、ADR 和 OBOS 等。

（1）ADL

1）ADL 的计算公式

ADL（Advance/Decline Line），中文名称为腾落指数，即上升下降曲线的意思。ADL 主要用于趋势分析，其基本原理是利用简单的加减法计算每天股票上涨家数和下降家数的累积结果，再与综合指数相互对比以预测大势。

假设已知上一个交易日的 ADL 的取值即可以计算今天的 ADL 值，如果今天所有股票中上涨的共有 N_A 家，下降的共有 N_D 家，持平的为 M 家（涨跌的判断标准是以今日收盘价与上一日收盘价相比较），则今天的 ADL 值为

$$今日\ ADL=昨日\ ADL+N_A-N_D$$

由上式推出：今日 $ADL=\sum N_A-\sum N_D$

式中，$\sum N_A$ 为从开始交易的第一天算起，每个交易日的上涨家数的总和；$\sum N_D$ 为从开始交易的第一天算起，每个交易日的下跌家数的总和。

2）ADL 的应用法则和注意事项

① ADL 的应用重在相对走势，并不看重取值的大小，这与 OBV 类似。

② ADL 只适用于对大势未来走势变动的参考，不能对选择股票提出有益的帮助。

③ ADL 不能单独使用，总要同股指曲线联合使用才能显示出作用。①ADL 与股指同步上升（下降），创新高（低），则可以验证大势的上升（下降）趋势，短期内反转的可能性不大。②ADL 连续上涨（下跌）了很长时间（一般是 3 天），而指数却向相反方向下跌（上升）了很长时间，这是买进（卖出）信号，至少有反弹（回落）存在。这是背离的一种现象。③在指数进入高位（低位）时，ADL 并没有同步行动，而是开始走平或下降（上升），这是趋势进入尾声的信号。这也是背离现象。④ADL 保持上升（下降）趋势，指数却在中途发生转折，但很快又恢复原有的趋势，并创新高（低），这是买进（卖出）信号，是后市多方（空方）力量强盛的标志。

④ 形态分析和趋势理论的内容也可以用于 ADL 曲线。

⑤ 经验证明，ADL 对多头市场的应用比对空头市场的应用效果好。这一点投资者在使用 ADL 时应该注意，并加以验证。

（2）ADR

1）ADR 的计算公式和参数。ADR（Advance/Decline Ratio）中文名称为涨跌比，即上升下降比。由于与 ADL 有一定的联系，ADR 又称为回归式腾落指数。ADR 是由股票的上涨家数和下跌家数的比值，推断证券市场多空双方力量的对比，进而判断出证券市场的实际情况。其计算公式为

$$ADR（N）=\frac{P_1}{P_2}$$

式中，$P_1=\sum N_A$，为 N 日内股票上涨家数之和；$P_2=\sum N_D$，为 N 日内下跌家数之和；N 为选择的

天数，是 ADR 的参数，N 的选择没有统一的规定，常用的参数为 10，也可以选择 5、25 等。

从公式中可知，ADR 的图形是在 1 附近来回波动的，波动幅度的大小以 ADR 的取值为准。参数选择得越小，ADR 上下波动的空间就越大，曲线的起伏就越剧烈；参数选得越大，ADR 上下波动的幅度就越小，曲线上下起伏越平稳，这一点同大多数技术指标是一致的。

2）ADR 的应用法则和注意事项：

① 从 ADR 的取值看大势。一般来说，由 ADR 的取值可以把大势分成几个区域，ADR 取值在 0.5～1.5 之间是 ADR 处在常态的状况，多空双方谁也不占大的优势，这个区域是 ADR 取值较多的区间。在极端特殊的情况下，主要是突发的利多利空消息引起证券市场暴涨暴跌的情况下，ADR 常态的上下限可以扩大一些，上限可以达 1.9，下限可以到 0.4。

超过了 ADR 常态状况的上下限，就是非常态的状况。ADR 进入非常态状况就是采取行动的信号，因为这表示上涨或下跌的势头过于强烈了，有些不合理，股指将有回头的可能。ADR 的常态状况说明多空双方对现状的认可，这个时候买进或卖出股票都没有太大的把握。

② 从 ADR 与综合指数的配合使用方面观察。这种观察主要是从以下两方面进行的：ADR 上升（下降）而综合指数同步上升（下降），则综合指数将继续上升（下降），短期反转的可能性不大；ADR 上升（下降）而综合指数向反方向移动，则短期内会有反弹（回落），这是背离现象。

③ 从 ADR 曲线的形态上看大势。ADR 从低向高超过 0.5，并在 0.5 上下来回移动几次，就是空头进入末期的信号。ADR 从高向低下降到 0.75 之下，是短期反弹的信号。

在多头市场开始时，在上升的第一段和第二段，可能 ADR 的取值会极快地增加，应用时应注意常态的上下限调整。ADR 先下降到常态状况的下限，但不久就上升并接近常态状况的上限，则说明多头已具有足够的力量将综合指数拉上一个台阶。

④ ADR 常态状况的上下限的取值是可能变化的，与选择的参数有关，不同参数的上下限也不同。一般来说，参数越大，上下限离 1 越近；参数越小，上下限离 1 越远。ADR 是以 1 作为多空双方分界线的。

⑤ 由于 ADR 选择的是用多空双方力量相除来表示力量对比，所以 ADR 距离 1 的远近不能用惯用的绝对数衡量。例如，0.5 离 1 的距离并不等于 1.5 离 1 的距离，这一点在 AR 指标中也有类似的问题。

（3）OBOS

1）OBOS 的计算公式和参数。OBOS（Over Bought Over Sold）中文名称是超买超卖指标，也是运用上涨和下跌的股票家数的差距对大势进行分析的技术指标。与 ADR 相比，其含义更直观，计算更简便。OBOS 同 ADR 一样，是用一段时间内上涨和下跌股票家数的差距来反映当前证券市场多空双方力量的对比和强弱。ADR 选择的是两者相除，而 OBOS 选择的方法是两者相减。OBOS 的计算公式为

$$\text{OBOS}（N）=\sum N_{\text{A}}-\sum N_{\text{D}}$$

式中，$\sum N_{\text{A}}$ 和 $\sum N_{\text{D}}$ 的含义与在 ADR 的公式中的含义是相同的，都表示 N 日内每日上涨股票家数的总和与 N 日内每日下跌股票家数的总和；天数 N 为 OBOS 的参数，一般选 N=10 作为参数。选择相除还是相减是从两个方面描述多空双方的差距，只是方法不同，本质并未改变。从直观上看，OBOS 的多空平衡位置应该是 0，也就是 $\sum N_{\text{A}}=\sum N_{\text{D}}$ 的时候。OBOS 大于 0 或小

于 0 就是多方或空方占优势。而 ADR 是以 1 为平衡位置。

2）OBOS 的应用法则和注意事项：

① 当市场处于盘整时期，OBOS 取值应该在 0 的上下来回摆动。当市场处在多头市场时，OBOS 应该是正数，并且距离 0 较远。同样，市场处在空头市场时，OBOS 应该是负数，并且距离 0 较远。一般而言，距离 0 越远，则力量越大，势头越强劲。具体 OBOS 大于多少或小于多少就算是多方或空方占绝对优势了，这个问题是不好回答的，这一点是 OBOS 不如 ADR 的地方。因为，上市股票总的家数、参数的选择，都直接影响对这个问题的回答。对于参数选择，一般参数选得越大，OBOS 越平稳。但是上市股票的总家数则是个谁也不能确定的因素。

② 同一般的规则一样，强过头了或弱过头了就会走向反面，所以，当 OBOS 过分地大或过分地小时，都是采取行动的信号。具体的数字应该从实践中总结，而且应随时调整。

③ 当 OBOS 的走势与指数背离时，也是采取行动的信号，这是背离的又一应用。

④ 形态理论和趋势理论中的结论也可用于 OBOS 曲线。最为著名的就是，如果 OBOS 在高位（低位）形成 M 头（W 底）则是卖出（买入）的信号。连接高点或低点的趋势也能帮助我们看清 OBOS 的趋势，并进一步验证是否与股价指数的走势发生背离。

⑤ 当 OBOS 曲线第一次进入发出信号的区域时，应该特别注意是否出现错误。

⑥ OBOS 的计算比 ADR 简单，意义直观易懂，所以使用 OBOS 的时候较多，使用 ADR 的时候就少些。但应以 OBOS 为主，以 ADR 为辅，放弃 ADR 是不对的。

⑦ OBOS 只是针对综合指数的技术指标，对个股的选择没有任何指导意义。

第六章　资金面分析

学习目标

- 认识资金对证券市场的影响；
- 了解主力资金及其操作手法；
- 能通过主力资金的进出对行情做出分析和研判；
- 了解筹码及筹码分布；
- 能通过筹码的分布分析主力资金的动向，从而做出买卖决策。

第一节　证券市场资金面分析

在前面的章节中，我们分析了基本面和技术面对股票市场和股票价格的影响。这一章节里，我们来研究资金面。股票市场内的任何交易，都需要通过资金和股票相互交易的方式来完成。任何基本面、消息面的变化，在股票市场内的反映也都需要通过资金交易方式表现出来。沪深股市成立以来的实际运行情况表明，在很多时候，股价上涨都是由资金推动的。所以对股票市场资金的研究和资金性质方面的研究，非常重要。

进入股市的资金状况是决定股价走向的一个极为重要的方面。在股票供给一定的情况下，资金流入量的增加将导致股价的上升；在股票供给增加跟不上资金流入量增加速度的时候，股价会保持上升的势头。反之，如果资金流入量减少或者流出量增加，股票供给增加速度大于资金流入量增加速度的时候，股价则会趋于下跌。

一、影响股票市场资金量的因素

总体上，影响股票市场资金量的因素有：①宏观经济形势的发展状况。影响股市资金面变化最根本的原因，在于宏观经济发展的状况。在总量平衡、速度合理的宏观经济运行状况下，进入股市的资金将源源不断地增加。②居民收入增长状况。③银行存贷款利率的调整。④国家关于各类资金进入股市的有关政策。⑤财政收支政策，尤其是国家税收政策。⑥国家宏观货币政策的实施。影响股市资金面的直接因素是国家的财政货币政策。从紧的政策使股市资金减少，从松的政策使股市资金增加。⑦国债发行的规模。⑧消费品市场上商品的充裕程度。⑨居民其他投资方式的收益和风险，如期货市场、拍卖市场、房地产市场的发展状况等。

二、影响股票市场资金量的因素传导机制

衡量资金面的指标主要有货币供应量、信贷规模、利率等。货币供应量包括 M1 和 M2。利率具体有央行的回购利率、商业银行的隔夜拆借利率以及实体经济的贷款利率等。它们通过一定的传导机制影响着股票市场的运行，其作用途径主要有以下四个方面：

（1）如果货币供应量和信贷规模增加，且股市存在赚钱效应，那么资金的逐利本性就会驱使社会资金流入股市，从而引起股票价格上涨。

（2）货币供应量和信贷规模增加，利率会随之下降，通过乘数的作用带来更高的上市公司利润，进而提升公司估值并抬高股价。

（3）由于股票的价格与市场利率成反比，市场利率下降会提高股票预期收益的现值，从而推动股价上升。

（4）当中央银行以快于正常速度增加货币供应量时，人们发现手中持有的现金多于日常交易的需要，从而会调整资产构成，增加金融资产持有量，股票需求的增加就会促使股价上涨。

三、案例分析

1．资金对股市影响的案例分析

2014 年 7 月以来，A 股市场持续反弹，越来越多的投资者将目光注意到股票市场。资金大量进入股市，投资者开户数量持续增加。有数据显示，2014 年 8 月份，沪深两市共新开 A 股账户超过 61 万个，创下 5 个月来的新高。8 月最后一周 A 股证券账户净转入的资金规模为 2179 亿元，这一数字也创下近两年半以来单周净转入的最大纪录。与此同时，9 月初沪深股指出现近年来罕见的“六连阳”，上证指数时隔 15 个月后再次站上 2300 点关口。

2．资金对股市影响的走势图

图 6-1 是 M1-M2 与大盘的叠加走势图，M1-M2 同比增长率的差值是股市资金供应的一个指标之一。如果 M1-M2 的差值不断变大，说明存款活期化，企业和居民交易活跃，经济景气。如果 M1-M2 的差值不断变小，则表明企业和居民选择将资金以定期的形式存在银行，未来可选择的投资机会有限，多余的资金开始从实体经济中沉淀下来，经济运行回落。从图中我们可以看出货币供应量与上证指数呈现较为明显的正向关系。

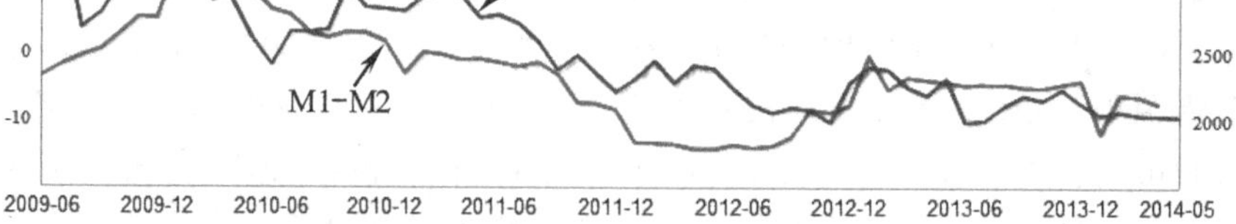

图 6-1　M1-M2 与大盘的叠加走势图

图 6-2 是银行同业拆借利率与上证指数的叠加走势图。银行同业拆借利率是衡量资金供求的一个很重要的指标。如果银行同业拆借利率上升，表明资金面紧张，供不应求，进入股市的资金也会减少。如果银行同业拆借利率下降，表明资金面宽裕，进入股市的资金也会增加。从图中可以看出利率与上证指数呈现较为明显的负向关系。

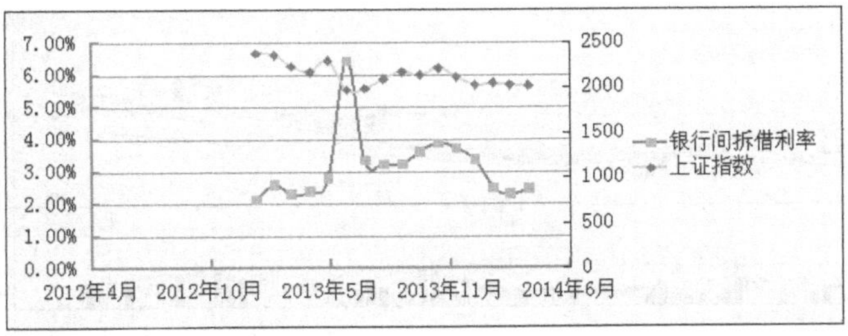

图 6-2 银行同业拆借利率与上证指数的叠加走势图

3. 资金对股市中板块和个股的影响

资金流向的分析，不仅适用于对整个股市基本趋势的研判，还适用于对板块和个股轮动的跟踪。

图 6-3 是 2008 年 11 月至 2009 年 4 月的行情中，中小板指数走势与资金动向的关系图。期间有大量持续的资金流入中小板市场，导致指数涨幅高达 96%。而同期资金流入增幅较小的上证指数，涨幅仅为 47%。

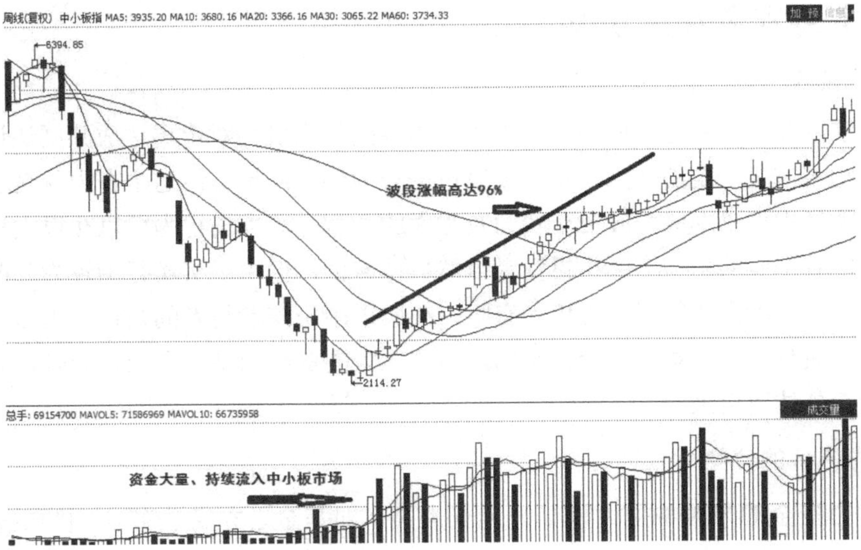

图 6-3 中小板指数走势与资金动向的关系图

图 6-4 是 2014 年 9 月 30 日，卓翼科技（002369）在“实时大单统计”里面显示的流入资金净额为 11 838.5 万元，占比为 23.40%，当日个股在主力资金持续流入下，逆势封上涨停板。

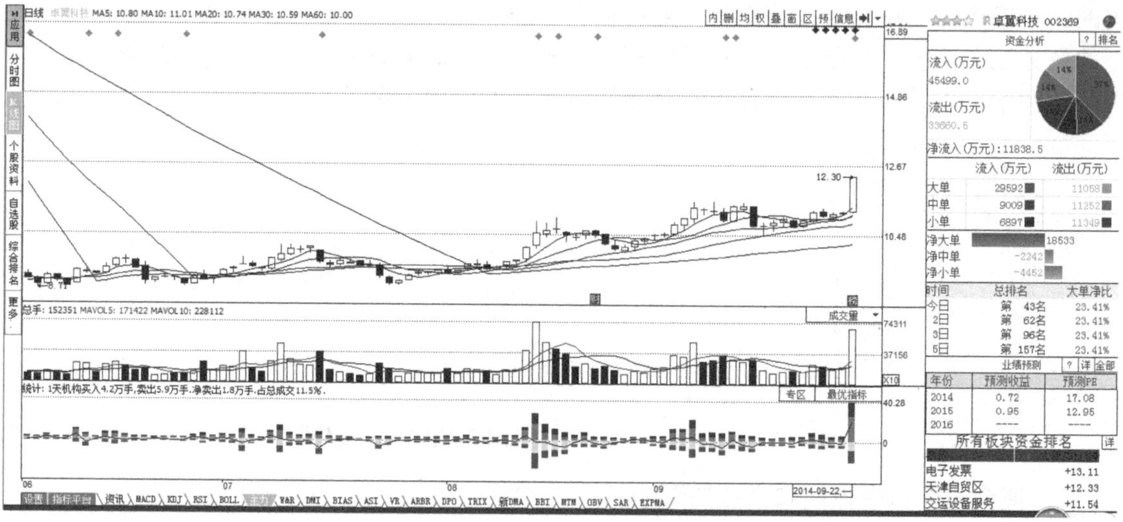

图 6-4　2014 年 9 月 30 日卓翼科技（002369）实时大单统计

第二节　主力资金变动情况分析

一、主力资金及其分类

1．主力资金

股市的涨跌是多空双方共同作用的结果，当各路主力机构对市场达成共同认识之后，采取共同的行动将产生一定的合力，从而使股市沿合力的方向运行。这个合力就是主力。所谓主力资金，就是指可以形成一股资金实力较强大的力量，其市场行为可以在很大程度上影响着、甚至决定着个股的走势。中小投资者虽然群体庞大，但由于买卖行为较为分散、无法形成合力，因而对个股走势的影响力极为有限，在股市中扮演参与者的角色；主力则不同，主力实力强大，而且主力买卖方向较为明确，当这庞大的资金向某一方向发力时，对个股走势的影响力就充分体现出来。

2．主力资金的分类

根据主力资金的来源将主力资金分为五大类，即基金、券商、QFII、机构投资者和民间资本。

（1）基金

基金即证券投资基金。基金管理公司通过发行基金单位，集中投资者的资金，由基金托管人托管，由基金管理人管理和运用资金，从事股票、债券等金融工具投资。我们这里所说的基金是指主要投资于股票市场中的偏股型基金。基金通常倾向于投资对市场影响较大的权重股，因此基金对股市的影响力很大。在上涨行情中可以推波助澜，而在下跌行情中可以促使行情下跌更快。

（2）券商

券商是“集合理财”产品的发起人和管理人，是集合客户的资产并按照集合理财计划进行投资管理的专业投资者。

（3）QFII（合格境外机构投资者）

QFII（Qualified Foreign Institutional Investors）机制是指外国专业投资机构到境内投资的资格认定制度，国外的股市较为注重价值投资理念，他们介入中国股市多是因为看好中国的经济发展潜力，因而，其所买入的个股多是行业中的龙头企业。

（4）机构投资者

机构投资者是拥有自有资金或者从分散的公众手中筹集的资金专门进行证券投资活动的法人机构，如保险公司、养老基金等。

（5）民间资本

相对于具有公募性质的基金、券商来说，民间资本的资金来源渠道并不为市场所知，但它们却是投资者最应关注的一类主力。因为民间资本往往是以控盘者的角色来主导个股的，而基金、券商等则多是以“重要参与者”的角色影响个股的。此外，民间资本还是市场热点的炒作者，他们擅用各种操盘手法来控盘个股，很多个股在没有实际业绩、没有预期业绩的情况下，之所以能出现短期暴涨的翻倍走势，其幕后推手正是民间资本。

二、主力资金的优势

主力资金往往能从控盘个股的过程中获取巨额利益，这与其所具备的种种优势密不可分。一般来说，主力在资金实力、信息获取方式、操盘手法运用、了解大众投资者买卖方式及心态等方面有着较强的优势。

1. 资金实力强大

在股市中，每一只个股的流通筹码数量都是有限的，谁拥有的资金实力足够强大，谁就可以控制更多的筹码，从而控制个股的走势。主力在控盘一只个股时，其所调用的资金少则几千万元，多则上亿元。正是因为有了这种强大的资金实力保证，主力才可以买入大量的流通盘，进而操控个股走势。对于散户来说，是远远不具备这种资金实力的。

2. 信息获取方式领先

在股市中，谁提前一步获取了可靠的消息，谁就能牢牢地将主动权握在自己手中。很多个股在重大消息公布之前往往都会出现异动走势，这尤以停牌前最后一个交易日的涨停板形态最为常见，很明显，这是有资金提前获取了消息，从而展开大力度买入所导致的。提前获取消息的正是主力资金，主力总能通过某种隐蔽的消息渠道提前获取重要消息，从而提前运作个股，领先市场一步，这为主力控盘的成功打下坚实的基础。

3．了解散户的习惯及炒股心态

主力的对手是散户，主力的控盘成功也是建立在大多散户错误的判断上的。在低位区，主力要买股布局，如果散户不卖的话，主力无法顺利建仓；在高位区，主力要获利出局，如果散户不买的话，主力的利润则没办法实现。为了保证每一个控盘环节的顺利展开，主力就要了解散户的炒股习惯及炒股心态，只有这样，主力才能运用相应的操盘手法来迷惑散户。例如，在个股上涨时，散户大多情绪高涨，喜追涨；而在个股下跌时，则心态恐慌，怕深套。利用这种心理，主力就可以通过低位区的打压、高位区的对倒拉升来迷惑散户，从而使其在情绪的影响下做出错误的买卖决定。

三、主力资金的操作步骤

主力资金操作手法千变万化，层出不穷。但是其核心就是设法在低位把散户手中的筹码吸走，再在高位卖给散户，从而获取巨大的收益。世间万物都有自己的运行规律，主力资金也不例外。只要我们能把握和抓住它的规律，踏准主力资金进入的步骤，便可以战胜主力资金来获取利润。概括来讲，主力资金操作的步骤依次是吸筹、试盘、洗盘、拉升、出货。

1．吸筹

主力资金在控盘的第一步就是要吸筹，然后才能抬高价格，然后出货赚钱。吸筹的时候有两个要点：一是尽量压低股票价格；二是尽量隐蔽吸筹意图。由于主力资金炒作需要控制大部分的股票，主力资金又不想让散户发现成交量的显著变化，因此吸筹过程需要很长时间。这段时间往往伴随着各种利空消息。在这种消息的不断影响下，股价反复走低，慢慢创出底部，而散户此时往往对该股信心全无，纷纷割肉离场，正中了主力资金打压吸筹的第一招。

2．试盘

试盘指主力资金故意采取特殊的手法，造成股价比较明显的异动，以此来试探市场对该股的反应，如市场对该股的追涨和杀跌的现象，以此来分析、判断，从而决定下一步和下一阶段的操作策略。

3．洗盘

洗盘指有主力资金或主力收集到一定的股票筹码后，为防止有跟风盘或原持有的人搭乘顺风车而进行打压的一种手法。洗盘的主要目的在于垫高其他投资者的持仓成本，把跟风客赶下去，以减少进一步拉升股价的压力。同时，在实际的高抛低吸中，主力资金也可兼收一段差价，以弥补其在拉升阶段将付出的较高成本。一般来说，主力资金的洗盘方式主要有以下三种：

（1）向下打压

这是较为常见的方法，主力资金在完成建仓和拉升的过程之后，积累了不少活力筹码，这批筹码也就有较强的兑现欲望。主力资金采取向下打压的砸盘方式，使得股价大幅度下挫，制造出市场的恐慌气氛，动摇投资者的持股信心，迫使许多人获小利甚至不获利就平仓出局，如图 6-5 所示。

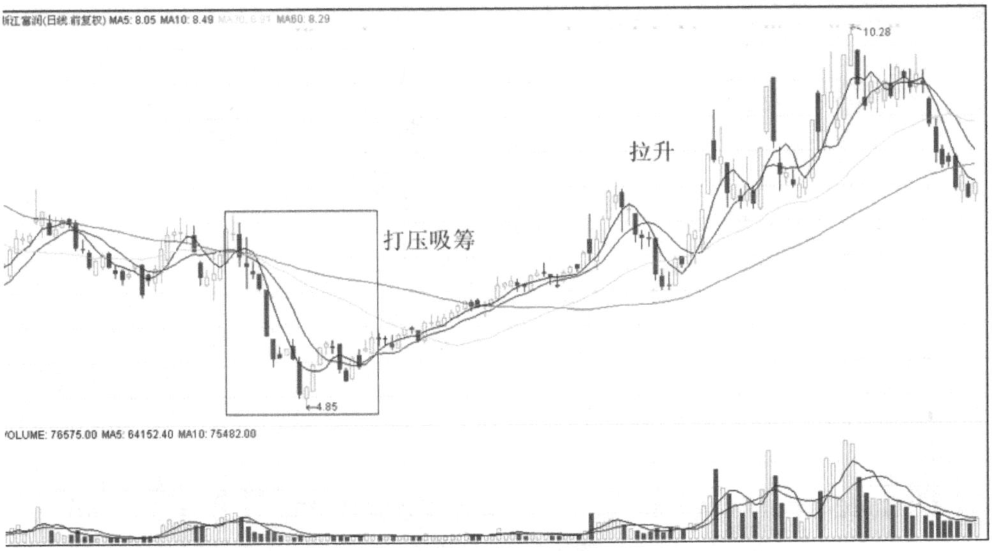

图 6-5　向下打压

（2）横向整理

股价形成一个较长时间的平台整理，股价呈横盘走势。主力资金针对市场投资者无耐心的弱点，以时间换空间，用长时间的股价无获利的机会使投资者失去信心，如图 6-6 所示。

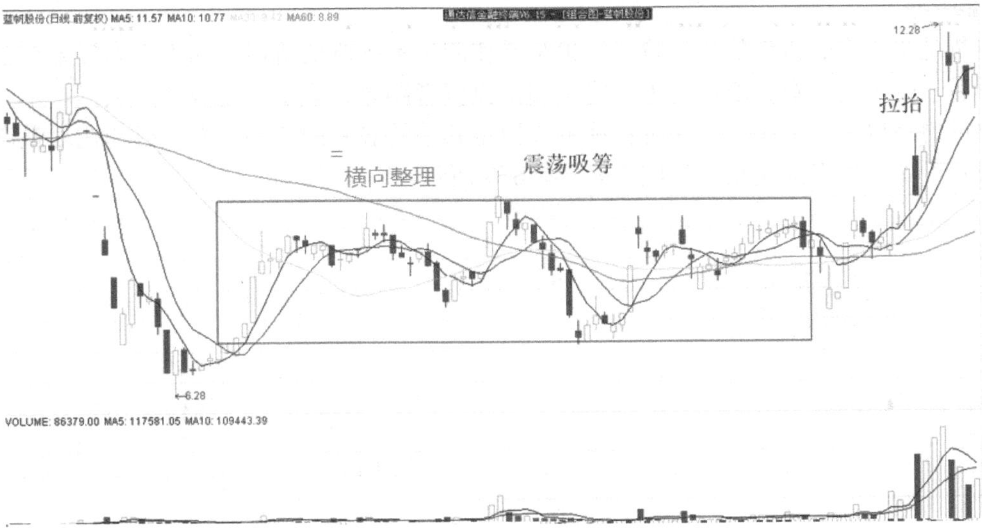

图 6-6　横向整理

（3）边拉边洗

主力资金把个股的拉升和洗盘的过程糅合在一起，在拉升一段空间后随即又打压一定的幅度，在这期间不断地调节筹码的比例和股价的高低幅度，并且反复使用，使得不停地有中小散户跟进和退出。这种方式反映在走势形态上就是股价的低点不断抬高，呈现震荡上扬的趋势。主力资金经过数次边拉边洗，将短线投资者和意志不坚定者清理出局，以达到洗盘的目的，如图 6-7 所示。

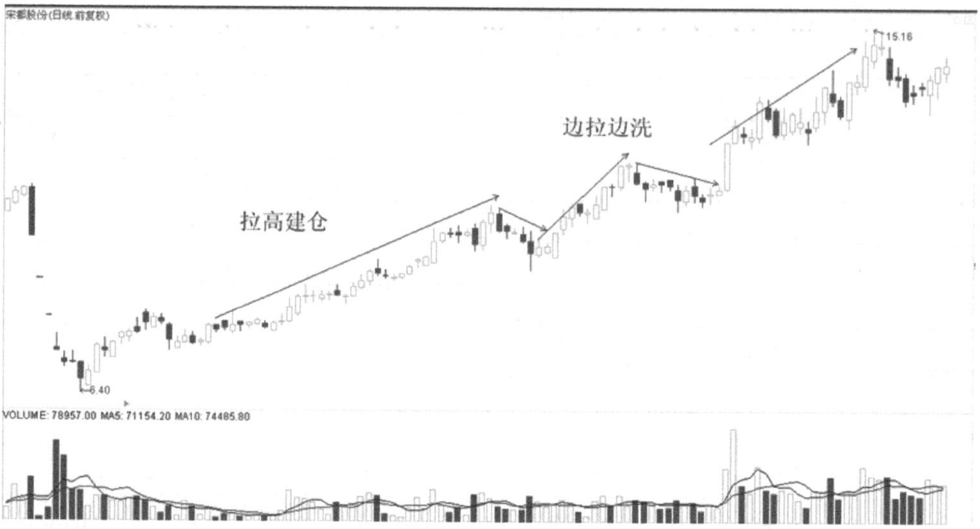

图 6-7　边拉边洗

4．拉升

任何人在股市的获利，都是建立在高抛低吸的基础上的。因此主力资金的拉升就成了必不可少的步骤。在拉升过程中，主力资金经常散布利好消息，吸引散户跟进。

5．出货

出货是主力资金操作的最后阶段，也是操作起来最困难的阶段。因为主力资金在拉高某只股票后一般都处在众目睽睽之下，能否骗得投资者跟风就成了决定成败的关键。主力资金出货的目的是尽量吸引买盘，通过各种手段稳定其他持股者的信心，而自己却在尽量高的价位上派发手中尽量多的股票，如图 6-8、图 6-9 所示。

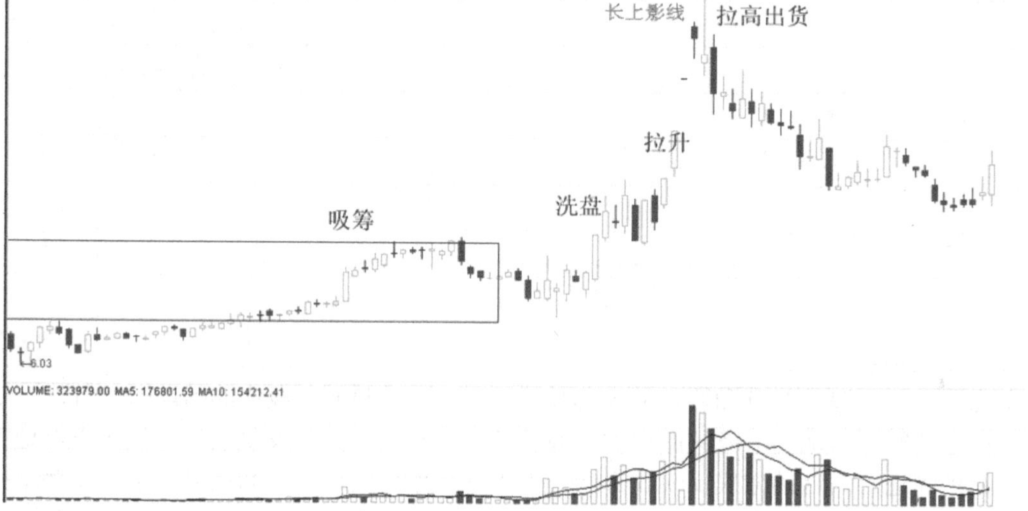

图 6-8　拉高出货

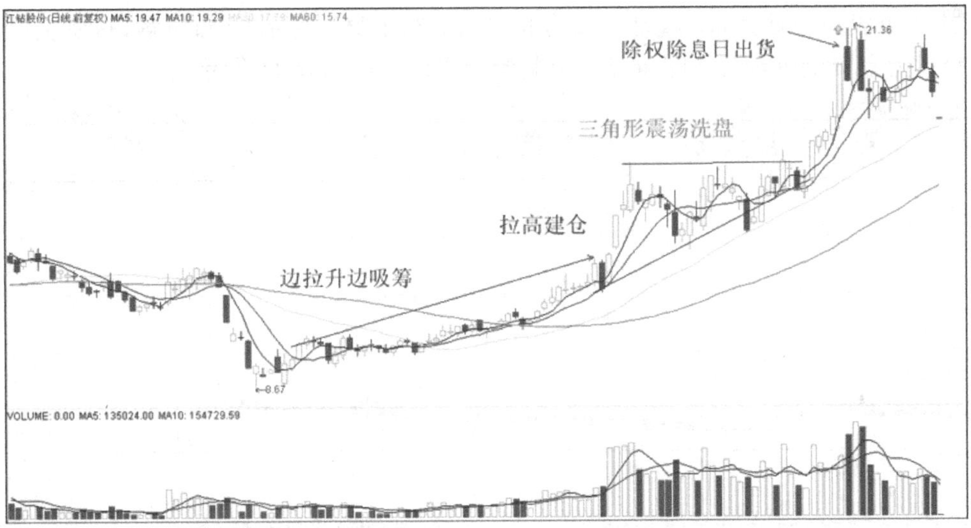

图 6-9　除权除息日出货

四、软件的资金分析系统

资金分析系统通过成交数据来解析主力资金的进出，对个股和板块主力资金的动向进行分析和研判，可以帮助投资者及时把握盘中主力资金的动向，做出更准确的投资决策。资金分析系统分为资金流向、主力增仓和 DDE 决策引擎三个方面。

有两种方式可以进入资金分析系统：一是在工具栏里点击“资金”旁的下三角，二是点击工具栏里的“报价”。

1. 资金流向

1）点击“资金流向”→“沪深 A 股”，即可进入沪深 A 股资金流向排名。资金流向分为沪深 A 股、上海 A 股、深圳 A 股、自选股，以及全部板块、行业板块、概念板块、地域板块等 8 个子目录，如图 6-10 所示。

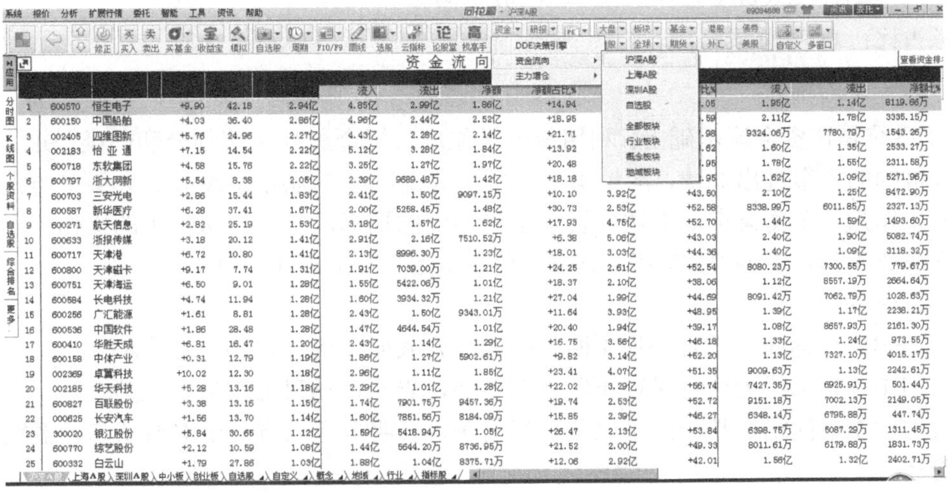

图 6-10　沪深 A 股资金流向排名

2）进入个股的分时页面，或是个股的K线图，在主窗口显示“分时+盘口+资金（默认）”或点击盘口上方资金饼状图，即可显示个股资金进出。如图6-11所示。

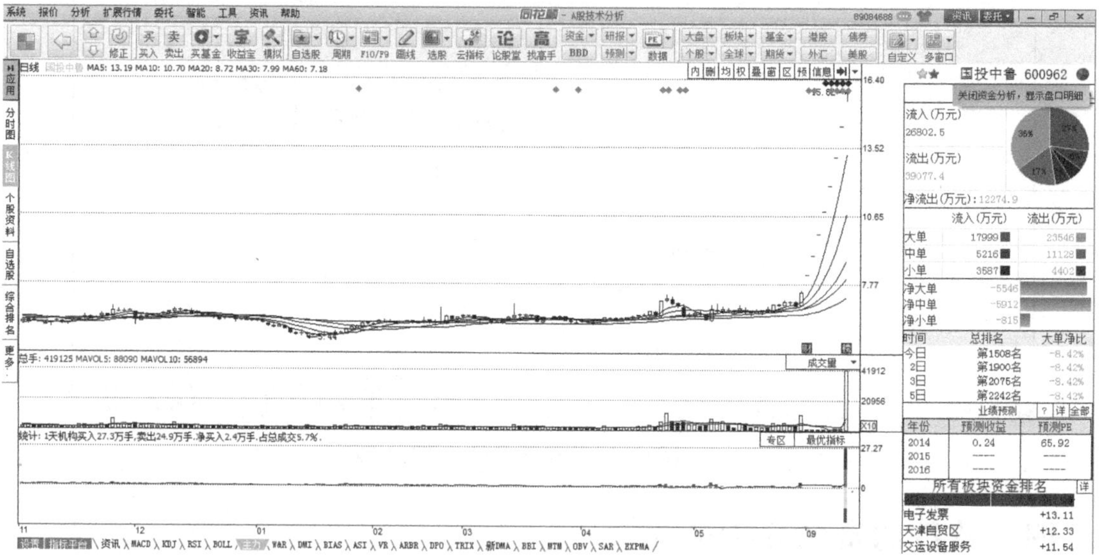

图 6-11　个股资金进出

3）相关概念。

大单：大于等于6万股或30万元以上的成交单。

中单：大于等于1万股小于6万股，或大于等于5万元小于30万元的成交单。

小单：小于1万股或5万元的成交单。

流入：主动性买入成交额。

流出：主动性卖出成交额。

净额：主动性买入成交额–主动性卖出成交额。

净比：净额/总成交额。

总额：主动性买入成交额+主动性卖出成交额。

总额占比：总额/总成交额。

2. BBD—主力增仓

BBD系统是在资金流基础上，利用统计学原理对资金进行系统划分和归类，并结合基金和私募等机构的资金进出规律，深挖出主力资金数据，将市场所有A股的大买单与大卖单差值（净差）作为一个衡量市场上主力资金多空力度的指标，从而指引后市的操作。

点击快捷工具栏中的“BBD”，点击“免费试用”之后即可进入。

（1）分时的用法

1）若BBD指标线为正且呈现不断上扬走势，表明市场目前多方占优势。

2）若BBD指标线为负且呈现不断下探走势，表明市场目前空方占优势。

3）若BBD指标线在某一水平位置反复震荡，表明多空双方处于对峙状态，多空趋势需进一步明确。

图6-12为上证指数2012年8月2日的分时走势图，早上10:45，大盘股BBD所代表的

主力资金开始大幅流出，随后上证指数也开始了一波跌势；在午后，资金流出放缓，上证指数也随之震荡整理。

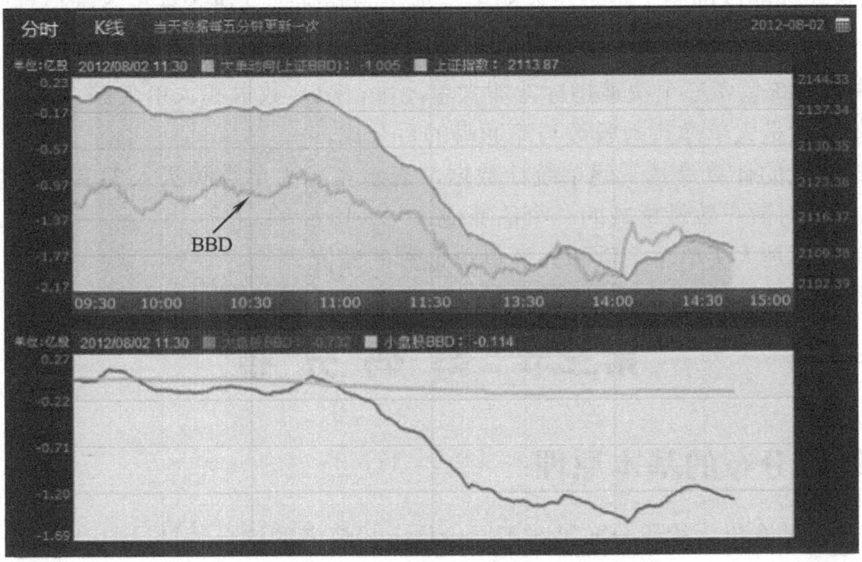

图 6-12　分时图中 BBD 的用法

（2）K 线的用法

BBD 系统将复杂的资金数据简化成“红绿柱”系统，红色（在零轴上方）代表主力资金流入，预示后市上涨；绿色（在零轴下方）代表主力资金流出，预示后市下跌，如图 6-13 所示。

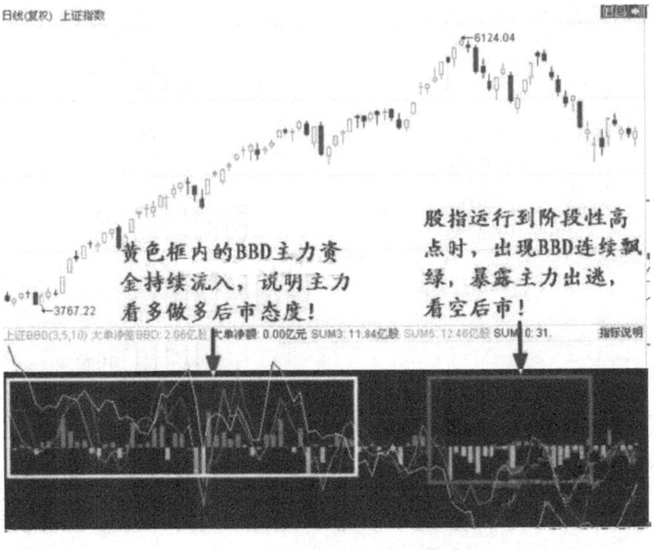

图 6-13　K 线图中 BBD 的用法

3. DDE——数据深度估算

DDE（Data Depth Estimate，数据深度估算）是在行情的基础上将盘口主力的委托、成交数据进行还原分析，精确记录大资金吃进小单筹码或是单笔大筹码出货给小资金的交易细节（包括大资金的主动性成交单和被动性成交单），帮助投资者在盘中实时把握主力资金动向，它与主力增仓统计的区别在于将大资金的主动性成交和被动性成交数据全部记录，能更真实地统计大资金的买卖数据。

DDE 决策系统包含三个决策指标，即大单净量、散户数量和大单金额。

1）大单净量是大单净买入股数与流通盘的百分比。

2）散户数量的计算是基于逐单统计数据，表示卖出大单数和买入大单数的差与流通盘的比值，相当于对散户数量增减的一个估算值。

3）大单金额是大买单总金额和大卖单总金额的差值。

第三节　筹码分布

一、筹码分布的基本原理

筹码即股票的仓位，筹码分布是在不同价位上投资者的持仓数量，即“流通股票持仓成本分布”，英文名为 CYQ。在软件里，CYQ 有蓝色和红色，蓝色代表套牢筹码，红色代表获利筹码。中间的白线代表总筹码的平均成本。

为了更好地理解筹码分布，我们引用一个微型的筹码分布模型。

假设某公司有 16 股股票，这 16 股被 3 个不同的投资者持有。股东 A 曾在 10 元价位上买过 3 股，而后又在 11 元价位上买了 6 股；而股东 B 则在 12 元的持仓成本上买进了 4 股；股东 C，在 13 元上买了 1 股，在 14 元上持有 2 股。把这 3 位股民的股票加起来，正好是 16 股。我们来做一张图，如图 6-14 所示。

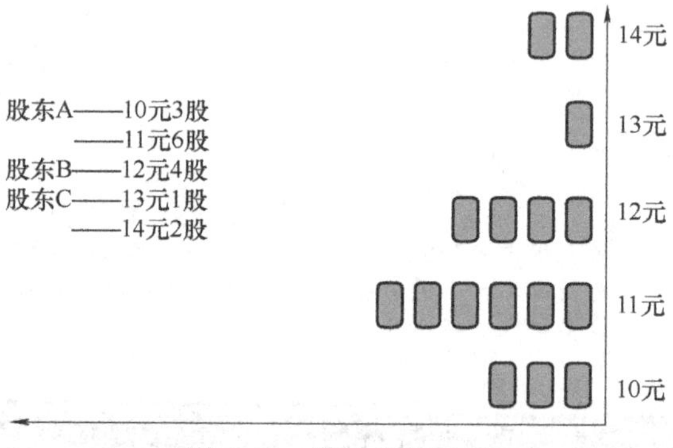

图 6-14　筹码分布示例 1

从这张图上我们可以清楚地看到：这只股票在 11 元价位上，投资者的筹码比较重一些，12 元和 10 元次之，13 元以上筹码量就不多了。此外，除了上面所说的股东 A、B、C 以外，曾经还有一位投资者 D，在 9 元左右买过这只股票，后来又以 11 元转卖给了股东 A，于是 D 先生提出了一个问题，“我 9 元钱的历史交易怎么没有在这张筹码分布图上得到反映？”其实这个问题不难讲清楚，大家注意到图上的筹码总共只有 16 股，而这只股票的流通盘也是 16 股，筹码分布只去表现这一天所有在册股东的建仓成本，由于 D 已经卖掉了自己的股票，所以他的筹码在筹码分布上就看不见了。这是筹码分布的一个重要特征：即它反映一只股票的全体投资者在全部流通盘上的建仓成本和持仓量，它所表明的是盘面上最真实的仓位状况。

随着交易的继续，筹码会在投资者之间进行流动，因而筹码分布也不是一成不变的。假定随后发生了一个交易：股东 B 把他的 12 元价位建仓的 4 股股票卖掉了 3 股，成交价是 14 元，由股东 D 承接，于是筹码分布就成为图 6-15 的样子。

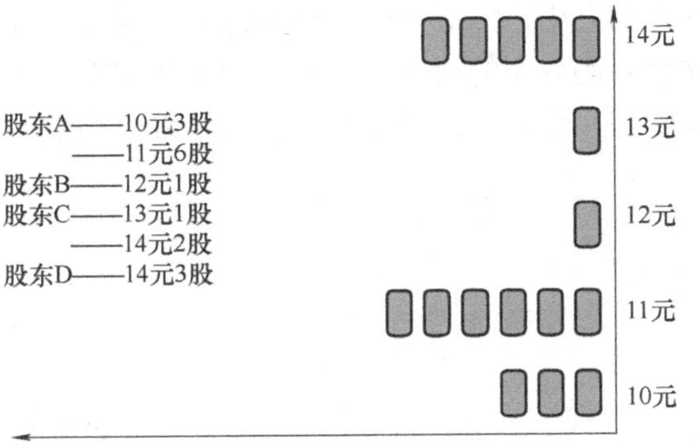

图 6-15　筹码分布示例 2

事实上，筹码分布并不关心盘面中的筹码到底是属于股东 A 的还是股东 B 的，上面的两张模拟图之所以标注股东的持股状态，仅仅是为了让读者看得更清楚一些。

如果换成真正的上市公司，那么一个公司的流通盘最少也有 1 000 万股，其价位分布是相当广阔的。图 6-16 是一张真正的筹码分布图，它被放在 K 线图的右边，在价位上它和 K 线图使用同一个坐标系。当大量的筹码堆积在一起的时候，筹码分布看上去像一个侧置的群山图案。这些山峰实际上是由一条条自右向左的线堆积而成，每个价位区间拥有一条代表持仓量的横线。持仓量越大则线越长，这些长短不一的线堆在一起就形成了高矮不齐的山峰状态，也就形成了筹码分布的形态。

从图 6-16 中可以看出，2014 年 7 月 18 日的光电股份有两个不同的建仓密集区。换句话说，在筹码分布图上我们可以看到两个非常明显的密集峰：一个位于 18 元的价位附近，另一个位于 22 元的价位区间。

图 6-16　光电股份 2014 年 7 月 18 日的筹码分布

二、筹码分布的密集和分散

如果一只股票在某一个价位附近横盘了很长的时间，就会造成横盘区上方和下方的筹码向这个横盘区集中，甚至会形成在20%左右的价格空间内，聚集了该只股票几乎所有的筹码，这种状态称之为 CYQ 的密集状态。反之，如果一只股票的筹码分布在比较广阔的价格空间之内，我们就称其为 CYQ 的发散状态。筹码发散的市场含义是股价正处在大幅度的上升或下降的之中。图 6-17 是光电股份 2014 年 6 月 20 日的筹码分布，筹码在低价位形成密集，这种筹码分布的情况就是筹码的密集状态。图 6-18 是光电股份 2014 年 10 月 13 日的筹码分布状态，这种筹码分布的情况就是筹码的发散状态。

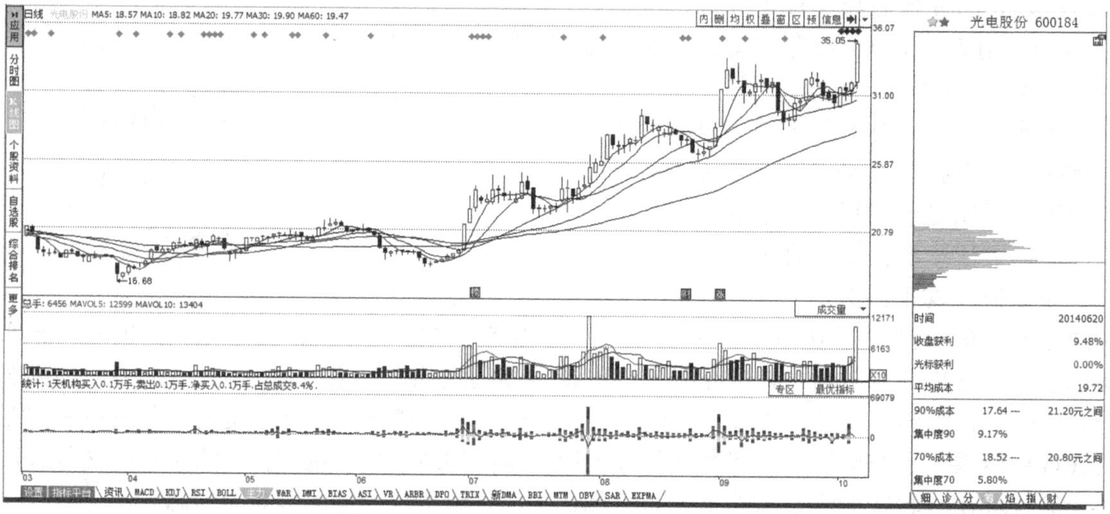

图 6-17　光电股份 2014 年 6 月 20 日的筹码分布

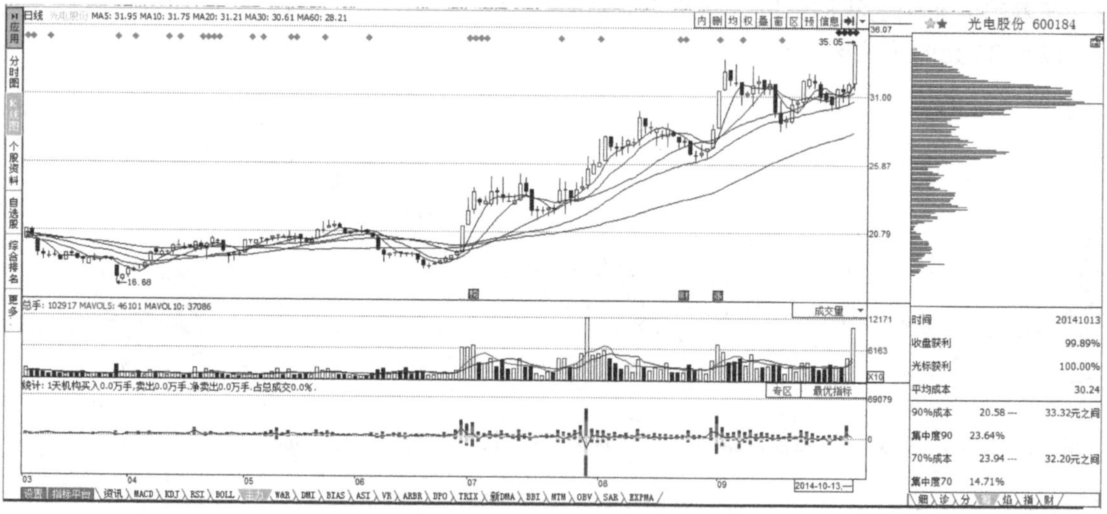

图 6-18　光电股份 2014 年 10 月 13 日的筹码分布

三、筹码分布形态的转变

筹码分布不同形态的转变，可以反映出主力的变动，识别庄家的吸筹、拉升以及出货的全过程。在这里介绍筹码分布的三种形态，即筹码的低位密集、筹码的低位锁定和筹码的高位密集。筹码在低价位实现密集，称为筹码的低位密集；筹码在高价位实现密集，则称为筹码的高位密集；股价在上升趋势中而大部分筹码依然沉淀在低位不动，则称为筹码的低位锁定。

（1）筹码的低位密集（主力吸筹）。筹码在低位密集之后，意味着这只股票的投资者发生了一次大规模的换位，筹码由高位向低位移动，一定是早期的高位套牢盘割肉出局。事实证明，这些割肉盘都是散户所为。而承接这些割肉盘的却是主力。因为这些低位密集的个股长时间盘于某个价位区，没有上涨的迹象，对于散户缺乏吸引力。股市中除了散户就是庄家，而庄家和散户的行为几乎总是相反，因此，我们把此时筹码的低位密集现象可以理解为主力的缓慢吸筹。

但是，发现了筹码的低位密集就跟庄并不一定是最佳选择。因为主力吸筹是一个漫长的过程，持续一年两年都有可能。只有投资者在确定了主力的高度控盘，并且行情开始上涨之后才可以进入。

（2）筹码的低位锁定（主力拉升）。筹码的低位锁定看上去同低位密集相同，筹码都是集中在低位，但实则不同。低位密集是股价深幅下跌之后的横盘或低位震荡，而筹码的低位锁定，股价是在上升趋势中，但筹码依然密集在低位。

产生这一现象的原因是，一般情况下，散户在获利 10%左右便会获利了结，最多不会超过 20%，而主力不是，他们的获利目标位要高很多。而同时，主力在低位有大量持仓量，虽然股价上涨，但还没到他们的目标位，因此筹码是低位锁定阶段。

因此，如果筹码处于低位锁定，我们可以认定主力此时正在拉升的过程中。

（3）筹码的高位密集（主力出货）。筹码从低位向高位转移，说明市场上正在发生大量的获利了结行为。股价之所以迅速涨高，一定是主力拉抬的结果，而主力之所以肯拉抬这些股票，一定是他拥有大量的低位筹码，而此时这些低位筹码在高位的消失，显示了主力正在大规模的出货。可以说在大多数情况下，筹码的高位密集都意味着前期主力的离场。

第七章　股票交易实战技术

学习目标

- 掌握选股的基本知识与技法；
- 了解买入卖出的一般操作方法；
- 熟知股票波段操作；
- 掌握解套技法。

第一节　选股技法

鉴于每位投资者的操作习惯不同，选股方法也不同，本节通过多种角度和思路，提供给投资者判断个股的依据，帮助投资者选定大概率可以获利的个股。

选股首要原则：不选下降途中的“底部”股（因为不知道何处是底部），只选择升势确立的股票。在升势确立的股票中，寻找走势最强、升势最长的股票。

一、选股思路举例

1）在有价值投资的前提下，选择30日均线昂头向上的股票。

2）选择沿45°角向上运行的股票，而成交量逐步递减的股票。因为沿45°角向上的股票走势最稳，升势最长，所以把这样的股票称为“慢牛股”。

3）选两类股：一是在弱市中发现“慢牛股”。二是牛市时，买涨停股，跟着庄家赚涨停，做短线。如对涨停股感到吃不准，等待机会寻找预计能有50%至100%以上涨幅的股票，一年中只要抓住2、3只就行。

二、选股方法

1．MACD选股方法和步骤

1）把大盘股（流通盘1亿～5亿）换手率大于5、小盘股（流通盘1亿以内）换手率大于8的股票，加入自选股。

2）日 K 线，MACD 为负值的股票，删除。

3）周 K 线，MACD 为负值的股票，删除。

4）60 分钟 K 线，MACD 为负值的股票，删除。

5）30 分钟 K 线，MACD 为负值的股票，删除。

6）把最近一周涨幅过大的品种，删除。

7）把最近一周换手率过低的品种，删除。

8）剩下的股票，从分时到日线 MACD 是多头排列，处于上攻形态，就是你需要的品种。

9）最后介入 5 分钟 MACD、15MACD、30MACD、60MACD 白线上穿黄线的品种。

2．业绩选股法

业绩选股法分为纯业绩、跟机构两种方法。

（1）纯业绩　寻找业绩将大幅上升的个股，依据就是：只要业绩大幅增长，股价就必然会大幅上升。

（2）跟机构　从公开信息中寻找机构增仓的股票。依据是：机构调研能力强；机构看中业绩成长；机构资金量大，机构进入就意味着有大资金进场，就有可能大幅拉升。

跟机构法的优点是：有业绩支撑，个股风险比较小，买进后比较放心；是价值投资最理想方法，广为市场人士所接受。

跟机构法的缺点是：

① 采取这种方法人太多：业绩良好增长的个股，不是早就有了良好的升幅，已经到没人敢追的地步，就是早就有一大堆投资者进入了，主力根本不敢拉抬。

② 机构也不是每次都成功，跑输大盘也是常有的事。

③ 注重业绩，容易忽略优秀的题材类个股。

3．涨停板选股

选择主流热点坂块中的龙头品种，如近年来的“一带一路”601766、“互联网+”601216、“大数据”300033、“云计算”000977、“在线教育”300359 等，在启动第一个涨停板时追入。

题材炒作的优点是：题材想象空间特别大、上涨幅度特别大、上升快猛。

题材炒作的缺点是：炒作对消息的依赖很大，散户一般在信息获得上都处于劣势地位；由于没有业绩支撑，跌得特别凶猛。

4．斜率选股法

牛股，从形态趋势上看，有一个向上的斜率，45° 左右应是最强的。30° ～40° 属于战略性建仓；20° ～30° 以下属于不强的资金介入，一般不会形成大趋势；20° 以内不选择。

强趋势基本上是主流资金介入，只有斜率在 45° 以上，才有跟的必要，主力在造势，而散户要做的就是借势。分辨形态的强和弱，关键是洗盘。洗盘的手法变化多端，常常要利用反常规手法。强势股，经典的必涨形态出现以后不涨反跌：多次洗盘，中间反反复复，如整理形态，箱形、楔形、旗形等完成后应突破向上，而最后返身向下；认为调整结束点出现，反而破位下行；当信心丧失时，却返身向上。在波段高点的时候，出货特征非常明显，却又不是出货。这类股，主力对它的基本面把握得非常透彻，有备而来。反映在周 K 线或月 K

线上，必定有一个向上的斜率，是完美的上升趋势。如 2014 年 600873 周 K 线 45° 上升趋势，如图 7-1 所示。

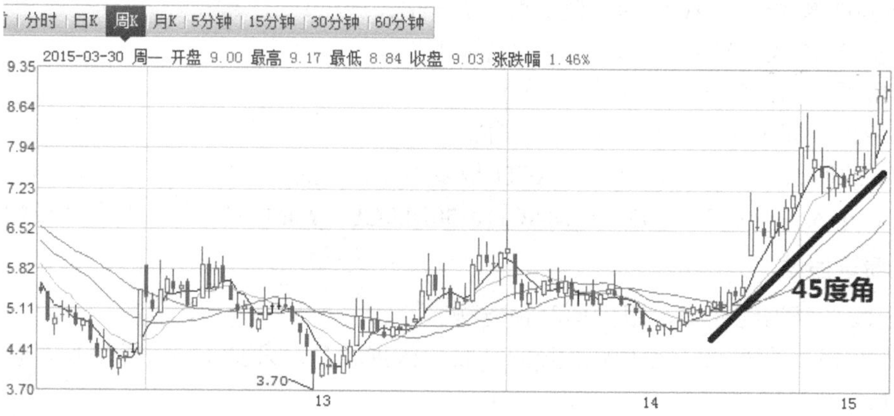

图 7-1　600873 的周 K 线

5．技术选股法

（1）两阳夹一阴

两阳夹一阴的 K 线组合形态，是指某只个股在第一天收出了一根实体中阳线，次日该股的价格并未出现持续性的上升，而是收了一根实体基本等同于第一天阳线的阴线，但第三天并未承接第二天的跌势，反而再次涨了起来，还是收出中阳线，实体也基本等同于前两日 K 线的实体部分。这便是个股即将起飞的征兆，是一种典型的强势上攻形态，是非常难得的短线买入点位，一般出现在股价即将突破箱顶阶段，或者出现在上攻过程中的中途换挡阶段，有时会出现在股价脱离底部的启动阶段。有时庄家的筹码相对不足，便会把两阳夹一阴做成三阳夹一阴的 K 线组合形态，同样具有上攻动力。两阳夹十字星短线的上攻欲望更加强烈。有时两阳夹两小阴，后阳股价高过前阳也是极具进攻力的走势，如图 7-2 所示。

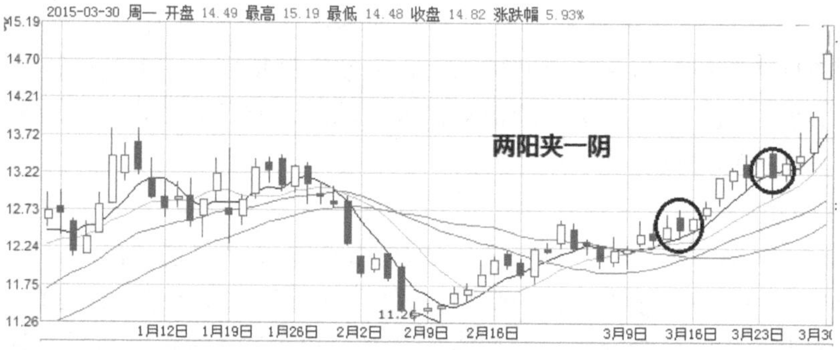

图 7-2　600089 的两阳夹一阴

（2）三榜提名选股法

“三榜提名”是指在涨幅榜、量比榜和委比榜上均排名靠前的个股。这类个股已经开始启动新一轮行情，是短线介入的重点选择对象，如图 7-3 所示。

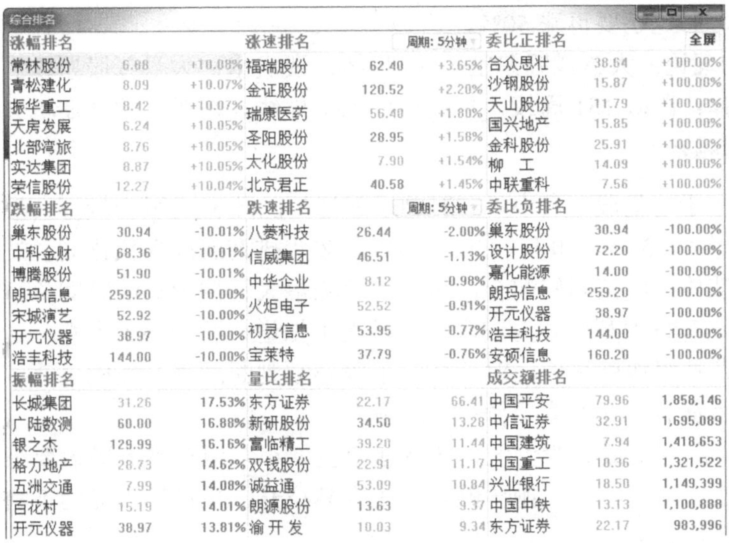

综合排名

涨幅排名			涨速排名	周期：5分钟		委比正排名		全屏
常林股份	6.88	+10.08%	福瑞股份	62.40	+3.65%	合众思壮	38.64	+100.00%
青松建化	8.09	+10.07%	金证股份	120.52	+2.20%	沙钢股份	15.87	+100.00%
振华重工	8.42	+10.07%	瑞康医药	56.40	+1.80%	天山股份	11.79	+100.00%
天房发展	6.24	+10.05%	圣阳股份	28.95	+1.58%	国兴地产	15.85	+100.00%
北部湾旅	8.76	+10.05%	太化股份	7.90	+1.54%	金科股份	25.91	+100.00%
实达集团	8.87	+10.05%	北京君正	40.58	+1.45%	柳　工	14.09	+100.00%
荣信股份	12.27	+10.04%				中联重科	7.56	+100.00%
跌幅排名			跌速排名	周期：5分钟		委比负排名		
巢东股份	30.94	-10.01%	八菱科技	26.44	-2.00%	巢东股份	30.94	-100.00%
中科金财	68.36	-10.01%	信威集团	46.51	-1.13%	设计股份	72.20	-100.00%
博腾股份	51.90	-10.01%	中华企业	8.12	-0.98%	嘉化能源	14.00	-100.00%
朗玛信息	259.20	-10.00%	火炬电子	52.52	-0.91%	朗玛信息	259.20	-100.00%
宋城演艺	52.92	-10.00%	初灵信息	53.95	-0.77%	开元仪器	38.97	-100.00%
开元仪器	38.97	-10.00%	宝莱特	37.79	-0.76%	浩丰科技	144.00	-100.00%
浩丰科技	144.00	-10.00%				安硕信息	160.20	-100.00%
振幅排名			量比排名			成交额排名		
长城集团	31.26	17.53%	东方证券	22.17	66.41	中国平安	79.96	1,858,146
广陆数测	60.00	16.88%	新研股份	34.50	13.28	中信证券	32.91	1,695,089
银之杰	129.99	16.16%	富临精工	39.20	11.44	中国建筑	7.94	1,418,653
格力地产	28.73	14.62%	双钱股份	22.91	11.17	中国重工	10.36	1,321,522
五洲交通	7.99	14.08%	诚益通	53.09	10.84	兴业银行	18.50	1,149,399
百花村	15.19	14.01%	朗源股份	13.63	9.37	中国中铁	13.13	1,100,888
开元仪器	38.97	13.81%	渝 开 发	10.03	9.34	东方证券	22.17	983,996

图 7-3　2015 年 3 月 30 日沪深综合排名榜

具体研判技巧如下：

1）根据涨幅研判个股强弱程度及是否属于当前市场热点：一般名列涨幅前列的个股，上涨趋势明显，走势强悍。不仅要观察个股的涨幅情况，还需要观察涨幅榜中与该股同属于一个板块的个股有多少，如果在涨幅前 30 名中，有 10 只左右是同一板块的个股，就表示，该股属于市场中新崛起的热点板块，可以重点关注。有的板块上市公司数量较少，则需要观察该板块是否有一半的个股名列涨幅榜之中。

2）根据量比研判量能积聚程度：量比是当日成交量与前五日成交均量的比值，量比越大，说明当天放量越明显。股市中资金的运动决定了个股行情的本质，资金的有效介入是推动股价上升的原动力，涨幅榜上的个股在未来时期是否能继续保持强势，在很大程度上与之前的资金介入状况有紧密的联系。所以，热点板块的量能积聚过程非常重要，只有在增量资金充分介入的情况下，个股行情才具有持久性。而量比的有效放大，则在一定程度上反映了量能积聚程度。

3）根据委比研判市场买卖人气：委比是用以衡量一段时间内买盘与卖盘相对强弱的指标。

委比数值的变化范围在-100%至+100%之间。委比正值越大，说明市场买盘相对更强劲；委比负值越大，说明相对来讲市场的抛盘更强劲。

值得注意的是：委比需要和涨幅榜以及量比结合起来分析，才能发挥有效作用，单纯分析委比是不能作为买卖依据的。

当个股出现位于三榜前列的情况时，需要根据该股所处的历史位置，迅速做出是否追涨的决策。这类个股成为短线飙升黑马的概率极大，如果股价仍然处于较低价位或者股价虽然已经涨高但仍然有良好的上升趋势时，投资者应该积极追涨买入。大多数情况下，这类强势股会在早上开盘后不久，就封上涨停板，因此，在运用这种实战技法时，投资者要尽量选择上午实施操作。

（3）股氏定律

1）50%理论：若股票向下跌，第一波只是跌了 50%，那么第二波下跌同样的高度；反之，向上突破创新高，必定还要再涨 50%。

2）价值平均理论：大盘或股票跌破 25 日线，要卖出；大盘或股票跌到 181 周线之上，必有一波中级反弹；跌破 181 周线，再反抽到 181 周线，是最后的逃命机会。

6．短线大涨特征

（1）流通盘小于 1 亿股（盘小，一般抛压就轻），日 K 线组合较好（最好符合一些经典的上攻或欲涨图形），5 日、10 日、30 日均线呈多头排列或准多头排列，技术指标呈强势的个股就非常容易涨停；政策利好配合，这样的股涨幅大、持续上涨时间长。

（2）某股突然有特大利好并为较多的市场人士知道，股价还未上涨，这样的股次日在市场强烈的抢买下往往很快就涨停，对这样的个股必须判断准确，反应迅速。

（3）符合下面条件的个股容易涨停或大涨：

1）流通盘小于 1 亿股、股价低，即流通市值要小，但首先流通盘要小，其次才是股价要低（流通市值小、流通盘小，抛压就轻，庄家易拉升，易抵挡大盘的不利）。

2）日 K 线组合较好。

3）5 日、10 日、30 日均线呈多头排列或准多头排列。

4）技术指标呈强势，特别是日 MACD 即将出红柱，且 5 分钟、15 分钟、30 分钟 MACD 至少有两个即将或已出一两根红柱（此条件非常关键）。

5）个股有利好或好题材+上述四条件+大盘不暴跌，一般会大涨。

三、适时卖出股票

卖出股票一定要记住要抛在涨时，不要看见它跌时才想到去抛它，一般来说连拉三根中阳线后就要考虑短线抛出了。

1．“慢牛股”的卖点

“慢牛股”的上升高度，一般是第一次振仓后前期走势长度的一倍，也就是说振仓点正好是上升角度的中间点处，同时需要密切注意成交量的变化，一旦出现连续（至少三个交易日以上）放量的情况，就要注意随时做好出局准备。

2．涨停股卖出时机

当 5 日均线走平或转弯则可立即抛出股票，或者 MACD 指标中红柱缩短或走平时则予以立即抛出。

如果第二天 30 分钟左右又涨停的则大胆持有。如果不涨停，则上升一段时间后，股价平台调整数日时则抛出，也可第二天冲高抛出。

追进后的股票如果三日不涨，则予以抛出，以免贻误战机或深度套牢。

第二节　买入卖出技法

在股市的实战中如何把握买入和卖出的时机，对于投资者来讲尤为重要。买对股票只是完成投资过程的一半，接下来就是密切关注该股票，然后在股票大幅上涨之后将其卖掉，这是一个完整的买卖过程。投资者需要学习并掌握一些股票买卖的技法，在实际操作中有很多好的口诀，现根据国内外投资大师的操作经验及他们的经典著作，总结并归纳一些比较实用的买入卖出口诀。

一、买入技法口诀

1. 一针锥底，买入时机

股价跌到低位后，如果某日出现一条“长下影小实体”的K线，就称为“一针锥底”线。

该图形是明显的买入信号，此时进场，短线获利可靠。该图形买入信号的原理是：长长的下影线，表明低档承接能力强，股价跌到这一价位后，就会招来多头的抢购，推动股价上扬，如图7-4所示。

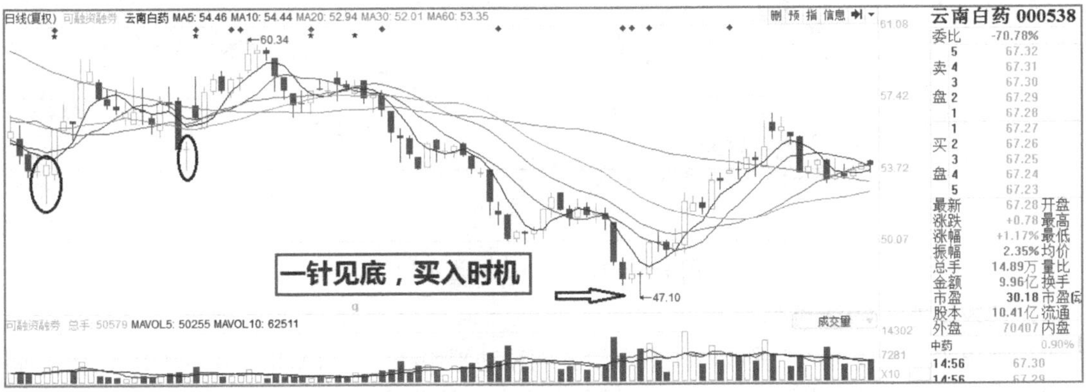

图7-4 一针锥底，买入时机

2. 三军会师，看好后市

所谓“三军会师”，就是5日、10日、30日（也可以是20日）三条移动平均线，从高位向下运动到低位后，抬头向上，而且会合在一起。三线走到一起，意味着下降行情的结束，新一轮上升行情的开始，此时买入，是难得的赚钱机会。

5日、10日、30日三条移动平均线在低位会合时，表明短中长线投资者的持股成本渐趋一致，除短线有微薄的利润外，中长线均无获利盘，上方抛压不重，股价容易上升。所以“三军会师”图形是可信的买入信号，应趁回档之机，逢低介入，如图7-5所示。

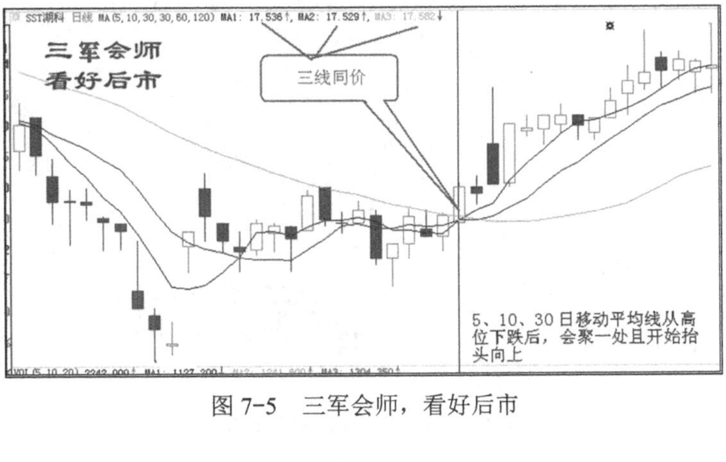

图7-5 三军会师，看好后市

3．双管齐下，买进不怕

“双管齐下”，是由两条并列的长下影小实体的图线组成的图形。股价下跌到低位后，如果连续出现两条长下影、小实体，且下影线的最低点较为接近时，就称为“双管齐下”。

该形态的出现，表明股价已进入了底部，或者离底部不远，中长线投资者可以开始建仓，短线也可介入，后市获利一般较为可靠。“双管齐下”，是下档承接有力的迹象，股价跌到某一低点后，就能迅速被多头托起，说明做多的力量强大，同时也表明在这一价位抛压不重，后市能轻松地脱离底部，形成上升趋势，如图 7-6 所示。

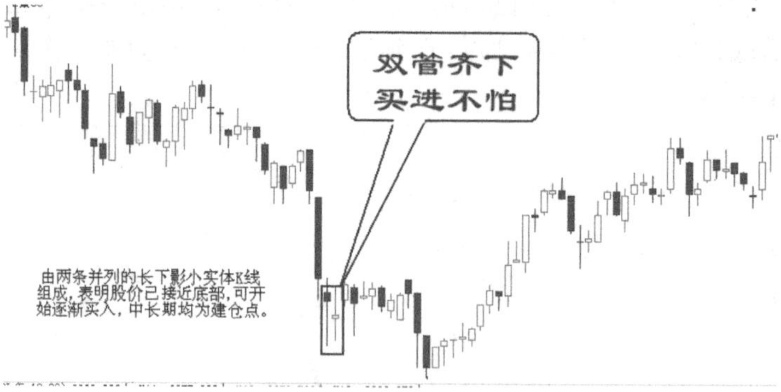

图 7-6　双管齐下，买进不怕

4．白龙出水，短线可为

“白龙出水，短线可为”是指“指数平滑异同移动平均线”（MACD）中的 DIF 线从 0 轴以下向上突破 0 轴的走势。因 DIF 线在电脑屏幕上为白色的曲线，形似翻江倒海的一条白龙，0 轴以下为海，DIF 线由下向上突破了 0 轴线，就是“白龙”跃出了水面，故为“白龙出水”。

该形态也是相当可信的买入信号，其原理是，DIF 线在 0 轴以下运动时，多为股价处在调整期，不宜做多。当 DIF 线向上突破 0 轴时，表明调整已经结束，转入了上升行情，后市会出现较大幅度的上升走势。该形态是短线投资者难得的一次进场机会，获利机会相当大，如图 7-7 所示。

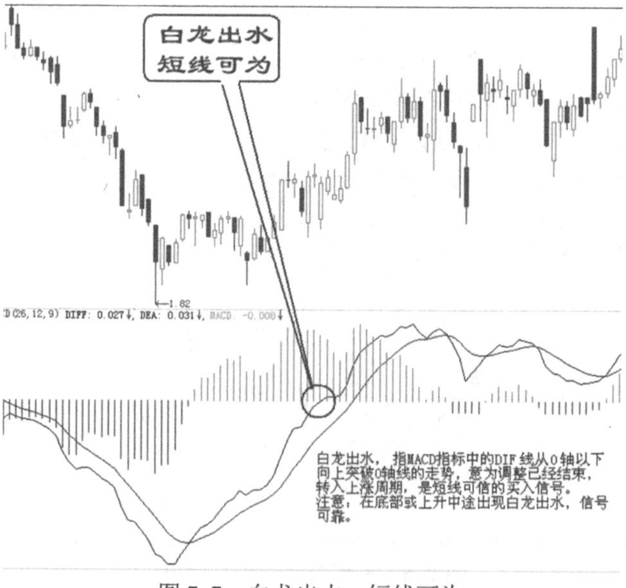

图 7-7　白龙出水，短线可为

5．五阳上阵，股价弹升

“五阳上阵”，是指股价跌到低位后连续出现的五条小阳线的走势形态。这五条阳线，像五位英雄战士，整装待发，以便攻城夺地，取代“空军”，表明后市将是多方的天下。

此时可随“五阳”一道，参加夺城战斗，分享未来的胜利成果。五条阳线在低位出现时，表明底部做多的力量较强，连续五天都是多方取得胜利，“空头”已被打的无立身之地，后市股价就会趁机上升，如图 7-8 所示。

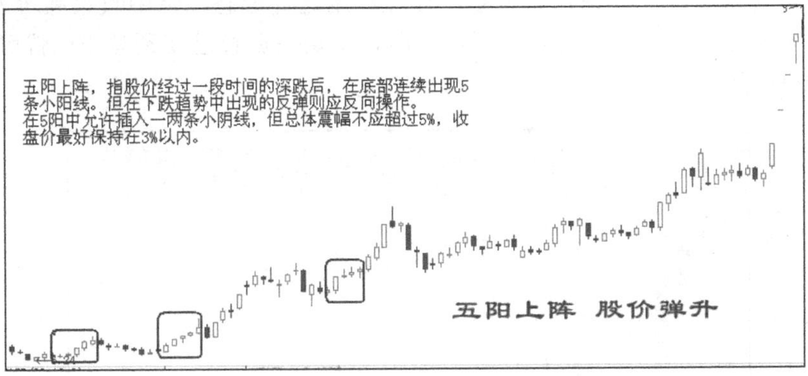

图 7-8 五阳上阵，股价弹升

6．身抱多线，好景出现

股价跌到低位后，某天出现一条较大的 K 线，将前面多条小 K 线包容起来，称为“身抱多线”。该形态是非常可信的见底信号，此时进场，风险较小。

“身抱多线”的见底原理是：一条大 K 线将前面的多条小 K 线包容，表示多方在全力围剿空方，决心夺回被空方掠去的地盘，后市显然免不了一番激烈的争斗，但最终的胜利，将会属于多方。

“身抱多线”有两种形态：一种是大阳线包容前面的多条小 K 线；另一种是大阴线包容前面的多条小 K 线。两种形态，性质一样，后市均应看好，如图 7-9 所示。

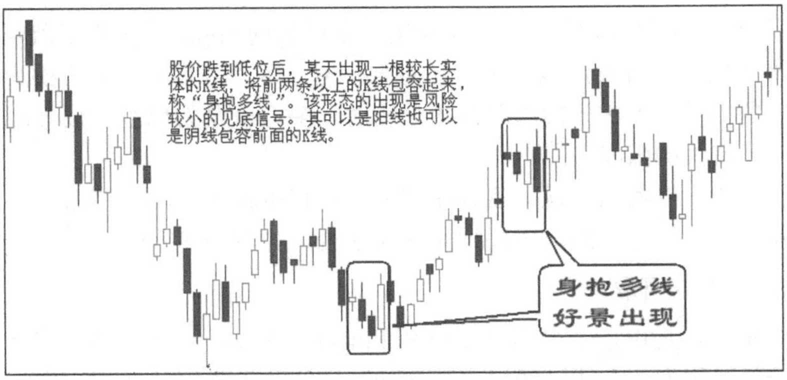

图 7-9 身抱多线，好景出现

7．重锤坠地，后市有戏

“重锤坠地”形态，是指股价经过较长时间的下跌后，在低位出现了一条大阴线，紧接着收下一条向下跳空开盘，并留有跳空缺口（实体之间的缺口也可）的星形小 K 线（不分阴阳），就称为“重锤坠地”。

也就是说，该图形必须是在低位出现，而且最后的两条 K 线必须是由一条大阴线和一条留有缺口的小星形线组成。该形态之所以是见底信号，是因为股价经过长期下跌后，又出现一次急跌的走势，做空能量得到了充分的释放，获利盘几乎涤荡殆尽，套牢盘该跑的早已跑了，没有出逃的，已成为“铁杆多头”，不会轻易割肉斩仓。“重锤坠地”中的星形线，是卖压减轻、股价见底的迹象，先知先觉者，往往利用这一形态，暗中收集廉价筹码，等到后市出现戏剧性上涨行情、后知后觉者踊跃进场时，先知先觉者已获利颇丰，就可“落袋为安”了，如图 7-10 所示。

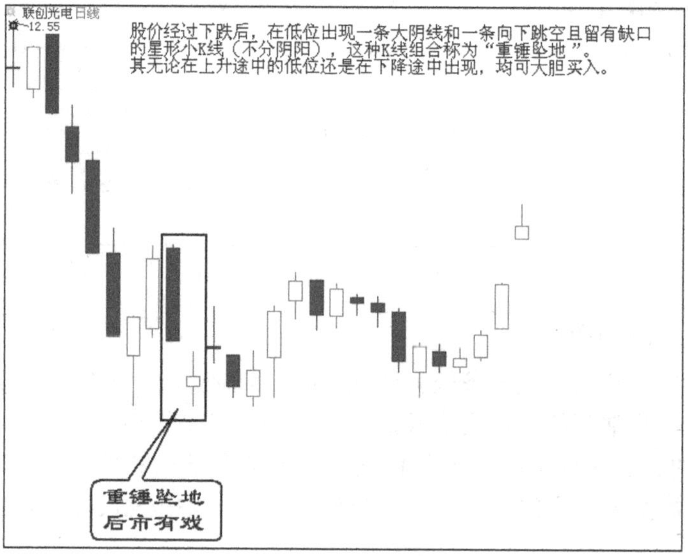

图 7-10　重锤坠地，后市有戏

8．巨阳入海，放心购买

股价跌到低位后，某日大幅低开，当天收出一条巨大的阳线，这条阳线就叫“巨阳入海”。从理论上讲，该 K 线是多方发起攻击的一个重要信号，尽管开盘时，空方拼命打压，但多方早就做好了反击的准备，当空方的脚跟尚未站稳时，多方就全力以赴，展开战斗，将空方一网打尽，形成一条特大的阳线。

从实践上讲，这一图线的出现，多为庄家的一种特殊操作手法，明眼人一看就知道，大幅低开，是庄家所为，迅速拉高，也同样是庄家所为，如图 7-11 所示。

9．布林破底，短线可取

布林线（BOLL），是由一个名叫“John Bollinger”的投资者创立的。该指标由 3 条线组成，最上面的一条线称为外上轨道线，最下面的一条线称为外下轨道线，中间的一条线称为中轨道线，也可说是上下两条外轨道线的平均线。股价通常在外上轨道线和外下轨道线这条带状区内上下波动。

布林线（BOLL）的应用法则是：

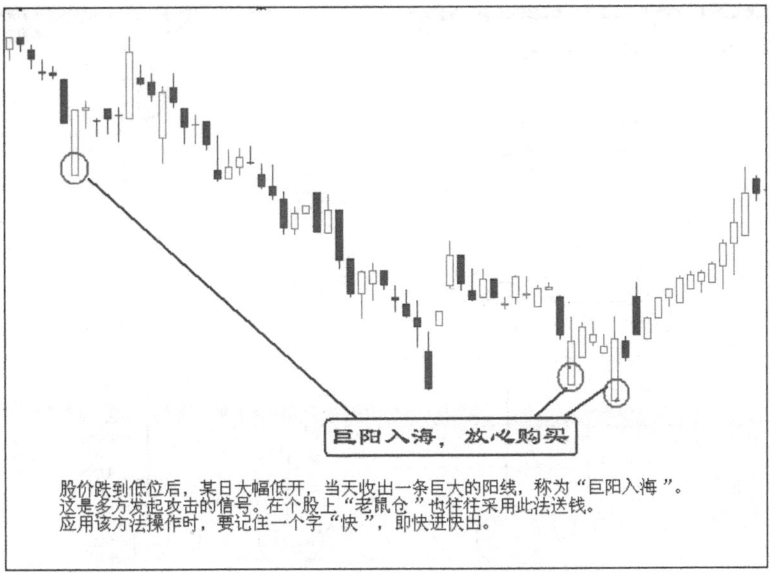

图 7-11 巨阳入海，放心购买

1）股价跌破外下轨道线时，为买入信号，如图 7-12 所示。

2）股价由下向上穿越中轨道线时，为继续买入信号。

3）底部 BOLL 线缩口时，为买入信号。

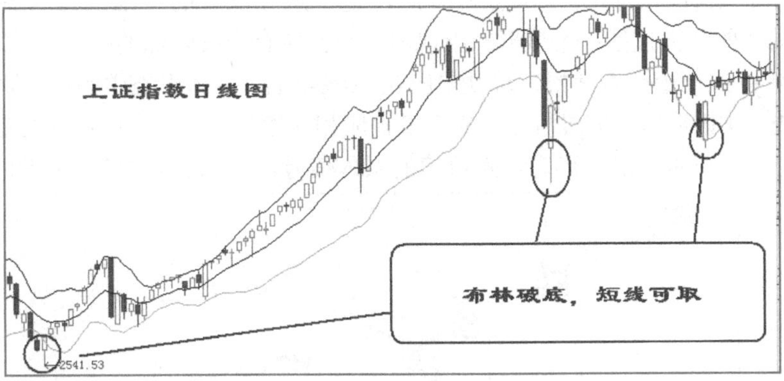

图 7-12 布林破底，短线可取

10. CR 扭成团，买进股票不商量

CR 的中文名称叫价格动量指标，是反映股价的压力带和支持带的一种图线。它由 CR 和 a、b、c、d 五条图线组成。该指标的传统应用法则是：当 CR 由上向下跌穿 a、b、c、d 四条线，再由低点向上爬到 160 以上时，是短线获利时机；当 CR 上升到 300～400 之间时，股价容易在高位反转向下。

经实践证明，CR 的上述应用法则相当抽象，一般投资者较难把握，据此操作，成功率不高。经反复研究和实践验证，CR 和 a、b、c、d 五条图线在低位纠缠在一起时，才是最好的买点，而且也好判断，操作起来也十分方便，成功率也很高，如图 7-13 所示。

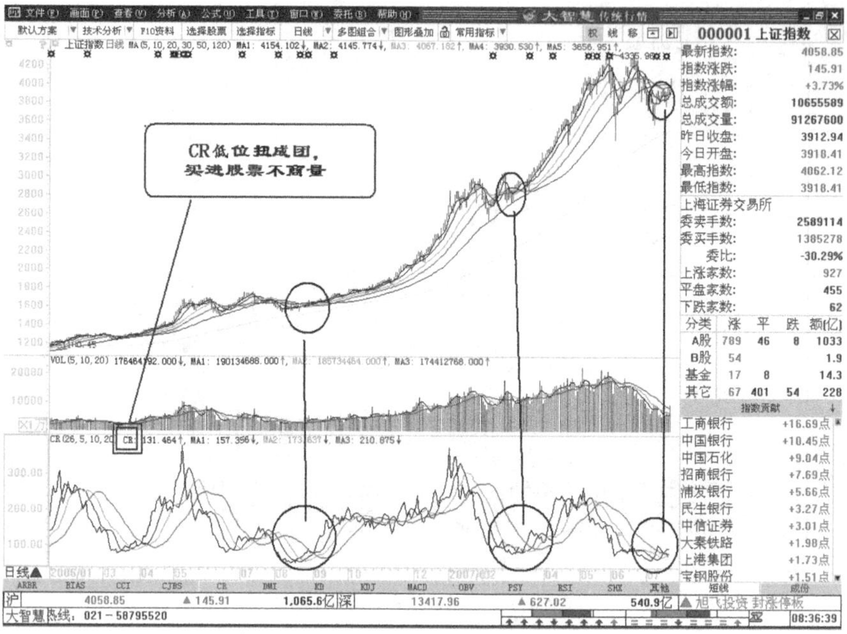

图 7-13　CR 扭成团，买进股票不商量

11. 天上雨来急，地上水亦涨，多头应进场

“天上雨来急”，是指股价加速下跌的走势；“地下水亦涨”，是指成交量逐日增加的形态。两者联系起来看，就成为“天上雨来急，地下水亦涨”的一幅江南水乡春雨图。

该形态应具备的特征包括：①该形态出现前，股价应有一段较深的跌幅，基本跌到了底部。②形成该形态的 K 线至少要有两根，总跌幅应在 10%以上。③该形态中的每条阴线应相连，中间不能插入阳线。④该形态形成过程中，成交量也应相应增加。具备上述特征的走势，就是可信的“天上雨来急，地下水亦涨”形态，是可信的买入信号，可以放心做多，如图 7-14 所示。

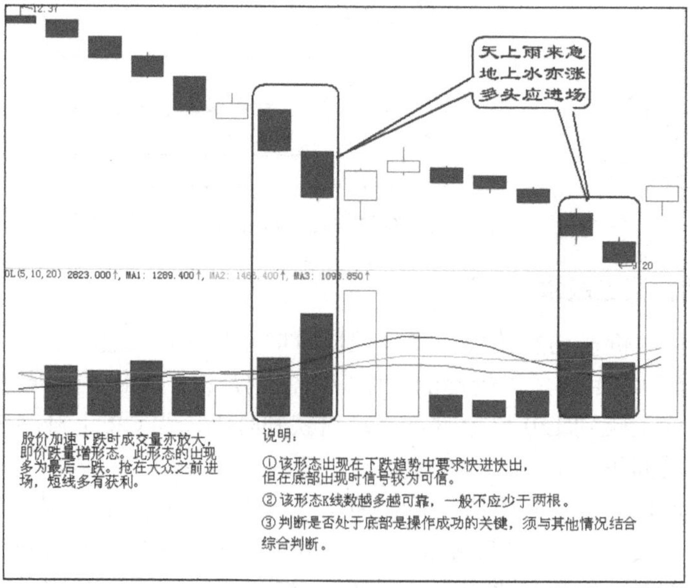

图 7-14　天上雨来急，地上水亦涨，多头应进场

12. 两谷夹山，后市看涨

“两谷夹山”，是指股价跌到低位后，5 日移动平均线在底部走出 W 底形态（注意与 K 线图 W 底形态的区别），该形态的两个低点，在移动平均线图上如同大山中的两个峡谷。

该形态是依据“两次探底”的原理来显示买入信号的。第一个峡谷（即左边低点），为第一次触底，第二个峡谷（即右边低点），为第二次触底，两次低点，大致在同一个水平线上，这是股价跌不下去的支撑位，也是股价见底的迹象，此时进场，容易获利，如图 7-15 所示。

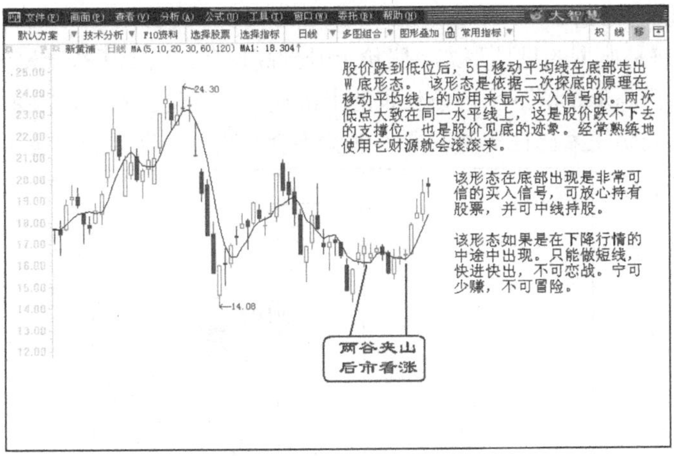

图 7-15 两谷夹山，后市看涨

13. 底部放量，注意建仓

股价跌到底部较低的位置后，如果某天出现了特别大的成交量，称为底部放量。底部放量，多为庄家吸筹的表现，或有什么利好消息出台，投资者争相购买，使成交量突然放大。

股价处在低位，突然放大成交量，不论什么原因，均可以放心跟进，后市或多或少会出现反弹行情，及时跟进的投资者，都能获得可靠的收益，如图 7-16 所示。

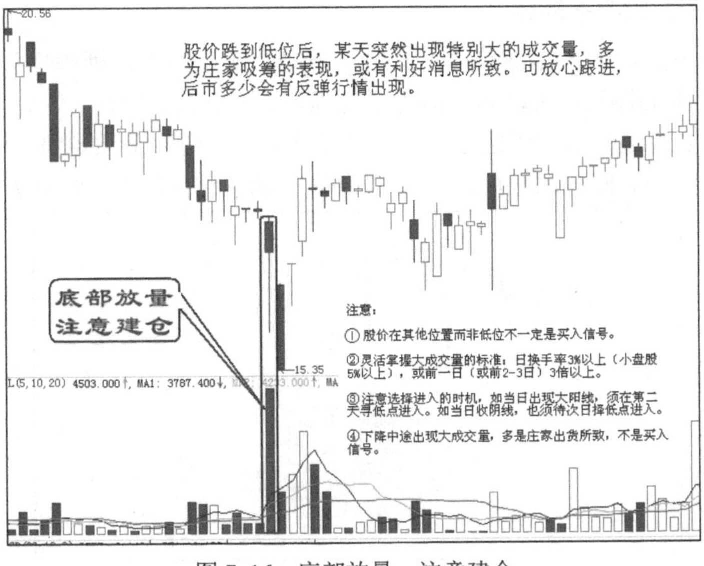

图 7-16 底部放量，注意建仓

二、卖出技法口诀

1．顶天立地，卖出要急

股价经过一段涨升后，如果某天出现了长上影线（或长实体），同时放出了大成交量，这种形态组合，就称为“顶天立地”。长上影线（或长实体）像一柄长剑，直插天空，显示顶天之势。成交量栏里的量柱线，像孙悟空手中的“金箍棒”，立在地上，两者连起来看，就构成了“顶天立地”形态。

“顶天立地”形态是典型的见顶形态。股价上升到高位后，出现了长上影线，表明上档压力较大，抛盘重，被迫下行，于是留下了一条长长的上影线（如果是长实体，显示的是超买严重）。同时出现的大成交量，表明庄家已在出货，要不然就不会在高位出现大成交量了，如图 7-17 所示。

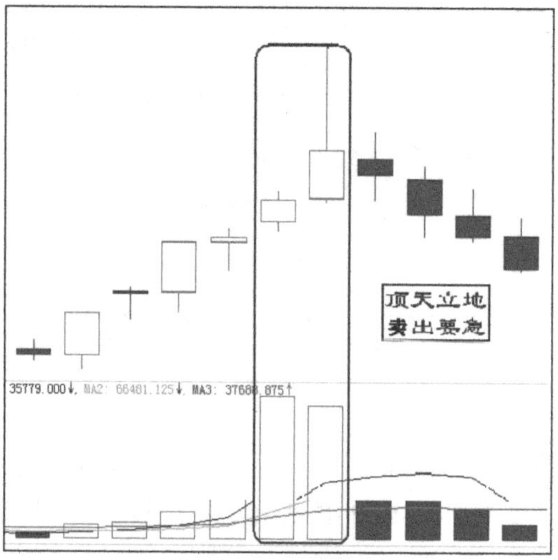

图 7-17　顶天立地，卖出要急

2．哥俩剃平头，股票不能留

股价上升到高位后，如果相继出现了两组平顶线，就称为“哥俩剃平头”。该形态是由两组平顶 K 线组合起来的图形，所以卖出信号更为强烈。该形态的出现，表明投资者对当时的股价产生了疑虑，做多谨慎，不敢贸然行事，所以股价出现了两次平顶走势，后市只有通过回档整理才有可能重拾升势。回档的幅度，一般与前期升幅的大小有关，如图 7-18 所示。

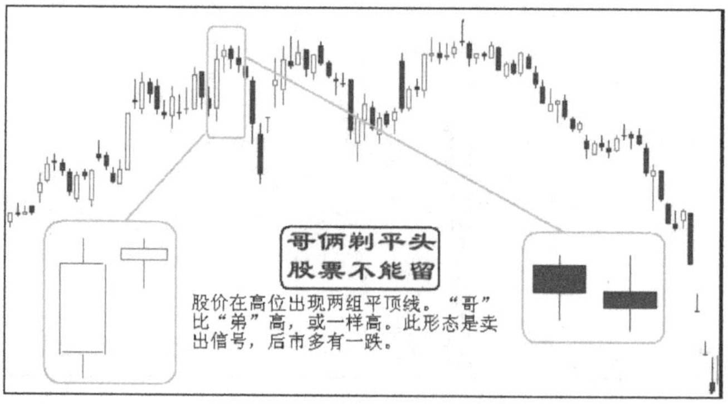

图 7-18　哥俩剃平头，股票不能留

3. 双峰触天，跌在眼前

“双峰触天”，就是指股价上升到高位后，先后出现了两个高度大致相等的顶部，如同两个耸立云天的山峰，此种走势，就称之为“双峰触天”即“M”头或“双顶”。“双峰触天，跌在眼前”，是很可靠的卖出信号，如图 7-19 所示。

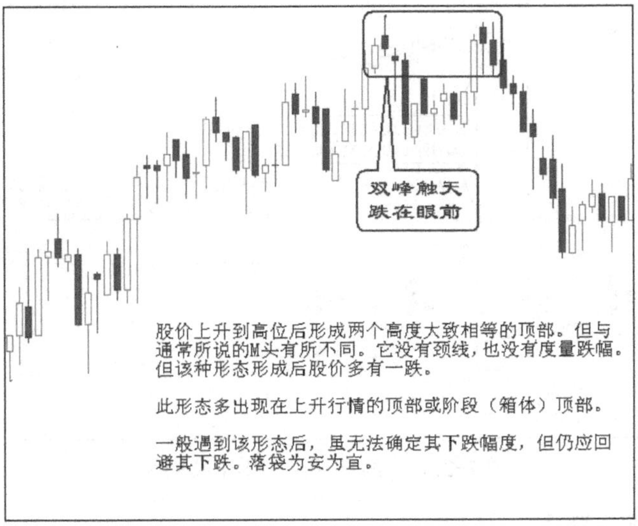

图 7-19 双峰触天，跌在眼前

4. 乌云盖顶，卖出赶紧

这里讲的“乌云”，是指股价上升到高位后，某日出现一条高开低走的大阴线，罩在前面一条阳线的头上，称之为“乌云压顶”。该形态的出现，表明获利盘在回吐筹码，股价将出现一段下调行情，应卖出股票，如图 7-20 所示。

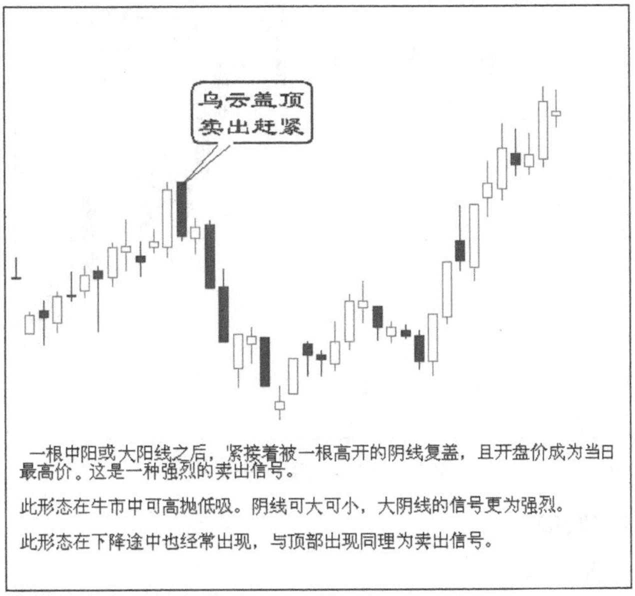

图 7-20 乌云盖顶，卖出赶紧

5. 三线同死叉，卖出莫拖拉

这里讲的“三线同死叉”，是指“5 日移动平均线死叉 10 日移动平均线”“5 日均量线死叉 10 日均量线”“DIF 线死叉 MACD 线”在同一天或相隔一两天的时间里出现。该形态出现后，股价多有一跌，应伺机卖出，而且不能拖拉，以免错失卖出时机，如图 7-21 所示。

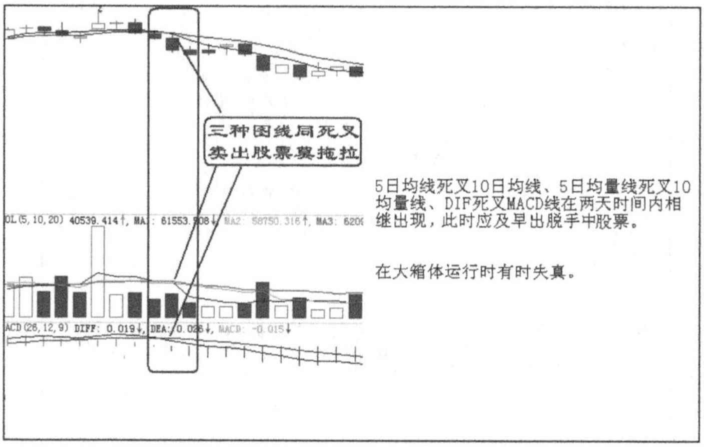

图 7-21　三线同死叉，卖出莫拖拉

6. 长阴夹星，卖出逃命

股价在高位出现一颗星和一条大阴线。该星形 K 线不分阴阳，其上下影线可有可无，但阴线的实体要求应较大。其最低点应低于星线最低点。这是一种典型的卖出信号，如图 7-22 所示。

该形态一般出现在相对或绝对高位。

其特点在成交量上体现为：星形 K 线成交量较大，阴线成交量较小。

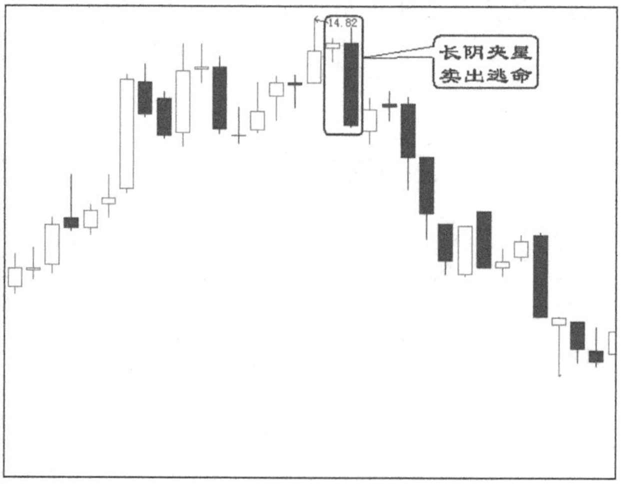

图 7-22　长阴夹星，卖出逃命

7. 长箭射天，跌在眼前

长箭射天，跌在眼前。

这根长上影小实体阴线预示后市将会下跌。

有人称该类型K线为倒锤子线，也有人叫做黄昏之星。名虽不同，意义相同。如图7-23所示。

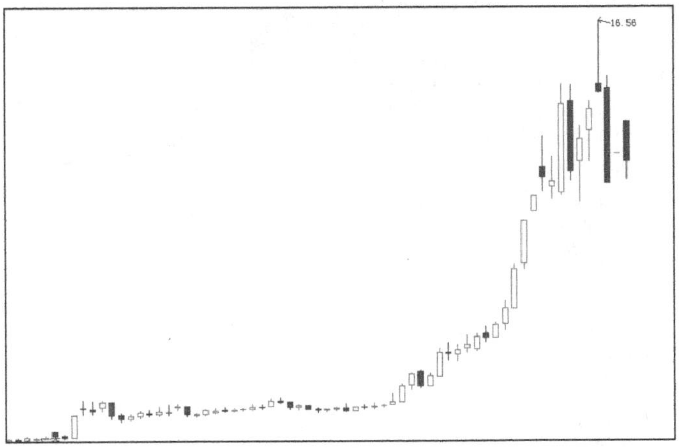

图7-23　长箭射天，跌在眼前

8．高位放大量，股价近顶端

股价上升到高位后出现了大成交量，多方后续力量难以为继，股价下跌只是时间问题了。

如果大成交量出现在底部初升期，则是买入信号，不应卖出。

如果大成交量出现在下降途中，与顶部做相同处理，卖出为宜。

判断股价是否为“高”“低”，需用其他方法判断。如图7-24所示。

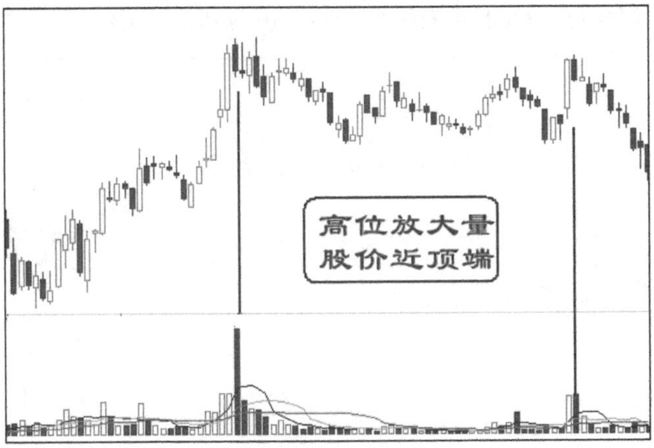

图7-24　高位放大量，股价近顶端

9．RSI加大量，股票应抛光

股价运行到高位，RSI指标进入80，成交量突然放大，为较可靠的卖出信号。

在牛市中的上升趋势里，出现这种形态为回挡信号。经调整后会重拾升势。可做回挡操作。

在下降途中出现该形态时，与高位时一样，是卖出信号。如图7-25所示。

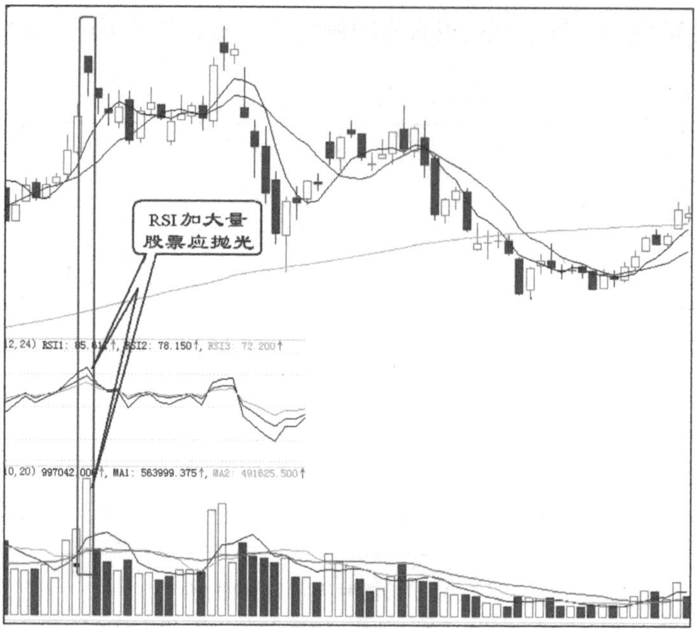

图 7-25　RSI 加大量，股票应抛光

10. 300CCI，放量就得卖

顺势指标 CCI 运行到 300 以上，就属于超买，此时如果放出大成交量就是卖出信号。

这是两种见顶信号的叠加，一般较为可靠，无论是在高位出现还是在下降途中。但在上升中途，可持股不动，待调整完毕后会重拾升势。

有时，股价上升到高位，CCI 并未达到 300，也应考虑卖出。如图 7-26 所示。

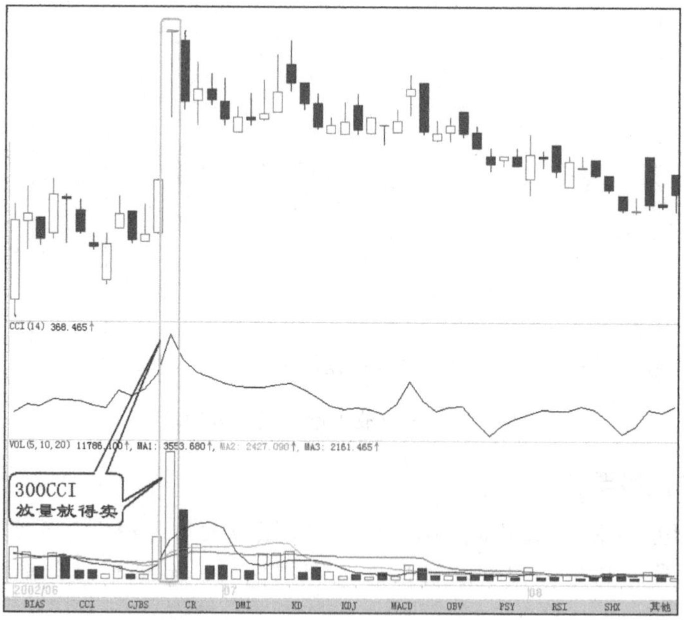

图 7-26　300CCI，放量就得卖

11．布林穿顶，卖出要紧

股价冲出布林上轨后如某天不能站在上轨之上（尤其是当日均价），应卖出股票。

注意：牛市、熊市、猴市的操作应有所不同。如图 7-27 所示。

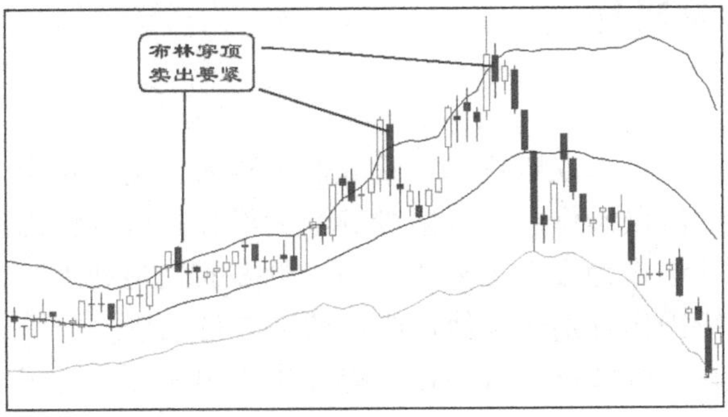

图 7-27　布林穿顶，卖出要紧

12．双叉扼颈，不卖不行

股价上涨到高位后，5 日移动平均线与 10 移动平均线在相隔不长的时间里先后两次“死叉”。出现该形态通常是上升行情结束的信号，后市将会出现一波不小的下跌行情。

投资者应卖出股票，离场观望。如图 7-28 所示。

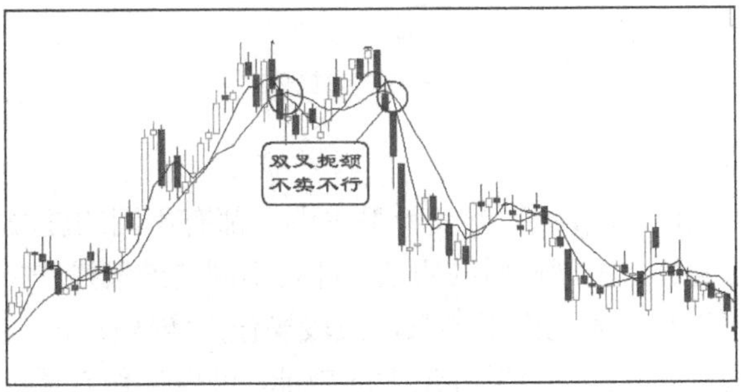

图 7-28　双叉扼颈，不卖不行

13．三线相约下山，前景不容乐观

指 5、10、30 日股价移动平均线死叉后形成空头排列，且三数值较为接近。

该形态如出现在上升行情的末端，是明确的卖出信号。

该形态如出现在箱体整理行情中，可“高抛低吸”，但不建议新股民参与。如图 7-29 所示。

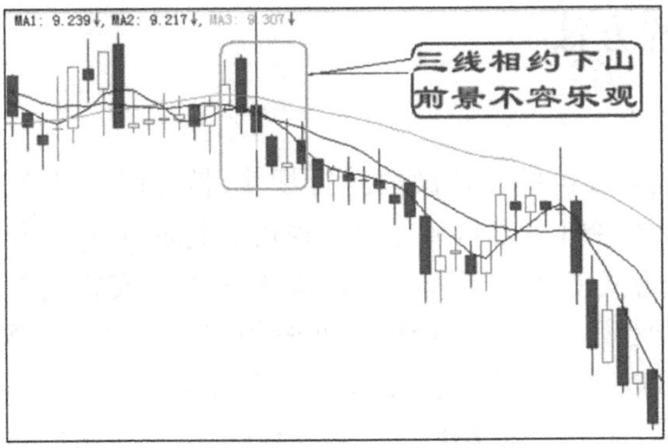

图 7-29　三线相约下山，前景不容乐观

第三节　波段操作技巧

一、什么是波段操作

1．定义

波段操作是根据市场运行的涨跌规律，采取低价买入、高价卖出，从中获取差价利润的股票投资方法。从广义的波段操作看，股票投资绝大部分都可以称为波段操作。这是因为目前很少有人将上市公司分红作为投资收益的目的，更多的人是利用股票涨跌波动的差价来获利。从狭义角度讲，波段操作有别于其他在股市博取差价的操作方法。波段操作是利用股市特有的波浪运行规律，在浪谷低价买入，在浪峰高价卖出的操作方式，如图 7-30 所示。

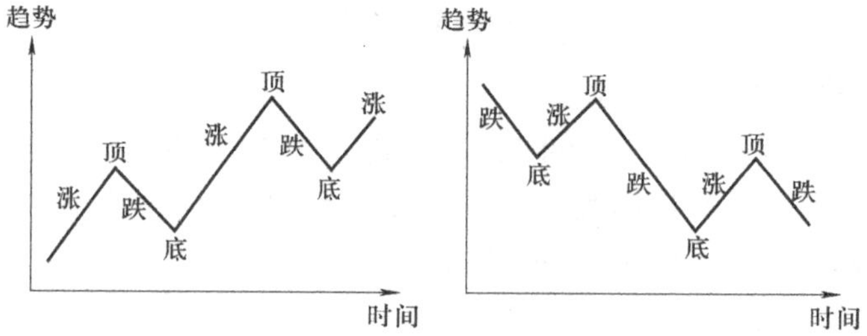

图 7-30　趋势图

2．波段操作的优点

波段操作灵活多样，无论熊市、牛市或者牛皮市，都有不同的波段操作方法与之对应。波段存在于每一只个股的走势中，不同性质的股票，都有不同的波段操作方法与之对应。波段操作比骑“黑马”还重要，“黑马”可遇而不可求，波段操作则实实在在。波段操作只抓上涨行情，回避市场调整带来的风险，可以让资金发挥最大的效能。波段操作有诱人的优点，让每位中小散户为之倾心，大家都希望自己能够成为波段操作高手，以便从股市中获得高额的回报。

3．波段操作的缺点

波段操作最主要的缺点是要求技术分析水平较高，综合分析能力较强，要求投资者有较强的心理，要严格地执行纪律。

二、波段操作的方法

1．短线波段操作

短线波段操作是指根据股价的短期波段运行规律，持股时间在 2 周以内的波段操作方式。根据市场的运行情况，投资者既可以持股 1 天，也可以持股 1 周或者 2 周，在超短线操作中，甚至可以采取“T+0”的方式操作，当天买入，当天卖出，或者当天卖出，当天买入。

短线波段操作，投资者只是赚取股价短期波段的差价利益，对股价的中期和长期波段并不关心。短线波段操作有以下几个方面的主要特点和技巧：

1）投资时间周期短。从买入到卖出的时间往往在 5 天左右，短则 1 天，长则不超过 2

周。2日以内的交易往往又称为超短线交易。

2）以技术分析为主，兼顾消息面。短线波段操作以技术分析为主。有的投资者会参考上市公司经营动态等消息面，但对上市公司基本面并不十分关心。在技术分析中，选取的分析周期以短周期为主，即以日线、60分钟线和30分钟线为主要分析周期。

3）交易比较频繁。短期波段的运行时间周期较短，因此短线波段交易的时间间隔也比较短。每一个短期波段的底部就是买入的时间，短期波段的顶部就是卖出的时间，所以短期波段操作的交易频率也较高。

4）不限定获利期望值。短线波段操作对获利并没有一个固定的预期目标。在低位买入后，如果出现了技术性下跌信号，无论获利多少，即便出现亏损，都要毫不犹豫地卖出手中的股票。

5）重纪律，禁贪欲。短线波段操作的时间概念很强。市场短期运行的变化规律，相比中期和长期趋势来说，更加难以预测，因此短线波段操作必须严格控制持股时间，密切跟踪市场变化，随时调整操作计划。达到盈利预期后，交易者必须果断获利了结，不能贪婪，否则就有可能被套或陷入亏损。

6）重波段，兼顾趋势。短线波段操作与通常所说的短线操作不同，前者相对安全，成功率相对也较高。短线波段操作重视市场的波段运行变化，交易价位以市场短期波段运行规律为依据，低位买入，高位卖出。一般的短线操作重视的则是市场运行变化的短期趋势，不注重市场所处的波段位置，只要有获利空间即可买入，达到获利目标就卖出，一旦与趋势背离，容易被套或亏损。

7）一般选择波动规律强、波段振幅大的个股操作。波动规律强，便于掌握市场的波动节奏。波段振幅大，可以给投资者提供较稳健的获利空间。

8）注重控制风险，严格设置并执行止损。短线波段操作忽视市场中长期运行趋势，并且短期运行受到较多因素的影响，如消息面、大盘走势、主力资金的操作意愿等。消息面和大盘稍有风吹草动，就会对个股股价产生较大的影响。特别是大势处于下降趋势中的短线操作，其操作风险非常高，因此控制风险是短线波段操作必须遵守的纪律。控制风险可以从控制仓位、提前设好止损等方法入手并坚决执行。

短线波段操作的特点，要求投资者必须具有较强的技术分析能力、应变能力和较强的执行能力。同时，也要求投资者有较多时间盯盘，随时跟踪市场的变化。

案例：上海汽车（600104）

图7-31是上海汽车（600104）60分钟K线组合布林线的一段短线波段分析图。从图中可以观察到，股价一直在布林通道中以波段的方式运行。当股价从波段的高位A点回调到低位B点时，K线出现了一根重要的看涨锤子线，此时股价又受到布林线下轨线的支撑。当第二根大阳线出现后，说明向上反转行情成立，此时短线波段操作可以买入。

构筑完成短期波段底部后，股价继续向上，进入到下一波段的上涨。当股价突破前期波段高点A后，沿着布林线上轨线向上运行，后来股价向上突破上轨线，同时K线出现了一个顶部反转信号的K线形态——流星线，随后股价重新回到布林线上轨线下方。按照布林线理论，股价突破上轨线后重新回到上轨线下方，说明市场短期上涨行情结束，此时，短线波段操作就需要卖出股票。在B点位置买入股票，在C点位置将筹码抛掉，这样就完成了一轮短线波段操作。买入时股价为 16.60 元，卖出价为 18.60 元，持股时间为 4 个交易日，获利幅度为 12%。

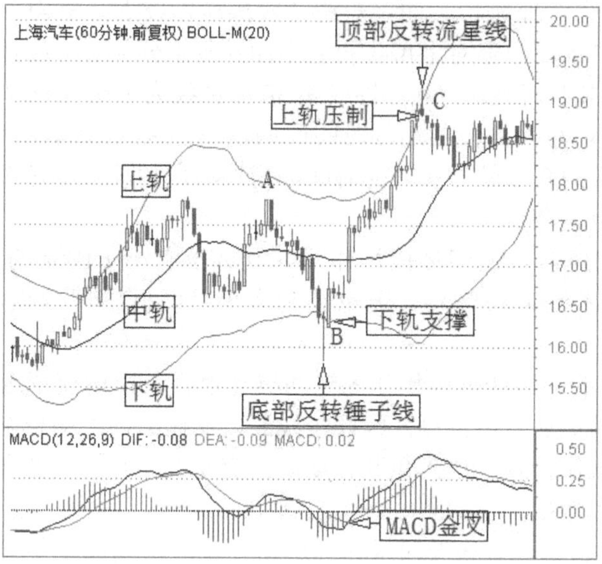

图 7-31　上海汽车（600104）60 分钟 K 线

2. 中线波动操作

中线波段操作是根据股价中期波动规律特性进行波段买入和卖出的操作方法，投资时间在 2 周至 3 个月之间。

中线波段操作是以技术分析为主，兼顾上市公司基本面情况，根据市场中长期运行的波动规律进行投资的一种波段操作方法。对于中线波段操作来说，投资者必须对上市公司和大盘中期走势具有一定的信心，在股价处于中期底部位置时买入，不在意短期的价格波动，在中期顶部到来时卖出股票，从而一次性获取较大的差价利润。

相对于短线波段操作，中线波段操作有以下几个特点：

1）投资时间相对宽松。中线波段操作以市场中线波动运行规律为基础，在底部区域买入股票并持有，直至股价上涨趋势出现中期顶部为止。中期波段操作持股时间与市场上涨趋势的持续时间有关，有的股票上涨趋势持续时间较短，在 2～3 周的时间，有的则可能长达 3 个多月。只要中期上涨趋势没有改变，投资者买入之后就要坚决持股。

2）兼顾上市公司基本面情况。中线波段操作时间跨度相对较大，因此对行业和公司的基本面有一定的要求。有较好的基本面，才可以支持股价较长时间的上涨，所以在持股期间，要保证基本面不能出现明显恶化。同时，在技术面上，要求个股的运行趋势总体向上，买入点只处于相对底部区域。

3）目的是获得较稳定和较高的收益。中线波段操作较短线波段操作的风险相对较小，投资目的是获得稳定的投资收益，争取获得更高的差价利润。

4）对大盘的运行趋势要求较高。处于稳定上升趋势的大盘，是中期波段操作的前提和基础。大盘处于熊市时，不适合中期波段操作。

5）建立股票池，选股是重点。中线波段操作的股票，要尽量选择自己熟悉的个股。投资者可以建立一个股票池，将自己熟悉和关心的个股纳入其中，比如各板块的龙头个股、业绩增长股，以及其他感兴趣的概念个股。重点跟踪这些股票，可以较好地把握其中的中期波段机会。

案例：小天鹅 A（000418）

图 7-32 是小天鹅 A（000418）的周 K 线组合均线分析图。从均线运行轨迹可以看出，该股的长期运行趋势以 60 周均线为依托向上波段运行。当股价完成一轮中级上涨后，回调到 A 点时受到 60 周均线支撑，K 线出现了一个看涨吞没形态，股价向上突破 10 周均线。

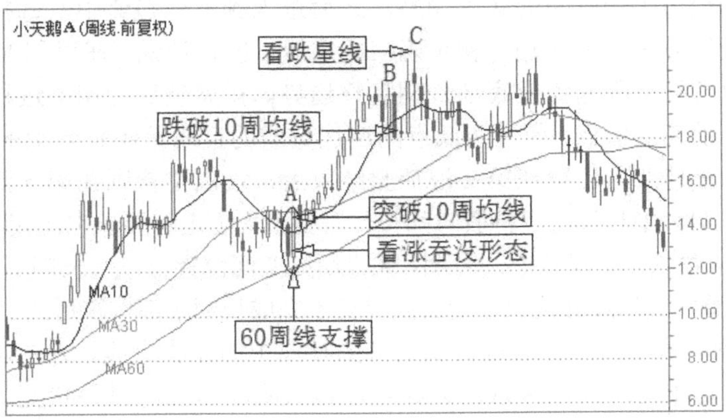

图 7-32　小天鹅 A 的周 K 线

根据这些信号，可以认为市场下一波段的中期上涨趋势即将开始，中期波段投资的买入点到来。之后市场出现持续两个月的上涨，在 20.00 元整数关口受到压力，随后股价跌破了 10 周均线，此时可以进行中线波段卖出。后来市场反弹到 C 点，K 线出现了看跌星线，之后一根 K 线再次跌破 10 周均线，此时中线波段投资者要全部平仓出局。至此这段中线波段操作完成，两个月的时间里，获利达到 40%左右。

3. 中长线波段操作

中线或长线投资的时间没有严格的界定，一般认为中长线投资者不会在短期内卖掉持有的股票。通常情况下，中长线波段操作是指从买入到卖出持股时间超过 3 个月的波段操作方法。

长线投资往往不划入波段操作的范畴。不过，如果其操作方式是根据股价的长期波动走势来确定长线投资的买入点和卖出点，持股时间在 1 年左右的，也可以称为长线波段操作。长线波段操作与长线投资稍有区别，长线投资的投资者持有某只股票长达几年甚至十几年，长线波段操作则不需要持有如此长的时间，而是根据市场长期走势的大波段来确定卖出和买入的时机。

对于波段操作来说，中长线投资更加切合实际，因此，在以后的内容讲解中，将以中长线波段操作为主，同时讲解短线波段和中线波段的操作技巧。

中长线波段操作注重大势和个股的基本品质，投资者也对上市公司的未来发展看好。在进行技术分析时，投资者以中长线分析指标为主，如 K 线图中的日 K 线和周 K 线，均线则以 MA60 以及半年线和年线为主要分析对象。使用这些中长线分析指标，可以确定个股的中长期走势，以便在波段的低价区域买入。持股时不计较市场的中短期波动，只要中长期趋势向上，就一路持股，直至中长期走势发生改变为止。

1）中长线波段操作主要有以下几个特点：

① 投资时间较长。中长线波段操作要对个股的基本面进行仔细分析，结合大盘走势和个股走势，在股价相对较低的位置买入并长期持股，直到上市公司基本面无法支撑股价继续上

涨，技术形态出现中长期顶部时为止。

② 注重个股基本面，兼顾技术分析。中长期波段投资更加注重个股的基本面和大盘走势，兼顾技术面分析。

2）在投资过程中，中长线波段操作要注意以下几个问题：

① 在中长期上涨趋势形成的初期或中期买入。中长期波段操作的核心是研判趋势，这种趋势一般都是市场经历了长时间的底部调整，之后进入到上升趋势中。选择个股时，一定要选择处于中长期指标显示的上涨趋势初步确立的个股，也就是说，在以周 K 线作为分析周期时，市场突破了原有的下降趋势或底部长期盘整趋势。在突破后的调整过程中，第一次主要波段的低点要高于前期的低点，通过两低点的连线形成的直线是倾斜向上的。在波浪理论中，中长期波段操作的最佳买入位置在第 2 浪调整结束后，卖出位置则在第 5 浪期间。

② 关注大盘走势。中长线投资持股时间长，对整个大盘走势要求也比较高。在进行中长线投资时，尽量选择大盘处于平稳状态的时期。大盘所处空间位置可以是长期下降趋势的尾声，也可以是长期底部位置，当然最好是大盘走势同样处于完成长期底部构筑后的上涨初期或中期。

③ 关注基本面。尽量选择有政策长期支持的行业中的龙头个股，或者业绩处于长期稳定增长的上市公司。这类上市公司主营产品成熟，抗风险能力强，财务状况良好，这些基本面是支持股票长期上涨的内在根本动力。

④ 关注主力资金动向。资金是推动股价上涨的直接动力，中长线波段操作需要挖掘有主力资金控盘的潜力股。在技术上，这类个股在底部期间往往表现平淡，股价在一定范围内上下波动较小，K 线表现为小阴小阳交错出现。构筑底部后期，股价缓缓抬高，成交量逐步放大，偶尔出现急促的杀跌，之后会快速拉回到杀跌前的价格区域内。资金流入明显，在股价突破原有下降趋势或横盘趋势后的上涨中，成交量出现非常明显的放大。在股价回调过程中，成交量往往会萎缩，形成低点后的上涨中，成交量则再次放大。

⑤ 买入后要耐心持股。如果能够在上涨趋势确立的初期进入某只个股，那么持股成本就会与主力资金的持股成本相当。当中长期上涨趋势形成后，投资者需要坚定持股，不为短期内的大幅振荡所动，不要轻易丢失廉价的筹码。只要中长期上升趋势线起到关键的支撑作用，投资者就要耐心持股，直到中长期上涨趋势出现异常为止。这种异常有两种，一种是向上突破，出现快速上涨，一种是向下跌破中长期趋势线。

3）中长线波段操作，要注意控制风险，避免涉足以下三类个股：

① 大幅炒高后并为媒体广泛推介的股票。一些主力机构利用投资者的跟风心态，影响甚至操纵舆论，在股价处于高位时发布不同的“利好”消息，引诱投资者跟风，以便顺利派发其炒高的个股。

② 高比例除权后，在所谓的低位放量的个股。在目前的国内股票市场，高比例配送股票，有相当一部分是为庄家出货而制造的题材。随着投资者的不断成熟，脱离业绩支持、画饼充饥式的高比例送配，经常得不到投资者的响应，结果股价炒高了，但庄家无法顺利出局。这时候，庄家通常会利用除权后股价大幅下挫来迷惑投资者，利用对敲等手段制造新庄家在该股较低价位大肆吸筹的假象，引诱散户投资者入场接盘。

③ 在市场上已经形成共识的高成长绩优股。能够发掘并长期持有高成长的绩优股票，是中长线投资者获利的重要手段。但是，投资者要提防庄家刻意制造出来的绩优公司。同时，

投资者还要尽量回避被庄家过度炒作的绩优股票，因为过度炒作会使绩优股票在相当长一段时间内价值高估，成为另外一种意义上的绩差公司，导致很少有机构主力问津。

案例：小天鹅 A（000418）

图 7-33 是小天鹅 A（000418）的周 K 线组合 MACD、均线的走势分析图。前面讲解的案例中，图 7-32 是以小天鹅 A 中线波段操作为目的进行分析的。从图 7-33 可以看出，在中长线波段操作中，就不适合选择第 3 浪中的中间回调作为买入时机，而应该在第 2 浪和主升浪第 3 浪之间买入。

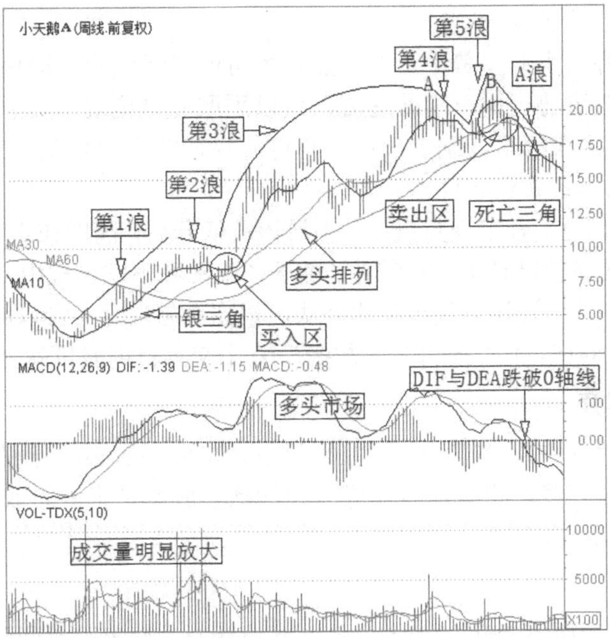

图 7-33　小天鹅 A 的周 K 线

中长线波段操作，最好以周 K 线和日 K 线作为主要的分析周期。用周 K 线很容易观察市场的发展趋势，日 K 线则可以帮助投资者寻找较好的买卖点。

在图 7-33 的分析中，选择了波浪理论、均线、MACD、成交量和 K 线，对这段行情做了分析和标示。为什么选择在图中的“买入区”位置买入建仓？为什么在“卖出区”卖出？大家可以根据图中的标示进行思考。

第四节　解 套 技 法

一、套牢

所谓“套牢”指的是投资者预期股价上涨，但买进股票后，股价却一路下跌，使买进股票的成本，已高出目前可以售得的市价的状况。任何涉足股市的投资者，不论其股战经验多么丰富，都存在着在股市被套牢的可能性。“套牢”分为热门股套牢和普通股套牢，又分为被动性的高位套牢和一般的中位套牢。套牢以后，套牢之苦接踵而来，然而就像围棋中的定式转换，完全可以化被动为主动。

1．热门股套牢

热门股套牢以后的办法和普通股套牢以后的办法是不同的。前者往往根据成交密集区来判断该股反弹所能摸高的位置和根据量价关系来判断该股反弹的时机。

热门股涨得快，跌得更快。如其下跌10%，还不宜补仓，更不用说在同一成本增仓，因为一旦过早补仓，往往“弹尽粮绝”。由于高位追逐热门股被套，首先必须确立一个宗旨：是救自己而不是再谋求盈利。因为第一步已经走错，千万不能走错第二步，不然“洞”越补越大，以后“翻身”的日子都没有。

在以后的大盘反弹或上升趋势中，原先热点很可能已经沉寂，即使大盘逐波走高，原热点题材很可能像普通股走势一样，随波逐流，所以采取的措施既不要急又不能拖。

1）先分析其密集区在哪里，确定理论上有可能存在的反弹高度。

2）分析其是否已具备补仓条件。

3）分析补多少的问题。仔细观察盘口，当日该股低开后，随即在大量买盘的支撑下上行，表明从终点回到起点的股价已具备补仓条件，由于在上涨和下跌过程中，4.70元为其成交密集区，且该热点虽已退潮，但还没有经过反弹确认，根据存量资金，可以用三倍的量进行补仓，则其综合成本为（$3\times3.8+6$）$/4=4.35<4.7$。结果在10个交易日内股价就见了4.7元。

2．普通股套牢解套

普通股套牢（一般的中位套牢），不像热门股套牢那样揪心，但解套周期较长，除了一般的解套，还可以通过互换，将普通股换成股性活跃、股本扩张能力或题材丰富的其他股票的办法，缩短套牢周期。

3．高位套牢

首先，变高位套牢为中位套牢。当大盘瀑布式直泻后，许多股票回到其长期构筑的平台，由于市场平均成本及多种原因，一般来说，迟早会有一波次级行情出现，许多中小投资者往往此时买一些，抱着买套的心理介入，这时不能说不会再跌，而是中期上扬空间大于短期下跌空间。如股价出现反弹，可将补仓筹码获利回吐，从而降低上档套牢筹码成本。再进行一次循环，则上档套牢筹码就变为中档套牢筹码。更何况在涨跌停板制度下，迅速的持续的无量下跌极易形成空投陷阱，此时不买点放着，一旦出现无量上涨，且以涨停板的情况出现，想补仓或者建仓都不能如愿了。

其次，设置止损。一般的方法都强调适时补仓或换筹，那是建立在中短期股价必有弹升的基础上，多少有些被动，但还有一种行之有效的方法，那就是设停损位。主动脱离苦海，寻求下一个“猎物”。

二、解套策略

解套策略，也称反套牢投资策略，是投资者在高价套牢后所寻求的解脱方法。

投资者一旦被高价套牢，则应根据套牢状况，积极寻求解套策略。

通常的解套策略主要有以下五种：

1）以快刀斩乱麻的方式止损了结　将所持股票全盘卖出，以免股价继续下跌而遭受更大损失。采取这种解套策略主要适合于以投机为目的的短期投资者，或者是持有劣质股票的投资者。因为处于跌势的空头市场中，持有品质较差的股票的时间越长，给投资者带来的损失也将越大。

2）弃弱择强，换股操作　忍痛将手中弱势股抛掉，并换进市场中刚刚发动的强势股，以期通过涨升的强势股的获利，来弥补其套牢的损失。这种解套策略适合在发现所持股已为明显弱势股，短期内难有翻身机会时采用。

3）采用拨档子的方式进行操作　先止损了结，然后在较低的价位时，予以补进，以减轻或轧平上档解套的损失。例如，某投资者以每股 60 元买进某股，当市价跌至 58 元时，他预测市价还会下跌，即以每股 58 元赔钱了结，而当股价跌至每股 54 元时又予以补进，并待今后股价上升时予以沽出。这样，不仅能减少和避免套牢损失，有时还能反亏为盈。

4）采取向下摊平的操作方法　随股价下挫幅度扩增反而加码买进，从而拉低购股成本，以待股价回升获利。但采取此项做法，必须确认整体投资环境尚未变坏，股市并无由多头市场转入空头市场的情况发生，否则极易陷入越套越多的窘境。

5）采取以不变应万变的“不卖不赔”方法　在股票被套牢后，只要尚未脱手，就不能认定投资者已亏本。如果手中所持股票均为品质良好的绩优股，且整体投资环境尚未恶化，股市走势仍未脱离多头市场，则大可不必为一时套牢而惊慌失措，此时应采取的方法不是将套牢股票和盘卖出，而是持有股票来以不变应万变，静待股价回升解套之时。

值得注意的是，股票被套牢的现象多种多样，投资者在运用解套策略时，必须谨慎选择，灵活运用。

三、平衡市的操作

平衡市即通常所说的“牛皮偏软行情”，是一种股价在盘整中逐渐下沉的低迷市，一般相伴的成交量都很小，对于投资者来说，出现这种市况期间是招兵买马、整顿旗鼓的大好时机。也就是说，在股价盘软、交投清淡的时候，不宜太迷恋市场，而应当趁此机会做一些细致的研究工作，包括对各个上市公司的调查和比较，对宏观经济情况的分析以及对一段较长的时间以来大市所走过的历程的详细的图表分析。通过这些在作战间隙的研究工作，可以使自己比较清楚地了解到大市所处阶段以及发现一些潜质好的上市股票，以便下一个机会到来时能准确地抓住战机。

强势调整与高位的牛皮偏软行情比较容易区分开来，区分的办法是观察三方面因素：①观察成交量萎缩的程度，牛皮偏软行情中对应的成交量是极度萎缩的。而强势调整期间成交量虽大幅萎缩，但由于人气未散，会比较活跃，成交量不会太小。②市场对利好消息反应的敏感度。在强势调整过程中，市场对利好消息的反应仍然相当敏感，对于个股的利好消息，往往会相当强烈地体现在其股价的波动上。而在高位的牛皮弱市期间，市场对于利好消息反应相当迟钝，有时甚至根本不理睬市场上的利好传闻，个别情况下还有可能把实际上是利好的因素当作利空来对待。③强势调整一般不会历时太长，而在高位的牛皮弱势则可能会维持比较长的时间，直到股价磨来磨去，把多头的信心磨掉之后，股价就会跌下来。

在中间价位出现牛皮弱势时，作为一般性的原则，在中间位的横盘向上突破与向下突破的可能性都有，因此，应当在看到明确的有效突破之后再顺势跟进。不过，这只是一般性的原则，在多数情况下，发生在中间位价的牛皮弱势往往最终会向下突破，其原因一方面可归结为弱势的惯性；另一方面，由于人气已散，市场上看好后市的资金不多，如果没有一个较大的跌幅出现，持币者是不肯在此不伦不类的价位轻易追高入市的。所以，在上述一般性原则的基础上，还应当注意不要轻易追高进货，见反弹及时减仓。在此期间，区分反弹与向上有效突破并不是很难：反弹行情中成交量在低价位投机股上的分布较多，而向上的有效突破应当是一线优质股价升量增，并且这种价升量增的程度必须是远远大过二、三线股。

在低价区出现牛皮弱势时，是大额投资者可以趁机吸纳的大好时机。因此，在此期间斩仓操作是不明智的。推荐的做法是每次见低价时分批次地少量吸纳，见高不追，也就是说可以当成短线来做，如短线因无出货机会而被暂时套住则可越跌越买。吸纳的对象宜以优质股为主，手中如还有长期被套的投机股也最好将其换成一线优质股。

总而言之．在高价区出现牛皮弱势时勿存幻想，在低价区出现牛皮弱势时要有信心，再加上一点耐性和警觉，就基本上能处理好这一类行情的操作了。

8 第八章　证券投资风险防范与管理

学习目标

- 了解证券投资的风险；
- 熟悉系统性风险的内容；
- 掌握非系统性风险防范。

投资者向证券市场投入资金，买入股票、基金、债券等金融产品，一般的出发点是期待获得高过同期储蓄利息的投资收益回报，然而无论是成熟股市还是新兴市场，价格波动总是客观存在的，投资者有可能在盲目投资之下，出现高位买进股票而股价下跌市值受损的局面，收益率未必能如最初所愿。低买高卖是理想的投资操作，然而在经济形势变化、趋势转向、公司基本面变化之际，投资者信心受挫而出现高买低卖的现象也是屡见不鲜。同时，由于对市场规则的不了解，对交易制度未熟悉，也可能出现证券交易过程中蒙受不损失的情况。为此，我们有必要对现存的风险有一定的认识和分类。从风险与收益的关系来看，证券投资风险可分为市场风险（又称系统性风险）和非市场风险（又称非系统风险）两种。通过对两种风险的分析和识别，可以有效地防范或规避风险。

第一节　证券市场系统性风险及防范

一、系统性风险

成熟的股市是“国民经济的晴雨表”。宏观经济形势的好坏，财政政策和货币政策的调整，政局的变化，汇率的波动，资金供求关系的变动等，都会引起股票市场的波动。对于证券投资者来说，这种风险是无法消除的，投资者无法通过多样化的投资组合进行证券保值，这就是系统风险的原因所在。系统性风险主要包括以下四类：

1．政策风险

政府的经济政策和管理措施可能会造成证券收益的损失，这在新兴股市表现得尤为突出。经济、产业政策的变化，税率的改变，可以影响到公司利润、债券收益的变化；证券交易政策的变化，可以直接影响到证券的价格。因此，每一项经济政策、法规的出台或调整，对证券市场都会有一定的影响，从而引起市场整体的波动。

2．利率风险

一方面，上市公司经营运作的资金也有利率成本，利率变化意味着成本的变化，加息则代表着企业利润的削减，相关证券的价值反映内在价值，必然会伴随着下跌；另一方面流入证券市场的资金，在收益率方面往往有一定的标准和预期，一般而言，资金是有成本的，同期利率往往是参照标的，当利率提升时，在证券市场中寻求回报的资金要求获得高过利率的收益率水平，如果难以达到，资金将会流出市场转向收益率高的领域，这种反向变动的趋势在债券市场上尤为突出。

3．购买力风险

在现实生活中，由于物价的上涨，同样金额的资金未必能买到过去同样的商品。这种物价的变化导致了资金实际购买力的不确定性，称为购买力风险，或通货膨胀风险。同样在证券市场上，由于投资证券的回报是以货币的形式来支付的，在通货膨胀时期，货币的购买力下降，也就是投资的实际收益下降，将给投资者带来损失的可能。

4．市场风险

市场风险是证券投资活动中最普遍、最常见的风险，当整个证券市场连续过度地上涨，股价已远离合理价值区域之后，股价上涨主要依靠资金简单流入堆砌，即所谓的“投机博傻”，趋势投机代替了价值投资，但泡沫总有破灭的一天，当后继投资者不再认同没有价值支撑的股价，市场由高位回落便成为自然，这种转折趋势一旦形成，往往形成单边没有承接力的连续下跌，这在过去世界各国的股灾中已被证明，这也是市场参与者无法回避和必须接受的风险。

二、系统性风险的防范

系统性风险对整个股票市场或绝大多数股票普遍产生不利影响。系统风险造成的后果带有普遍性，其主要特征是几乎所有的股票均下跌，投资者往往要遭受很大的损失。这种风险不能通过分散投资相互抵消或者消除。根据这些特点，我们可以采用以下方法来规避系统性风险。

1．市场极度疯狂时要回避

当整体行情出现较大升幅，成交量屡屡创出天量，股市中赚钱效应普及，市场人气鼎沸，投资者踊跃入市，股民对风险意识逐渐淡漠时，往往是系统性风险将要出现的征兆。从投资价值分析，当市场整体价值有高估趋势的时候，投资者切不可放松对系统性风险的警惕。

2．控制投资比例和仓位

股市行情的运行过程中，始终存在着不确定性因素，投资者可以根据行情发展的阶段来不断调整资金投入比例。由于股市升幅较大，从有效控制风险的角度出发，投资者不宜采用重仓操作的方式，至于全进全出的满仓操作更加不合时宜。这一时期需要将资金投入比例控制在可承受风险的范围内。仓位较重的投资者可以有选择地抛出一些股票，减轻仓位，或者将部分投资资金用于相对较安全的投资中，如申购新股、购买基金等。图 8-1 为不同证券收益与风险的匹配关系，从中可以看出，随着要求收益率越来越高，所需承担的风险也在增加。

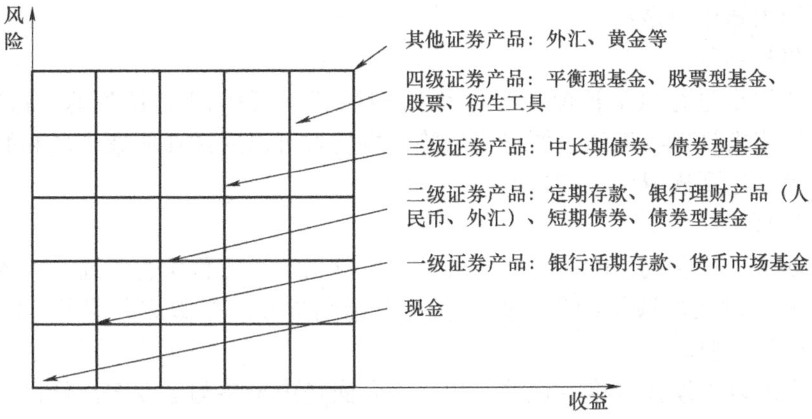

图 8-1　不同证券的收益与风险匹配关系

3. 随时做好止盈止损准备

投资者无法预测什么时候会出现系统性风险，尤其在行情快速上升的时期。如果提前卖出手中的股票，往往意味着投资者无法享受“疯狂”行情的拉升机会。这时，投资者可以在控制仓位的前提下继续持股，但随时做好止盈止损的准备，一旦市场出现系统性风险的时候，投资者可以果断斩仓卖出，从而防止损失的进一步扩大。

4. 利用股票指数期货对冲系统风险

股票指数期货（简称股指期货）是以股票价格指数作为标的物的金融期货合约。在具体交易时，股票指数期货合约的价值是用指数的点数乘以事先规定的单位金额来加以计算的。目前我国已推出沪深 300 指数合约交易，2015 年 4 月 16 日推出上证 50、中证 500 股指期货合约交易。表 8-1 是沪深 300 股指期货交易合约的基本情况。

表 8-1　沪深 300 股指期货合约表

合约标的	沪深 300 指数
合约乘数	每点 300 元
报价单位	指数点
最小变动单位	0.2 点
合约月份	当月/下月及随后的两个季月
交易时间	上午 9:30—11:30，下午 13:00—15:00
最后交易日交易时间	上午 9:30—11:30，下午 13:00—15:00
每日价格最大波动限制	上一交易日结算价格的 ±10%
最低交易保证金	合约价值的 8%
最后交易日	合约到期月份的第 3 个周五，法定假顺延
交割日期	同最后交易日
交割方式	现金交割
交易代码	IF

股指期货的主要作用是：

（1）规避价格风险

对股票投资组合进行风险管理，即防范系统性风险（我们平常所说的大盘风险）。通常我们使用套期保值来管理我们的股票投资风险，投资者可以通过在股票市场和股指期货市场两个市场反向操作达到规避风险的目的。

（2）价格发现

利用股指期货进行套利。所谓套利，就是利用股指期货定价偏差，通过买入股指期货标的指数成分股并同时卖出股指期货，或者卖空股指期货标的指数成分股并同时买入股指期货，来获得无风险收益。

期货市场之所以能发挥价格发现的作用。一方面是由于参与者众多，价格形成当中包含了来自各方对价格预期的信息；另一方面是由于股指期货具有交易成本低、杠杆倍数高、指令执行速度快等优点。

（3）提高资金配置效率

股指期货由于采用保证金交易制度，交易成本低，因此被机构投资者广泛用来作为一种提高资金配置效率的手段。例如，如果保证金率为 10%，买入 1 张标价 100 万的沪深 300 指数期货，那么只要期货价格涨了 1%，相对于 10 万元保证金来说，就可获利 1 万，即获利 10%，当然如果判断方向失误，也会发生同样的亏损。

投资者可通过投资股指期货进行套期保值，以对冲股市的系统风险。具体措施如下：

1）多头套期保值：持有现金或即将持有现金的投资者，预计股市上涨，为了控制交易成本而先买入股指期货，锁定将来购入股票的价格水平，在未来有现金投入股市时，再将期货头寸平仓的交易行为。

2）空头套期保值：已经持有股票或者即将持有股票的投资者，预测股市下跌，为了防止股票组合下跌风险，在期货市场上卖出股指期货的交易行为。

第二节　证券市场非系统性风险及防范

一、非系统性风险

非系统性风险主要是指某些股份公司因管理不善，或市场供求关系变化，或某一行业因产业结构调整导致某种或几种股票价格的下跌。这类风险的主要特征表现在：①对股票市场的一部分股票产生局部影响；②投资者可以通过转换购买其他股票来弥补损失。

1. 经营风险

证券市场交易股票的价格，从根本上说是反映上市公司内在价值的，其价值的大小由上市公司的经营业绩决定。然而，上市公司本身的经营是有风险的，经营上潜藏着不景气，甚至失败、倒闭的风险，从而造成投资者收益和本金的增加或损失。

2. 财务风险

财务风险是指公司因筹措资金而产生的风险，即公司可能丧失偿债能力的风险。公司财务结构的不合理，往往会给公司造成财务风险。形成财务风险的因素主要有资本负债比率、资产与负债的期限、债务结构等因素。投资者在投资股票时，应注意对公司报表的财务分析。

3．信用风险

信用风险也称违约风险，指不能按时向证券持有人支付本息而使投资者损失的可能性。信用风险主要针对债券投资品种，对于股票只有在公司破产的情况下才会出现。

4．道德风险

道德风险主要指上市公司管理者的道德风险。上市公司的股东和管理者是一种委托代理关系。由于管理者和股东追求的目标不同，尤其在双方信息不对称的情况下，管理者的行为可能会造成对股东利益的损害。

5．交易过程风险

证券市场投资运作的复杂性，使投资者面临交易过程中的种种风险，包括由于自己不慎或券商失责而招致股票被盗卖、资金被冒提、保证金被挪用，以及信用交易不受法律保护、买卖操作失误、接受不合规证券咨询导致损失等风险。投资者要注意交易过程中的有关事项，学会自我保护，尽可能地降低交易过程风险。

（1）证券公司选择不当带来的潜在风险

证券公司及其营业部管理和服务质量的好坏直接关系到投资者交易的效率和安全性。如果投资者随意选择一家证券公司的营业部，或单纯就佣金的高低选择不合规范的委托代理机构，就有可能遇到以下风险：①因证券公司经营不善招致倒闭的风险；②因证券公司经营不规范造成保证金及利息被挪用、股息被拖欠的风险；③因证券公司管理不善导致账户数据泄密、股票被盗卖、资金被冒提的风险。

（2）操作性风险

操作性风险是因结算运作过程中的电脑或人为的操作处理不当而导致的风险，大致可分成两类：

1）由于电脑自身软、硬件故障在市场火爆时仍可能导致行情数据、委托交易延误，从而使投资者错过时机，造成投资损失。这类风险分为不可抗风险和可以向券商追索赔偿两种，投资者可以根据是否是不可抗力造成，通过法律途径申请自己的正当主张，以降低风险损害程度。

2）投资者自身的知识欠缺。目前市场中金融创新不断增多，不同交易品种的交易方式存在着不同，比如债券的面值及如何正确报价、期权价格涨跌停幅度如何计算、新股上市以及股改实施后首日复牌价格涨跌幅限制等，相应的知识需要投资者积极主动地去学习，否则，证券市场中每每发生异常交易，不必要的损失就有可能发生。

（3）不合规的证券咨询风险

随着参与股市的投资者的增加，对咨询及资讯的需求也在上升，证券投资咨询业务受到了空前的重视，证券咨询机构鱼龙混杂，既有正规券商研究机构对相应开户投资者的日常咨询，也存在着非法证券咨询机构利用投资者急于找到“牛”股的心态，以加入会员、缴纳会费、推荐个股的方式吸引投资者，由于法律责任的不明确，投资者可能在其误导下进行了误操作，从而导致不必要的损失和难以明确责任的纠纷。

二、非系统性风险及防范

（1）市场调研

进行上市公司所属行业分析，追踪上市公司经营及财务信息。了解公司的管理团队，规避公司的信用风险和道德风险。

（2）通过分散投资，分散风险

在投资组合内投资同一类型股票，将有效降低非系统性风险，如图 8-2 所示。

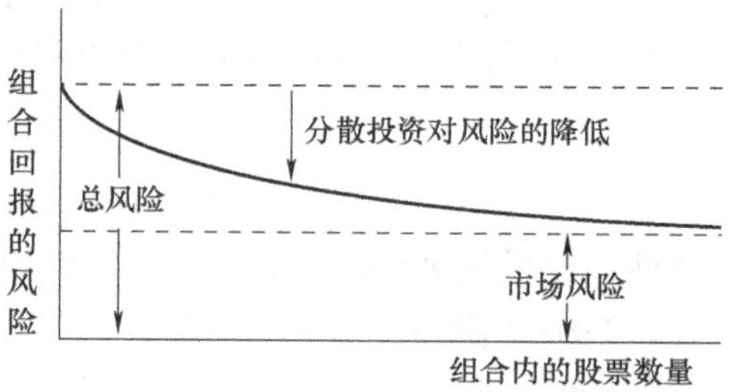

图 8-2　分散投资对非系统性风险的影响

（3）运用投资技巧降低风险

1）确定持有证券时间的长短。

① 短期交易：寻找热点板块、热点概念股票，在相对低点介入，快进快出，绝不恋战。

② 短中长期组合：将短线、中线及长线投资进行投资组合。

2）分批操作。不做一次性全仓买入或卖出。一般分 3 次买入（卖出），仓位分别是 40%、30%、30%。

3）确定止盈止损点位，严守纪律。

① 百分比法：按照盈亏百分比进行止盈、止损，通常盈利比是损失比的 3 倍。

② 均线位法：按照 5 日、10 日、20 日或 60 日均线设定止盈止损位。

③ 整数或前期高低点价位法：整数关口和前期高低点往往是人们的心理关口，可以作为阶段止盈止损点位。

4）补仓降低平均持股成本。前提是不能满仓操作，这是万不得已的做法，要把握好位置和时机。

（4）不断学习，与时俱进

投资者最有效规避风险的措施就是具有最新的投资理念，不断掌握新的投资方法，能及时获取投资信息，总结实战经验，调整好自己的投资心态，提高自己的操作水平。

实训报告

实训报告 1.1

1. 登录某证券公司或专业金融公司网站，下载证券行情分析软件，并将证券行情分析软件安装到可上网的电脑，注册并登录，将其打开运行。熟悉行情分析软件的登录流程及运行界面，并记录出现的情况。

2. 登录一个证券模拟交易软件，打开交易界面。记录证券交易界面所有的功能。

实训报告 1.2

1．根据 A 股交易规则，填写下表：

交易时间	
交易单位	
报价单位	
涨跌幅限制	
“T+1”交割	

2．查出上交所（600 开头）、深交所（002 开头）的 A 股和创业板（300 开头）上市的全部股票数量。

（截止时间：____年____月____日）

板 块 名 称	股票数量（只）
上交所	
深交所	
创业板	

3．查询出几只 ST 以及*ST 股票，简要说明与其他（非 ST）股票的不同。

股 票 代 码	股 票 名 称	股 票 代 码	股 票 名 称

实训报告 1.3

1．查询下列证券的代码或下列代码的证券：

新疆城建		000088		上海电力	
海通证券		300005		上海钢联	
九阳股份		601936		018003	
中国银行		600009		基金银丰	

2．打开证券分析软件界面，完成以下操作：

（1）通过“报价”菜单分别进入“上证 A 股”“创业板”“中小板”等报价界面。

（2）查询上海和深圳大盘的综合排名。

（3）分别按现价、涨幅、市盈率等指标对“上证 A 股”“深圳 A 股”进行排名。

3．查询以下指数或单个证券的点位或价格（____年____月_____日_____时______分）。

上证指数________点，深证成指__________点，中国联通_____元，招商银行_____元，东方明珠_______元，中国中铁_____元，云南白药__________元。

4．查询出沪、深 A 股的综合排名，完成下表（____年_____月______日_____时_____分）。

上海证券交易所			深圳证券交易所		
涨 幅 排 名	股 票 名 称	现　　价	跌 幅 排 名	股 票 名 称	现　　价
第一			第一		
第二			第二		
第三			第三		
第四			第四		
第五			第五		

实训报告 1.4

1．根据自己的关注点选择 3～5 只股票放入自选股里。查看它们的总市值和流通市值，填写在表中（____年_____月______日）。

自选股代码	自选股名称	总　市　值	流 通 市 值

2．选定自选股里一只股票，在其分时走势、日 K 线、周 K 线、月 K 线走势之间进行切换。

3．查询出深圳交易所全部券商类股票，完成下表（____年_____月______日）。

股 票 代 码	股 票 名 称	昨日收盘价

4．登录天天基金网，查询累计净值最高的 10 只开放式基金，完成下表。

（截止时间：____年____月____日）

排　　名	基 金 名 称	单 位 净 值	累 计 净 值	排　　名	基 金 名 称	单 位 净 值	累 计 净 值
1				6			
2				7			
3				8			
4				9			
5				10			

5．查询当日板块热点，填写涨幅前五的概念板块（____年____月____日____时_____分）。

板 块 名 称	涨　　幅	领涨股票名称、代码

实训报告 1.5

1．通过百度或其他搜索引擎获得以下机构的网址，完成下表。

机构名称	网址	机构名称	网址
中国证券监督管理委员会		中国证券报	
上海证券交易所		上海证券报	
深圳证券交易所		证券时报	
中国证券登记结算有限公司		和讯网	
中央债券登记结算有限公司		上市公司信息网	
中国人民银行		天天基金网	
国家统计局		东方财富网	
国研网		巨潮资讯网	
中国金融期货交易所			

2．与同学进行研讨，明确哪些信息会影响证券价格、如何影响，将讨论结果写在下面。

3．收集一个案例，以其为例说明信息对证券价格变动的影响机制。

4．选择一只开放式基金，查询其基本资料，撰写该基金简介。至少包括但不限于以下内容：①概况，如成立时间、管理人、托管人、基金规模及其变动情况、各种费率等；②市场表现，如基金累计净值、单位净值、历史分红、投资风格、现有投资组合、与同类基金之间的比较等；③是否有投资价值，为什么？

实训报告 2.1

一、模拟开设证券账户

1. 填写自然人开户申请表

申请人填写	账户持有人姓名		联系电话	
	联系地址		邮政编码	
	电子邮件地址		国籍或地区	
	有效身份证明文件类别	□身份证　□护照　□其他		
	有效身份证明文件号码			
	职业	□党政机关工作人员　□企事业单位职工　□农民 □个体工商户　□学生　□证券从业人员　□无业　□其他		
	学位\学历	□博士　□硕士　□大本　□大专　□中专 □高中　□初中及以下		
	账户类别	□A 股账户　□B 股账户　□基金账户　□其他账户		
	是否直接开通网络服务功能	□是　□否	网络服务初始密码（六位数字或字母）	
	代办人		代办人电话	
	代办人有效身份证明文件类别	□身份证　□护照　□其他		
	代办人有效身份证明文件号码			
	郑重声明	本人已经了解并愿意遵守国家有关证券市场管理的法律、法规、规章及相关业务规则，认真阅读了《证券账户注册说明书》并接受说明书内容，承诺以上填写的内容真实准确。 申请人或代办人签名：　日期：　年　月　日		
开户代理机构填写	审核资料： □有效身份证明文件及复印件 □申请人是否已签名 □本表内容是否填写全面、正确			
	证券账户号：			
	经办人：　开户代理机构盖章： 负责人：　联系电话： 传真：　填表日期：			
备注				

2. 获得证券账户卡

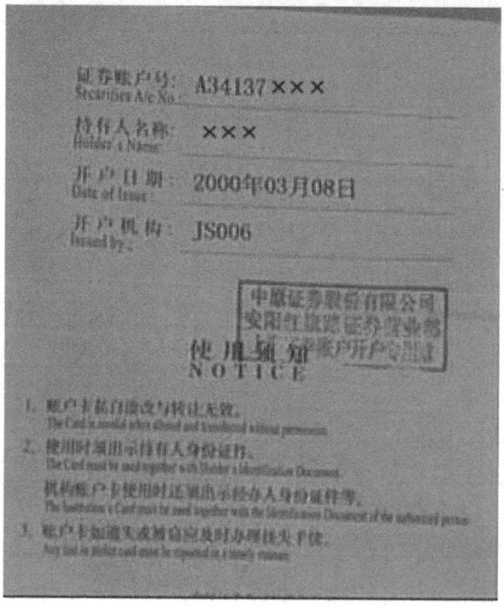

二、模拟开设证券资金账户

1. 阅读风险揭示书

风险揭示书

尊敬的证券投资者:

在进行证券交易时，可能会获得较高的投资收益，但同时也存在着较大的证券投资风险。为了使投资者更好地了解其中的风险，根据有关证券交易法律法规和证券交易所的业务规则，特提供本风险揭示书，请认真详细阅读。

一、特别提示

……

二、风险种类

……

市场有风险，入市需谨慎!

2．填写网上证券委托交易协议书

网上证券委托交易协议书

甲方（开户人）：________________

乙方：______________________

甲、乙双方经友好协商，就甲方委托乙方代理有价证券买卖业务共同达成如下协议，双方应共同遵守：

……

第三十九条　本协议一式两份，甲乙双方各执一份，双方签署后生效。

第四十条　本协议有效期至本协议甲方销户为止。

甲方（盖章）：_________

乙方（签字）：_________

_________年____月____日

3．签署证券交易委托代理协议书

证券交易委托代理协议书

依据《中华人民共和国证券法》《中华人民共和国合同法》和其他有关法律、法规、规章以及证券交易所和中国证券登记结算机构有关交易、结算规则规定，甲、乙双方就甲方委托乙方代理证券交易及其他相关事宜达成如下协议，供双方共同遵守。

第一章　双方声明

第一条　甲方向乙方作如下声明：

……

第四十二条　乙方必须根据法律法规规定的方式和期限保存甲方的委托凭证等资料。本条所称甲方的委托凭证是指其柜台委托所填写的单据、非柜台委托所形成的乙方电脑记录资料。

第四十三条　本协议签署后，若有关法律法规、规章制度或行业规章修订，本协议相关内容及条款按新修订的法律法规、规章制度及行业规章执行，其他内容及条款继续有效。如根据法律、法规或其他规范性文件、证券交易所和证券登记结算机构业务规则以及乙方业务规则的规定，需要修改或增补合同内容，修改或增补的内容由乙方在其营业场所内或公司网站（www.htsec.com）以公告形式通知甲方后即成为本协议组成部分。

第四十四条　本协议自双方签署之日起生效至本协议约定的终止情形发生终止。

第四十五条　本协议签署后双方一致同意此前签署的相关协议自然终止。

第四十六条　本协议一式两份，双方各执一份，具有同等法律效力。

三、模拟撮合成交

1．假设 A 股票在集合竞价阶段的有效委托申报如下表所示，请按时间优先、价格优先的原则，对其进行模拟撮合成交，将步骤和结果写在表格下面。

委买价/元	委托数量/股	委卖价/元	委托数量/股
19.81	300	19.56	600
19.78	700	19.61	200
19.68	500	19.64	300
19.60	800	19.68	700
19.55	700	19.74	700
19.80	400		

2．假设 B 股票在集合竞价阶段的有效委托申报如下表所示，请按时间优先、价格优先的原则，对其进行模拟撮合成交，将步骤和结果写在表格下面。

委买价/元	委托数量/股	委卖价/元	委托数量/股
5.21	600	5.03	500
5.16	800	5.05	700
5.12	1 200	5.09	900
5.09	1 600	5.15	1 600
5.01	2 100	5.19	400

四、股票交易费用与保本价计算

某投资者于某年 7 月 20 日在上海证券交易所以每股 7.10 元的价格买入××股票 20 000 股，于当年 8 月 10 日以每股 7.40 元的价格卖出 14 000 股。设佣金费率为 0.1%，过户费为 0.1%，印花税率为 0.2%且卖方单边缴纳，无其他费用，请计算：

（1）投资者买入时的交易费用。

（2）投资者卖出时的交易费用。

（3）投资者的保本价。

五、分红送配处理及除权报价计算

某公司于某年 3 月 18 日宣布其上一年度分红方案如下：每 10 股送 2.5 股、转增 2 股、派发现金红利 1.6 元，另以 10:2 的比例配股，配股价为 7.4 元。股权登记日为当年 5 月 19 日，当日该股收盘价为 10.25 元。请回答或计算以下问题：

（1）什么是股权登记日？该公司的除权（息）日是哪天？

（2）什么是送股？什么是转增（股票）？送股与转增有什么不同？

（3）什么是配股？其目的何在？

（4）若投资者于当年 5 月 19 日买进该股，能享受本期送配吗？若投资者于当年 5 月 18 日买进该股，于 5 月 19 日卖出，能享受本期送配吗？若投资者于当年 5 月 11 日买进该股，于 5 月 20 日卖出，能享受本期送配吗？若投资者于当年 5 月 10 日买进该股票并一直持有，能享受本期送配吗？

（5）计算该股的除权（息）参考报价。

（6）若某投资者于上年 4 月 1 日以每股 9.29 元的价格买入该股，假设他参加了所有的分红送配，请计算他除权（息）后的每股成本（不考虑交易费用）。

实训报告 2.2

1．运行证券行情分析软件，注册模拟股票交易账户，填写下列信息：

用户名____________________密码______________________

2．修改账户信息、密码（可以修改登录时的资金账户密码，以及用户的详细信息）。

3．开展模拟股票交易，要求同时满足以下三个条件：

（1）持续 2 周；

（2）每周买卖证券各不超过 2 只；

（3）累计持有证券不超过 4 只。

4．记录模拟股票交易周记账。

模拟股票交易周记账

第一周（______年______月______日～______年______月______日）

（1）本周末资产构成状况表。

收盘资产总值		收盘证券市值		现金余额	
初始投入资产		盈亏额		盈亏率（%）	

（2）本周买进/卖出证券记录。

1）买进证券记录。

证券代码	证券名称	买入数量	买入价格	交易费用	保本价

2）卖出证券记录。

证券代码	证券名称	卖出数量	卖出价格	保本价	净盈亏

（3）本周收盘后持有证券明细账。

证券代码	证券名称	持有数量	保本价	本周收盘价	收盘市值	浮动盈亏

（4）以一只股票为例，说明买进或卖出的原因。

（5）将下周操作策略和计划写在下面。

模拟股票交易周记账

第二周（______年______月______日～______年______月______日）

（1）本周末资产构成状况表。

收盘资产总值		收盘证券市值		现金余额	
初始投入资产		盈亏额		盈亏率（%）	

（2）本周买进/卖出证券记录。

1）买进证券记录。

证券代码	证券名称	买入数量	买入价格	交易费用	保本价

2）卖出证券记录。

证券代码	证券名称	卖出数量	卖出价格	保本价	净盈亏

（3）本周收盘后持有证券明细账。

证券代码	证券名称	持有数量	保本价	本周收盘价	收盘市值	浮动盈亏

（4）以一只股票为例，说明买进或卖出的原因。

（5）本周实际操作与上周计划之间的差异及其原因分析。

5．撰写模拟股票交易总结。

模拟股票交易总结

包括但不限于以下内容：①模拟交易总体情况回顾；②模拟交易收益水平与大盘同期收益水平对比，分析自己超出（低于）大盘同期收益水平的原因；③本人的收获（如经验、教训、反思等）。不得少于 500 字。

实训报告 3.1

1．研判下图（上证指数分时走势），回答下列问题：

（1）白线、黄线的内涵是什么？图中白线、黄线的排列关系说明了什么？

（2）最新、昨收、涨跌、开盘、涨幅、最高、振幅、最低、现手、量比、总手、金额等指标的内涵是什么？

（3）写出委比值（+5.48%）的计算过程，说明其技术分析意义。

（4）说明量比值（0.86）的技术分析意义。

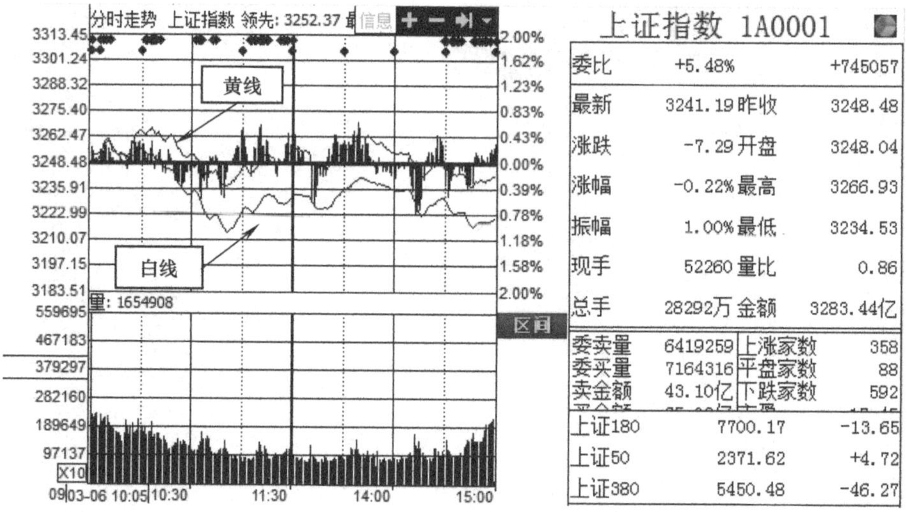

2．解读实训当日深证成指（399001）的即时行情，说明其所有行情指标的内涵。

3．研判实训当日上证指数（1A0001）的即时行情，结合其近期走势，预测其未来一周内的价格走势，说明理由。

4．假设某证券市场现有 4 只股票，其基准日期和报告期（计算日期）的价格与发行量如下表，请分别用简单平均法、基期加权法和报告期加权法计算该证券市场报告期的股票价格指数（固定乘数为 100）。

股 票 名 称	基期价格/元	基本发行量/万股	报告期价格/元	报告期发行量/万股
A	12.21	6000	15.22	7 000
B	4.45	120 000	3.21	132 000
C	8.11	7 800	9.11	7 800
D	20.22	24 000	31.67	25 500

实训报告 3.2

1．在下面的股票行情报表中选择一只股票，解读其所有行情指标的内涵。

代码	名称	涨幅%	现价	总手	现手		昨收	开盘	最高	最低	买价
600000	浦发银行	+0.37	13.63	128.04万	91	↓	13.58	13.58	13.78	13.54	13.63
600004	白云机场	-0.09	11.01	57960	20	↑	11.02	10.98	11.06	10.95	11.00
600005	武钢股份	-3.48	3.88	122.72万	49	↑	4.02	3.98	4.02	3.83	3.87
600006	东风汽车	-3.53	6.28	26.95万	19	↑	6.51	6.40	6.45	6.26	6.29
600007	中国国贸	-1.94	15.18	64683	50	↓	15.48	15.40	15.73	14.84	15.18
600008	首创股份	-4.78	12.15	51.49万	446	↑	12.76	12.66	12.68	12.07	12.15
600009	上海机场	+0.43	20.85	11.70万	7	↑	20.76	20.68	21.12	20.62	20.86
600010	包钢股份	+4.45	5.16	519.73万	45	↓	4.94	4.93	5.29	4.88	5.16
600011	华能国际	+0.41	7.42	35.32万	183	↑	7.39	7.39	7.50	7.36	7.41
600012	皖通高速	-0.64	6.21	63254	30	↓	6.25	6.25	6.35	6.21	6.21
600015	华夏银行	+0.35	11.35	51.36万	120	↑	11.31	11.31	11.43	11.27	11.35
600016	民生银行	+0.11	8.76	170.56万	1111	↑	8.75	8.74	8.84	8.71	8.75

2．下图是中国联通 2015 年 3 月 6 的收盘行情，解读其所有行情指标的内涵。

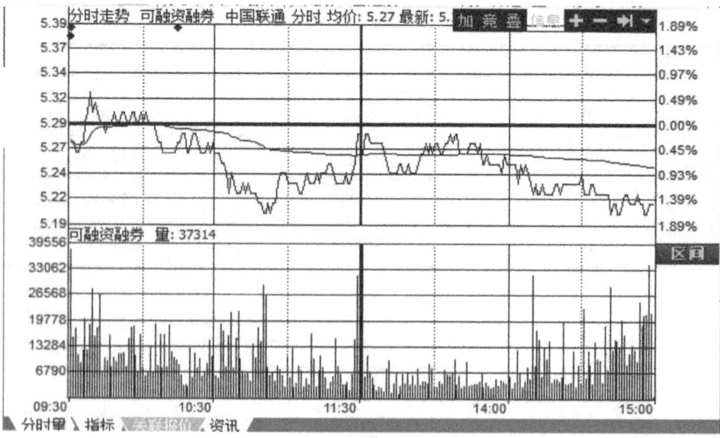

中国联通 600050			
委比	+45.25%		66233
卖盘 5	5.25		10037
卖盘 4	5.24		5389
卖盘 3	5.23		6723
卖盘 2	5.22		11591
卖盘 1	5.21		6332
买盘 1	5.20		28253
买盘 2	5.19		25072
买盘 3	5.18		23404
买盘 4	5.17		19783
买盘 5	5.16		9793
最新	5.21	开盘	5.28
涨跌	-0.08	最高	5.32
涨幅	-1.51%	最低	5.19
振幅	2.46%	均价	5.25
总手	220.46万	量比	0.45
金额	11.57亿	换手	1.04%
市盈	27.74	市盈(动)	27.74
涨停	5.82	跌停	4.76
外盘	100.21万	内盘	120.25万

3. 收集我国沪、深证券交易所金融股的市盈率信息：①完成下表（截止日期：___年___月___日）；②选择一只银行股，以市盈率指标为主要依据分析其投资价值。

股票名称	市盈率	股票名称	市盈率	股票名称	市盈率
沪、深证券交易所全部上市银行的平均市盈率：________（倍）					

4. 选择一只股票，研判其实训当天的即时行情，对照其近期价格走势和大盘走势，分析和预测其未来一两天的价格走势，说明理由。

实训报告 3.3

1．在下面的债券行情报表中选择一只债券，解读其所有行情指标的内涵。

代码	利息	名称	昨收	成交量	现价↓	涨幅%
124999	3.1413	武续债	112.88	1857	112.90	+0.02
124478	1.4814	仪征债	112.16	1	112.80	+0.57
122125	7.7611	美兰债	107.99	1610	110.00	+1.86
112220	5.0214	福星01	108.580	1325	108.580	+0.00
124103	1.2213	同创债	107.80	3350	108.00	+0.19
124629	7.3414	苏金灌	104.20	2152	107.88	+3.53
124802	6.1714	保山债	107.72	5280	107.70	-0.02
122310	5.6813	苏新城	107.50	48	107.50	+0.00
122765	2.1911	泛海02	107.46	31	107.47	+0.01

2．选择一只债券，研判其实训当天的即时行情，对照其 K 线走势和大盘走势，分析和预测其未来一两天的价格走势，说明理由。

3．在下面的基金行情报表中选择一只基金，解读其所有行情指标的内涵。

代码	名称	涨幅%	现手	现价	总手	昨收	开盘	最高	最低	叫买
500038	基金通乾	+0.00	235 ↑	1.271	92516	1.271	1.272	1.281	1.269	1.270
500056	基金科瑞	+0.00	4001 ↓	1.218	12.92万	1.218	1.219	1.223	1.213	1.214
500058	基金银丰	+0.09	5 ↑	1.125	85499	1.124	1.123	1.130	1.123	1.125
184721	基金丰和	-0.18	1044 ↓	1.130	10.18万	1.132	1.128	1.136	1.128	1.130
184722	基金久嘉	+0.20	350 ↓	0.985	62209	0.983	0.984	0.990	0.982	0.985
184728	基金鸿阳	-1.45	1111 ↓	1.021	15.02万	1.036	1.035	1.040	1.020	1.021
150001	瑞福进取	-1.60	6550 ↓	1.350	60.22万	1.372	1.374	1.381	1.347	1.350
150008	瑞和小康	-0.89	20 ↑	1.222	9399	1.233	1.224	1.231	1.202	1.211

4．选择一只封闭式基金，研判其实训当天的即时行情，对照其K线走势和大盘走势，分析和预测其未来一两天的价格走势，说明理由。

5. 在下面的期货行情报表中选择一只期货，解读其所有行情指标的内涵。

	名称	代码	叫买	叫卖	买量	卖量	现价	现手	总手	涨跌	涨幅(结)↓
1	沪铝1604	al1604	13370	13545	8	2	13440	--	0	+400	+3.07
2	沪银1508	ag1508	3547	3555	1	3	3556	2 ↑	4	+21	+0.59
3	沪铅1601	pb1601	13445	13620	7	8	13720	--	0	+80	+0.59
4	沥青1612	bu1612	3636	3736	1	2	3666	--	0	+20	+0.55
5	沪金1507	au1507	239.25	243.75	2	2	241.30	--	0	+1.20	+0.50
6	沪锡1508	sn1508	109200	112940	2	6	111610	4 ↑	20	+400	+0.36
7	橡胶1506	ru1506	12510	12610	1	1	12640	--	0	+45	+0.36
8	沪银1505	ag1505	3513	3516	3	10	3516	20 ↑	132	+10	+0.28
9	沪铝1603	al1603	13365	13425	2	1	13460	--	0	+35	+0.26
10	橡胶1510	ru1510	12580	12645	1	1	12685	--	0	+25	+0.20

6. 选择一只期货，研判其实训当天的即时行情，对照其K线走势、对应个股走势和大盘走势，分析和预测其未来一两天的价格走势，说明理由。

实训报告 4.1

1．收集近三年我国主要宏观经济变量，完成下表。

指标类别	具体指标	年份		
国民经济总体指标	国内生产总值			
	工业增加值			
	失业率			
	通货膨胀率			
	进出口总额			
投资指标	全社会固定资产投资总额			
	实际利用外资总额			
消费指标	社会消费品零售总额			
	城乡居民储蓄存款余额			
金融指标	货币供应量			
	利率			
	汇率			
	外汇储备			
财政指标	财政收入			
	财政支出			
	赤字或结余			

2．上网查询近 10 年我国 GDP 增长率（%），对比深成指年增长率（本年末收盘点位比上一年收盘点位的增长率），填写下表，画出我国 GDP 增长率与深成指增长率对比图，以此图为依据，对近年来深成指的走势进行分析。

年份										
GDP 增长率（%）										
深成指增长率（%）										

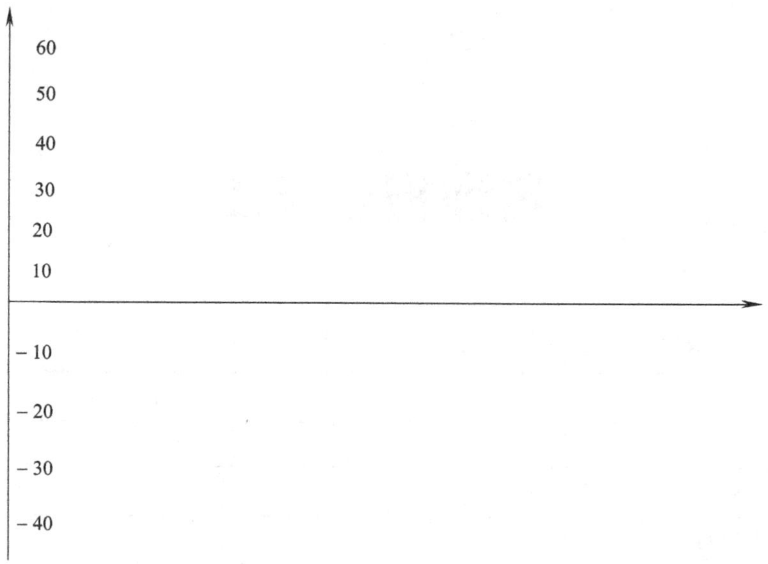

3．收集相关信息，对当前我国宏观经济运行周期进行分析与研判。

4．收集相关信息，对当前我国财政政策及其对证券市场的影响进行分析与研判。

5．收集相关信息，对当前我国货币政策及其对证券市场的影响进行分析与研判。

6．上网查询我国行业改革发展计划，如“水十条”“大气十条”“医疗改革”等有关情况，利用证券行情分析软件中提供的历史交易信息，完成下表。

发 布 日 期	发布内容简述	发布后十个交易日之内该行业指数涨跌幅（%）

7．网上查找宏观经济报告，阅读两份近期宏观经济研究报告，对其主要观点进行比较，形成本人关于中、短期宏观经济走势的基本观点。

研究报告名称：______________作者：__________________研发单位：____________

主要观点：

研究报告名称：______________作者：___________________研发单位：_____________

主要观点：

本人观点：

8．综合各种信息，撰写实训当天和当周的大盘日评（200～300 字）和周评（500～800 字）。

（1）大盘日评（______年______月______日）

（2）大盘周评（______年______月______日～ ________日）

实训报告 4.2

1．收集相关信息，分析我国银行业的竞争结构与生命周期。

2．选择一个行业，收集相关信息，分析其竞争结构与生命周期。

3．选定某一行业，在网上查询关于该行业的研究报告，收集并阅读两份关于该行业的研究报告，对其主要观点进行比较，形成本人关于该行业股票中、短期走势的基本观点。

研究报告名称：______________作者：__________________研发单位：______________

主要观点：

研究报告名称：______________作者：__________________研发单位：______________
主要观点：

本人观点：

4．选定某一行业，综合各种信息，撰写实训当天和当周的行业日评（200～300 字）和周评（500～800 字）。

（1）______________________行业日评（______年______月______日）

（2）______________________行业周评（______年______月______日～_________日）

实训报告 4.3

1．选择一家上市公司，查阅其上一年度的财务报表，计算该公司的主要财务比率，完成下表，并对该公司的财务状况进行分析。

	指标名称	指标值	简要分析
变现能力	流动比率		
	速动比率		
营运能力	存货周转率		
	存货周转天数		
	应收账款周转率		
	应用账款周转天数		
	流动资产周转率		
	总资产周转率		
长期偿债能力	资产负债率		
	产权比率		
	有形资产净值债务率		
	已获利息倍数		
盈利能力	销售净利率		
	销售毛利率		
	资产净利率		
	净资产收益率		
投资收益能力	每股收益		
	市盈率		
	股利支付率		
	每股净资产		
	市净率		

财务分析结论：

2．查询证券、期货业上市公司上一年度主要财务指标，进行比较分析。

______年证券、期货业上市公司主要财务指标一览表

股票名称	流通股数/亿股	总资产/亿元	营业收入/亿元	净利润/亿元	主营收入/亿元	每股收益/元	市盈率（倍）

分析结论：

3．选择一只股票，利用互联网，收集并阅读两份关于该股票的研究报告，对其主要观点进行比较，形成本人关于该股票中、短期走势的基本观点。

研究报告名称：______________作者：__________________研究单位：______________

主要观点：

研究报告名称：______________作者：_________________研发单位：_____________
主要观点：

本人观点：

4．选定一只股票，综合各种信息，撰写实训当天和当周的股票日评（200～300 字）和周评（50～800 字）。

（1）_______________股票日评（______年______月______日）

（2）_______________股票周评（______年______月______日～_________日）

实训报告 5.1

1．根据下面的价格信息，绘制出 4 根 K 线。

交易日期	开盘	收盘	最高	最低
3 月 21 日	6.20	6.30	6.35	6.15
3 月 22 日	6.25	6.40	6.40	6.25
3 月 23 日	6.30	6.25	6.35	6.25
3 月 24 日	6.40	6.20	6.45	6.15

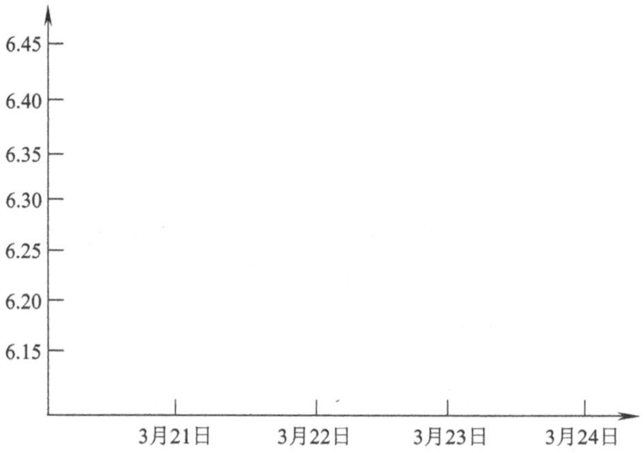

2．辨认下列 K 线，完成下表。

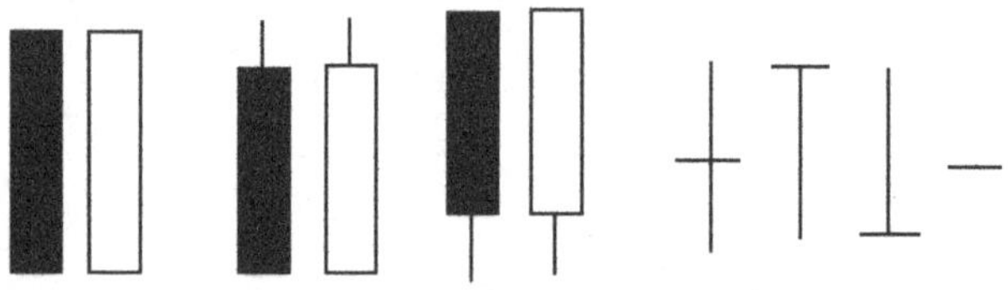

K 线序号	K 线名称	K 线序号	K 线名称
第 1 根 K 线		第 6 根 K 线	
第 2 根 K 线		第 7 根 K 线	
第 3 根 K 线		第 8 根 K 线	
第 4 根 K 线		第 9 根 K 线	
第 5 根 K 线		第 10 根 K 线	

注：1．图中的 K 线从左向右排序；

2．实体为阴影的是阴线，实体为空白的是阳线。

3．研读下列 K 线组合，按次序（从左到右，自上而下）写出其名称，分析其反映的买卖双方力量对比情况，完成下表。

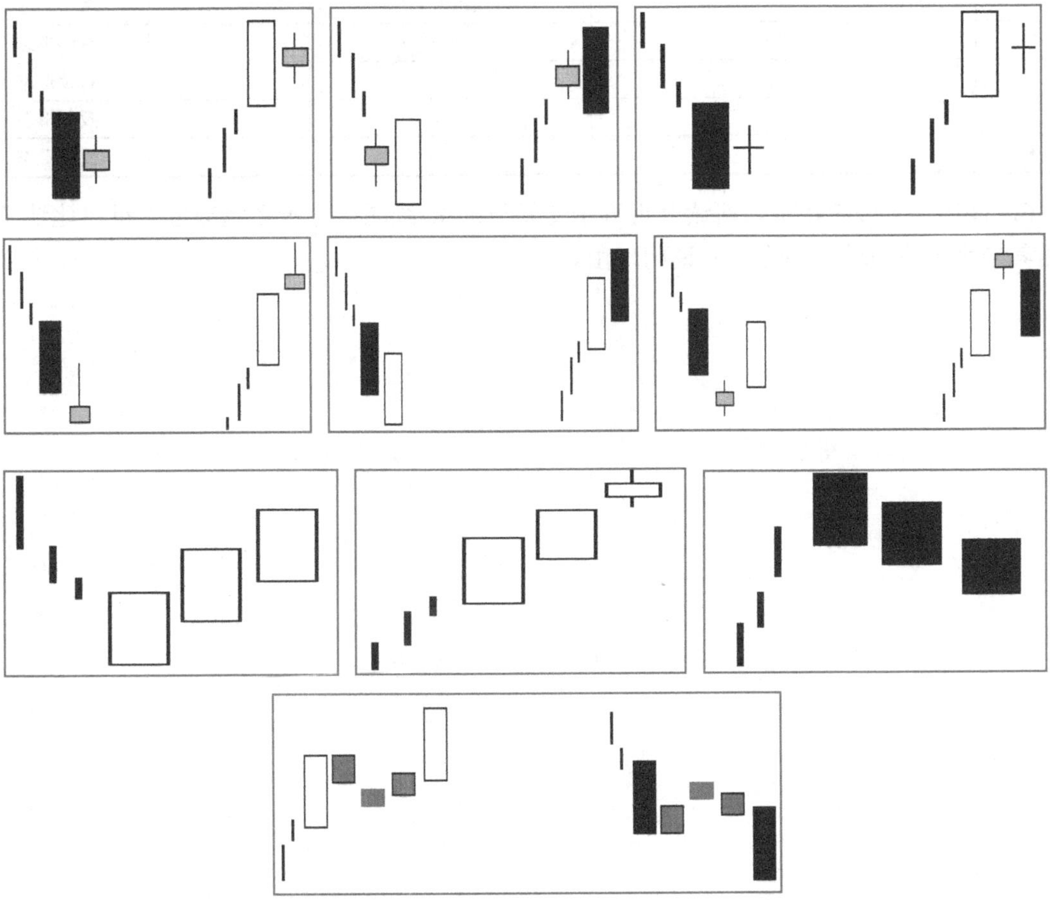

序　　号	组 合 名 称	买卖双方力量对比分析	序　　号	组 合 名 称	买卖双方力量对比分析
1			6		
2			7		
3			8		
4			9		
5			10		

4．研读个股 K 线图，找出空方抵抗型、多方抵抗型、阴吃阳型和阳吃阴型 K 线组合，完成下表。

序　　号	股 票 名 称	股 票 代 码	K 线组合名称	持 续 日 期
1			空方抵抗型	
2			多方抵抗型	
3			阴吃阳型	
4			阳吃阴型	

5．研读个股K线图，分别找出两个反转形态和持续形态的K线组合，完成下表。

序　　号	股票名称	股票代码	K线组合名称	持续日期	备　　注
1					持续形态
2					持续形态
3					反转形态
4					反转形态

6．任选一个股票指数，研读其近五个交易日的K线图，分析多空双方力量对比情况，预测其未来一周内的价格走势，说明理由。

7．任选一只股票（或债券、基金、权证），研读其近五个交易日的K线图，分析多空双方力量的对比情况，预测其未来一周内的价格走势，说明理由。

实训报告 5.2

1．请在下图中画出趋势线、轨道线，标出主要趋势、次要趋势、支撑位和压力位。

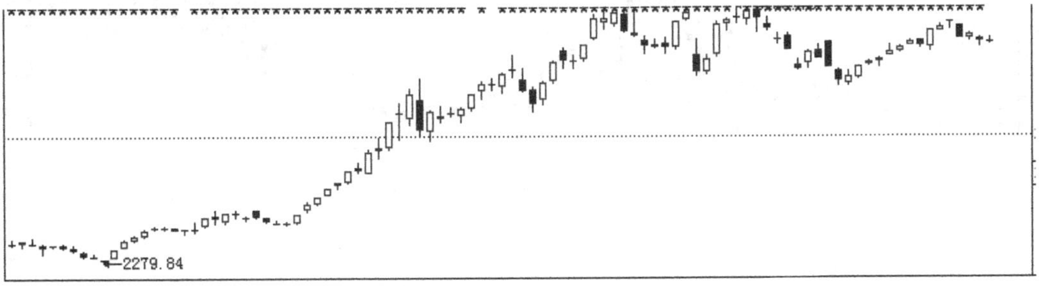

2．下图中有向下的假突破，请标出其位置并说明理由。

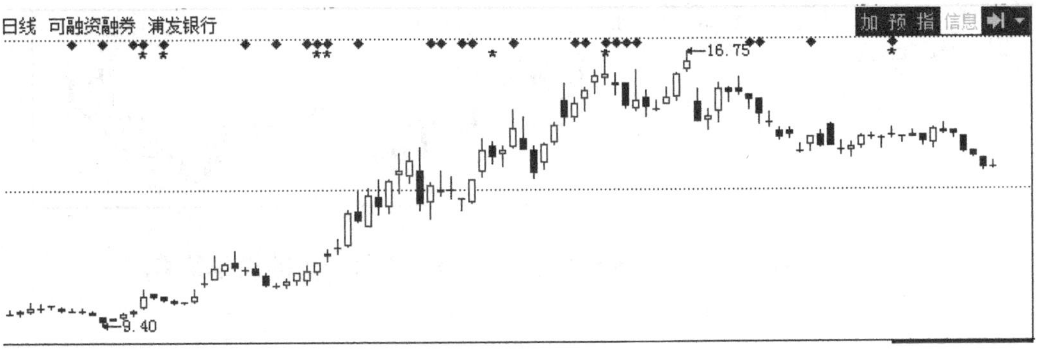

3．下图是某股指的月 K 线图，股价从 30 元开始下跌，请运用所学方法研判（计算）出其支撑位，说明理由（如有计算过程，请将计算过程写在下面。）

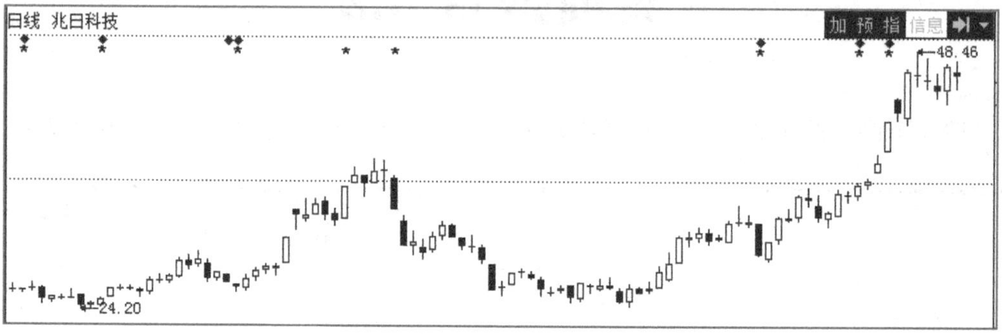

4．研判下图中 A、B、C 点的技术分析意义，提出在每一点的操作策略。

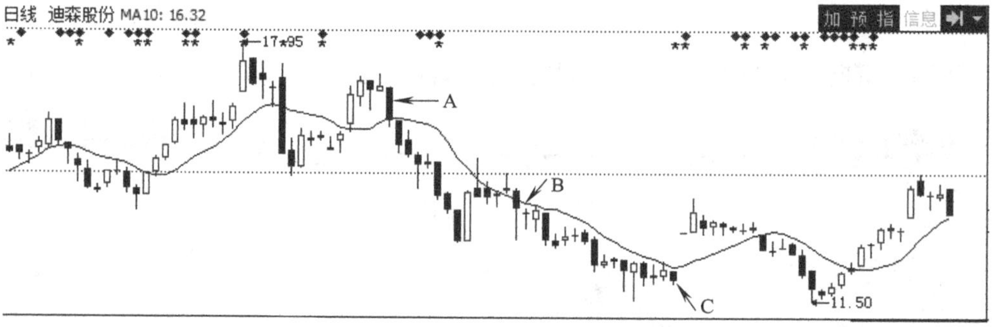

5．研判下图中 A、B、C 点的技术分析意义，提出在每一点的操作策略。

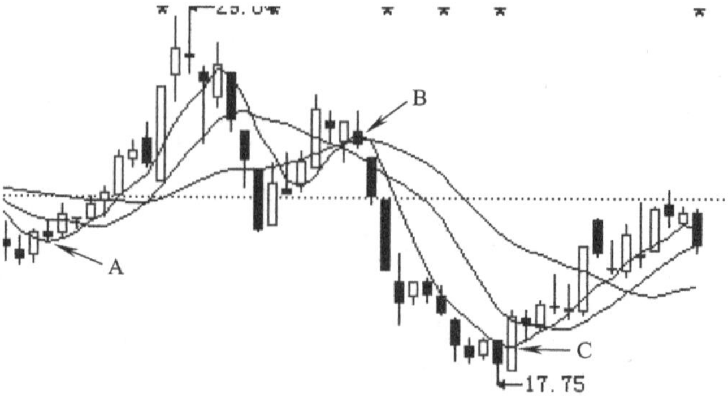

6．选择两个股票指数和两只个股，以 30 日均线为支撑（压力）线，各找出一处真、假突破，说明理由。

股指名称	真/假突破日期	认定其为真/假突破的理由
股票名称	真/假突破日期	认定其为真/假突破的理由

7．选择一个股价指数，运用黄金分割（百分比法）的方法，预测其未来 3～6 个月内可能出现的主要压力位或支撑位，说明理由。

8．选择一个股票指数，综合运用多种方法，分析其过去 1 年内出现的支撑位或压力位，预测其未来 1 年内可能出现的支撑位或压力位，说明理由。

9．选择一只股票（债券、基金或权证），综合运用多种方法，分析其过去 1 年内出现的支撑位或压力位，预测其未来 1 年内可能出现的支撑位或压力位，说明理由。

实训报告 5.3

1．根据葛兰维尔八大法则，标出下图中所有的买入点和卖出点，说明理由。

2．在下图中标出黄金（死亡）交叉点、多头（空头）排列，分析和预测短期价格走势，说明理由。

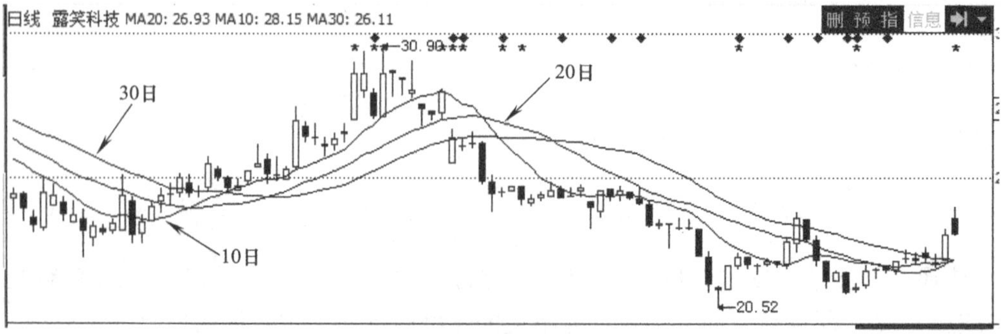

3．运用均线理论，分析上证指数近 3 个月来的日 K 线图，预期其未来 1 个月的价格走势，提出相应的操作策略并说明理由。

4．运用均线理论，分析一只股票近 3 个月来的日 K 线走势，预期其未来 1 个月的价格走势，提出相应的操作策略并说明理由。

5．与同学研讨，谈谈对均线实质的理解，将研讨结果写在下面。

实训报告 5.4

1．辨认下图中的形态，写出其名称，画出其主要构成部分，对其进行分析。

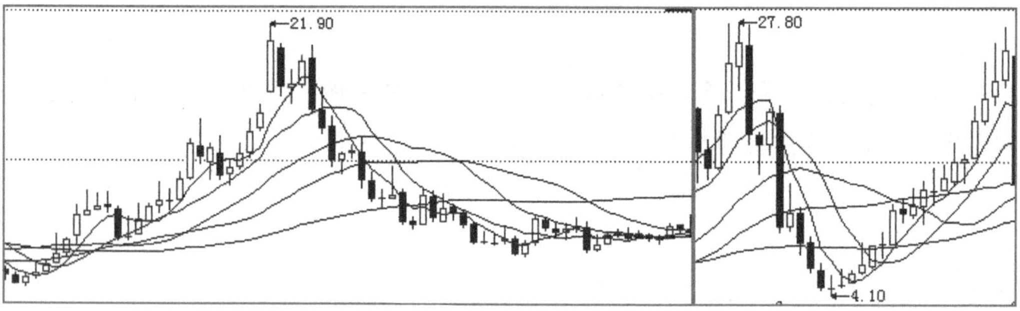

2．辨认下图中的形态，写出其名称，画出其主要构成部分，对其进行分析。

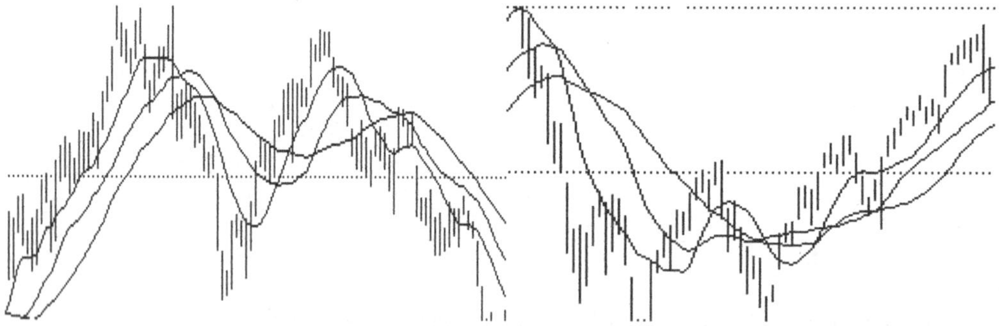

3．辨认下图中的形态，写出其名称，画出其主要构成部分，对其进行分析。

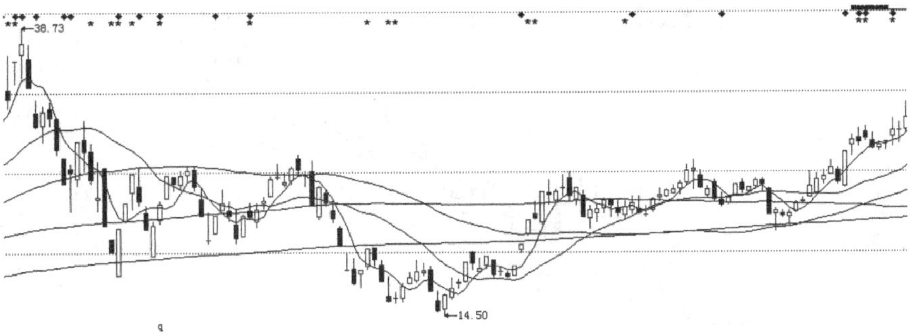

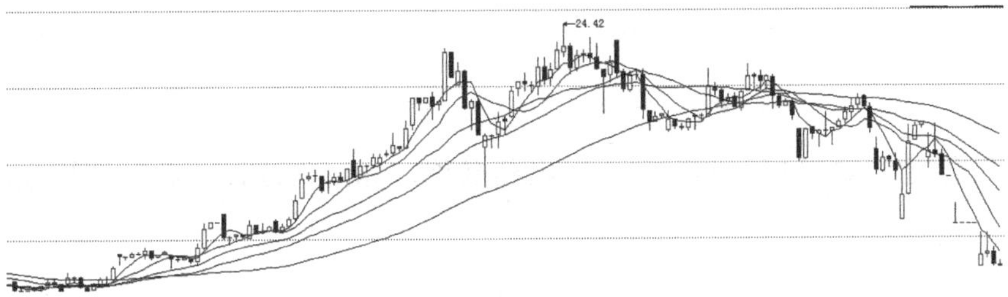

4．辨认下图中的形态，写出其名称，画出其主要构成部分，对其进行分析。

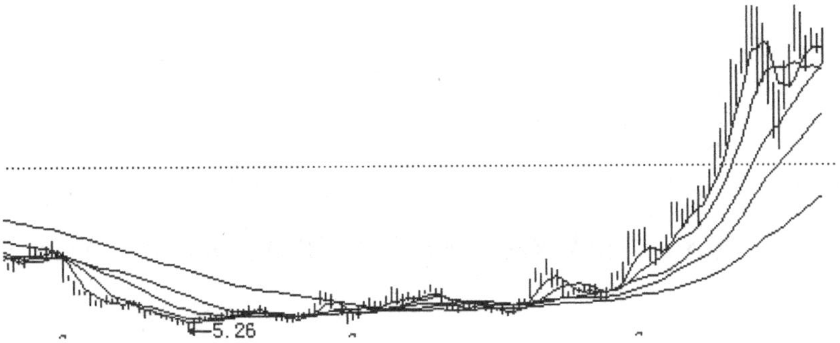

5．辨认下图中的缺口，写出其名称，标出其位置，分析其技术分析意义。

6．辨认下图中的缺口与岛形反转，写出其名称，标出其位置，对其进行分析。

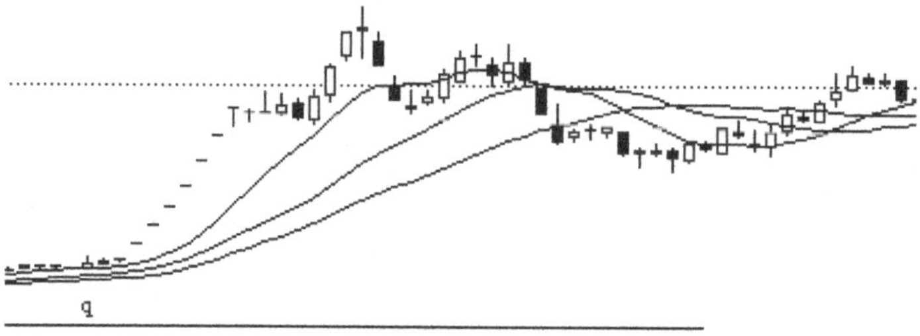

7．辨认下图中的形态，写出其名称，画出其主要构成部分，对其进行分析。

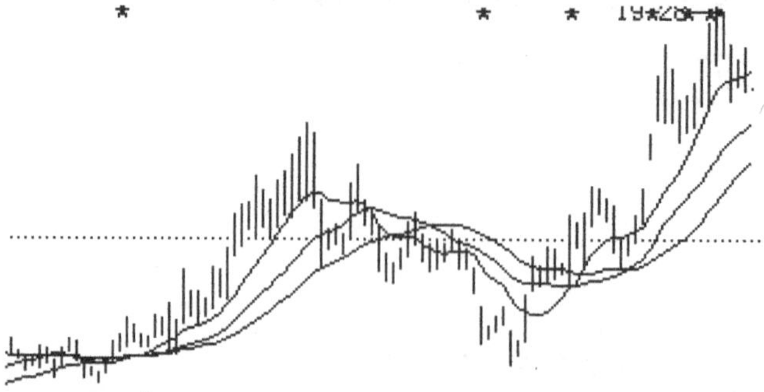

8．辨认下图中的形态，写出其名称，画出其主要构成部分，对其进行分析。

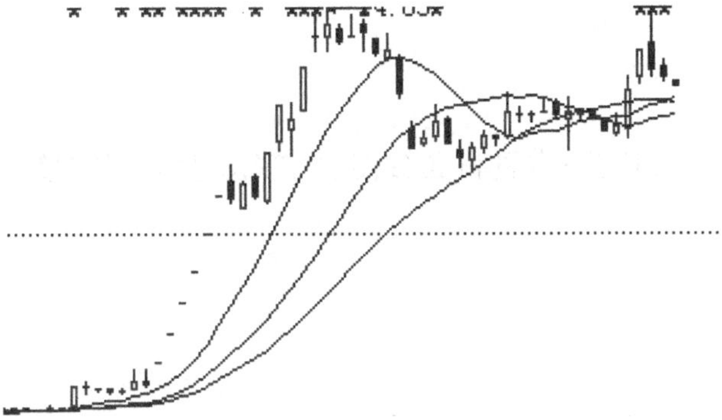

9．研读股价指数或单个证券 K 线图，完成下表。

序　号	形 态 名 称	股票/股指名称	证 券 代 码	持 续 日 期
1	头肩顶			
2	头肩底			
3	双重顶			
4	双重底			
5	圆弧顶			
6	圆弧底			
7	V 形反转			
8	对称三角形			
9	上升三角形			
10	下降三角形			
11	旗形			
12	楔形			
13	喇叭形			
14	菱形			
15	突破性缺口			
16	持续性缺口			
17	竭尽性缺口			
18	顶部岛形反转			
19	底部岛形反转			

10．对上证指数近一年的日 K 线图进行形态分析，预期其未来半年的价格走势。

11．选择一只股票，对其近一年的日 K 线图进行形态分析，预期其未来半年的价格走势。

12．与同学研讨，谈谈颈线在反转形态中的作用与意义，将研讨结果写在下面。

实训报告 5.5

1. 研判下图中的 K 线与 MACD 指标走势，利用 MACD 指标划分出牛市与熊市，找出 MACD 指标发出的各种信号（如买入、卖出、背离等），分析其可靠程度。

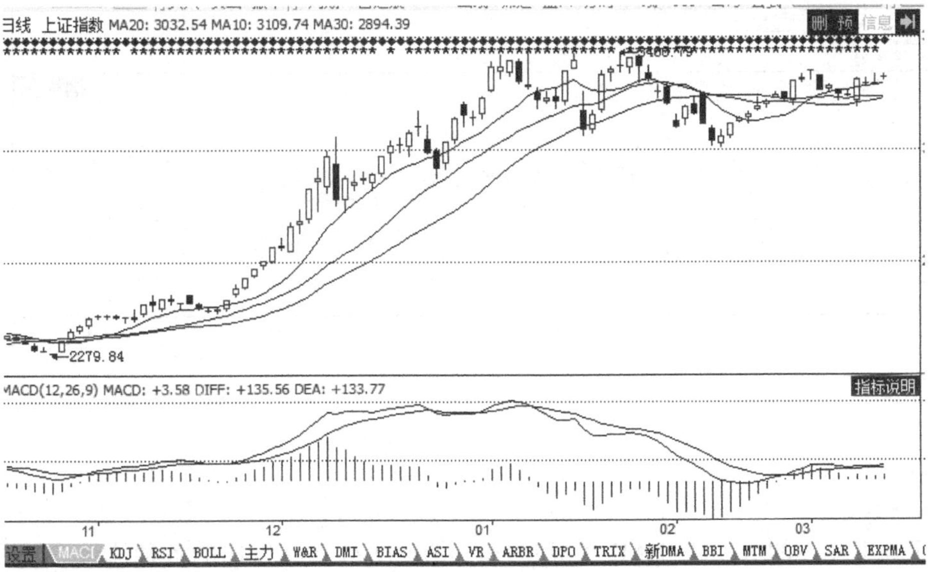

2. 研判下图中的 K 线与 KDJ 指标走势，找出 KDJ 指标发出的各种信号（如买入、卖出、背离等），分析其可靠程度。

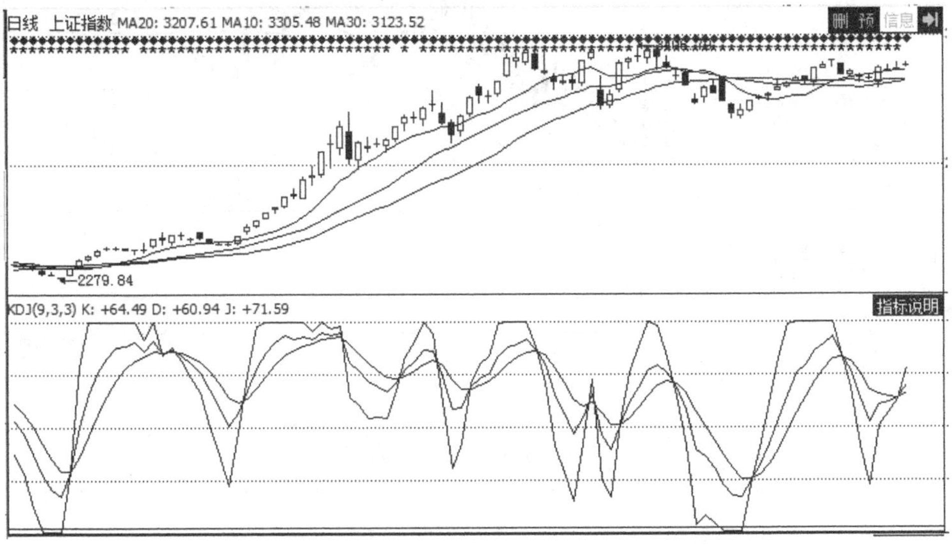

3．研判下图中的K线与RSI指标走势，找出RSI指标发出的各种信号（如买入、卖出、背离等），分析其可靠程度。

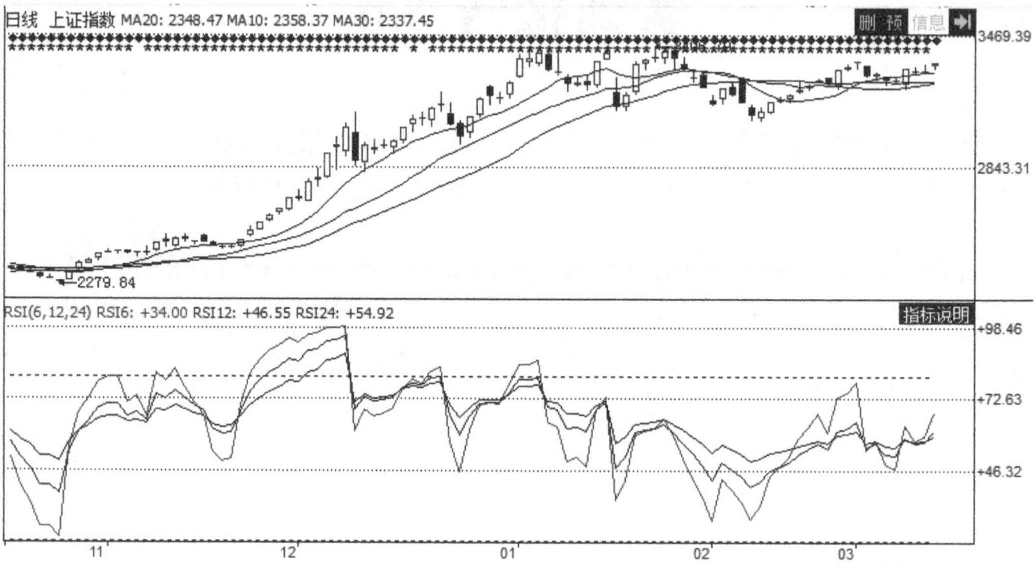

4．研判下图中的K线与DMI指标走势，找出DMI指标发出的各种信号（如买入、卖出、背离等），分析其可靠程度。

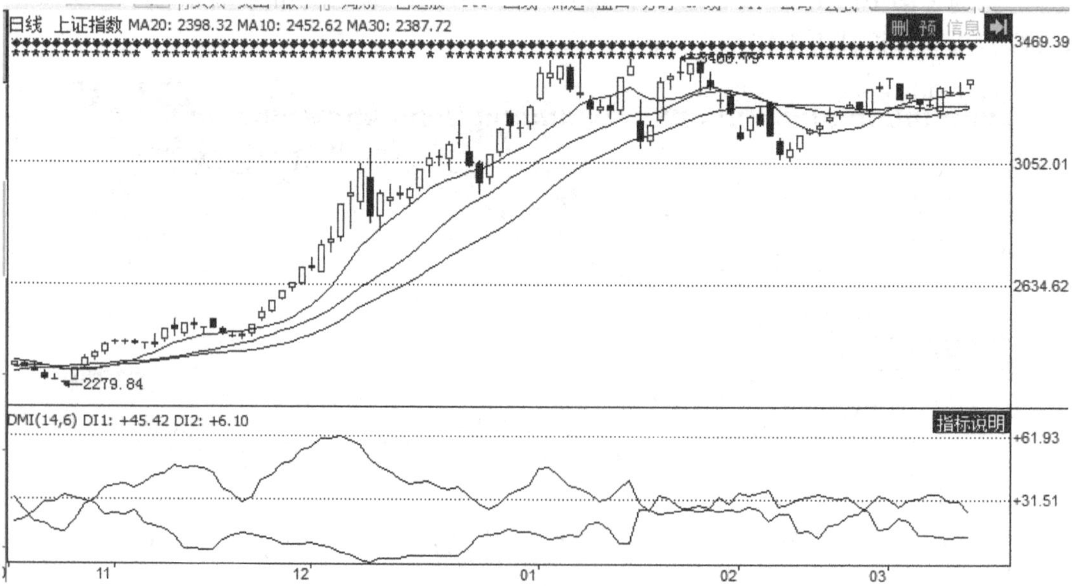

5．研判股价指数或单个股票 K 线与技术指标走势图，完成下表。

序号	指标名称	背离种类	股票/指名称	持续日期	信号可靠与否	备注
1	MACD	底背离				股指
2	MACD	顶背离				股指
3	MACD	底背离				个股
4	MACD	顶背离				个股
5	KDJ	底背离				股指
6	KDJ	顶背离				股指
7	KDJ	底背离				个股
8	KDJ	顶背离				个股
9	RSI	底背离				股指
10	RSI	顶背离				股指
11	RSI	底背离				个股
12	RSI	顶背离				个股

6．与同学研讨，谈谈你对背离与确认的理解，将研讨结果写在下面。

7．选择一个股价指数，对其近期 K 线和技术指标进行综合分析，提出操作策略，说明理由。

8．选择一只股票，对其近期 K 线和技术指标进行综合分析，提出操作策略，说明理由。

实训报告 6.1

1．查询最近一年来的货币供应量 M1、M2，对比上证指数，填写下表，并画出 M1-M2 同比增长率与上证指数的对比图，以此图为依据，对近期的上证指数的走势进行分析。

月份												
上证指数												
M1												
M2												
（M1-M2）增长率												

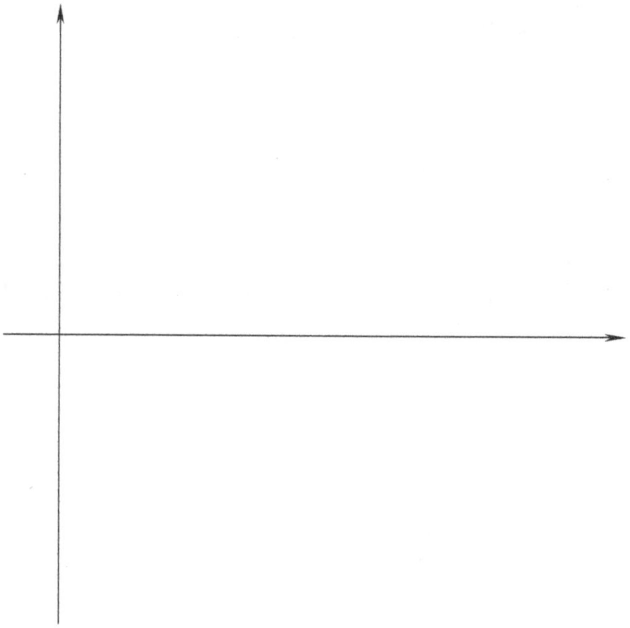

2．查询 2014 年以来股市的开户数量及证券账户的资金流入规模，对比上证指数，填写下表，你能得出什么结论。

月份												
上证指数												
开户增加数												
证券账户资金净流入												

实训报告 6.2

1．查找最近一个交易日的主力资金流向排行榜。

2．任选一只股票，查找它的机构持股情况。

3．任选一只股票，查找它的龙虎榜及大宗交易情况。

4．任选一只股票，查找它的大中小单资金流入流出情况，并填写下表。

	流入/万元	比例（%）	流出/万元	比例（%）	净流入/万元
大单					
中单					
小单					
合计					

实训报告 6.3

1．任选一只股票，找出它的筹码密集状态和发散状态。

2．根据筹码转换规律，分析上题中的股票的主力资金动向。

实训报告 7

1．某投资者在下图中 A 处以每股 8.26 元买入该股，请运用多种方法帮助他找出止损价位，从中选出一个你认为最合适的止损价位，并说明理由。

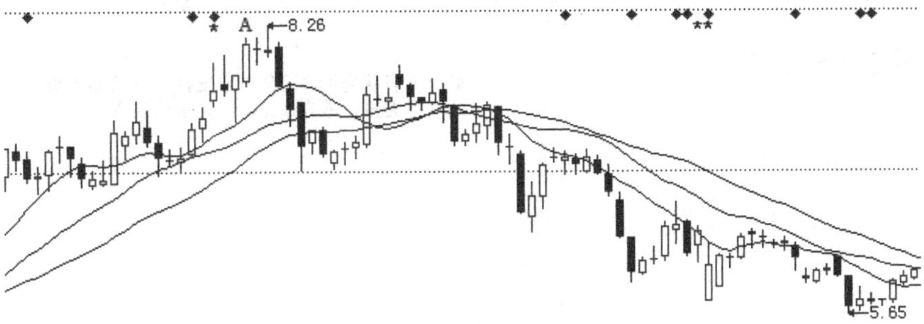

2．某投资者在下图中 A 处以每股 9.70 元买入该股，请运用多种方法帮助他找出止盈价位，从中选出一个你认为最合适的止盈价位，并说明理由。

3．某投资者认为 9.80 是下图所示股票的重要支撑位，股价将在此处获得支撑后上行，故在 A 处以每股 10 元的价格买入该股。假定该投资者不愿止损，如果股价下跌，他将会补仓，请为他设计一个补仓方案，并说明理由。

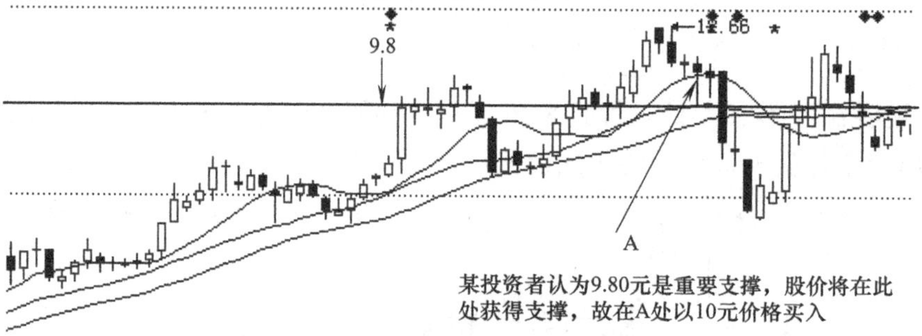

4．对大盘和个股进行综合分析，选择一只可以进行波段操作的股票，制订波段操作计划，并说明理由。

5．对大盘和个股进行综合分析，选择一只股票，制订分批买入和卖出计划，并说明理由。

实训报告 8.1

1．上网查询我国近 3 年存款准备金调整的有关情况，利用证券行情分析软件中提供的历史交易信息，完成下表。

调整日期	调整内容	调整后一个交易日之内上证指数涨跌幅（%）

2．假设在实训当天，某投资者准备建立一个 200 万元的股票投资组合（与沪深 300 指数的股票组合完全一致），但他的资金要在 2 个月以后到账，该投资者预测 2 个月内沪深 300 指数会上涨 20%，该投资者决定用沪深 300 指数期货合约进行套期保值。请你为该投资者设计操作策略和方法，并分析可能会出现的结果。

（1）操作步骤。

（2）交易结果分析。

交易日期	股票市场	股指期货市场
小结		

3. 假设在实训当天，某投资者已持有一个市值为300万元的股票投资组合（与沪深300指数的股票组合完全一致），该投资者预测1个月内沪深300指数会下跌15%，该投资者决定用沪深300指数期货合约进行套期保值。请你为该投资者设计操作策略和方法，并分析可能会出现的结果。

（1）操作步骤。

（2）交易结果分析。

交易日期	股票市场	股指期货市场
小结		

4. 某家庭月均支出5 000元，夫妻双方均是企业普通员工，家庭年收入在10万元左右，预期有可能会发生突发性支出，家庭风险承受能力一般。夫妻双方均是比较细致和求稳的人，不愿意承担风险，他们追求的投资目标是保守型的。目前，该家庭有20万元闲置资金，根据上述情况，为其制订资产配置计划，完成下表和下图。

（1）资产配置安排表

项目	等级	资产配置	理由
风险承受能力			
投资目标			

（2）画出各级证券资产占比图。

实训报告 8.2

1．与同学研讨，谈谈如何防范非系统性风险，将研讨结论写在下面。

2．选定一只股票，综合运用各种方法找出该股所有可能的止损与止盈价位，从中选出你认为最合适的止损与止盈价位，并说明理由。

3．选择一只股票，填写技术及资金分析评价表。

代码：	名称：	操作–周期：	合计得分：
技术及资金分析（每小项 1 分，好+1，差–1，中 0 分）			得分
均线系统（EXPMA）			
量价关系（MVOL）			
MACD			
KDJ			
BOLL			
RSI(相对强弱指标)			
换手率			
量比			
筹码集中度			
所处 K 线形态位置			

4．对上面所选个股填写宏观及基本面分析评价表。

<table>
<tr><td colspan="2">代码：</td><td colspan="2">名称：</td><td colspan="2">操作周期：</td><td colspan="2">合计得分：</td></tr>
<tr><td colspan="8">宏观及基本面分析（每小项 1 分，好+1，差–1，中 0 分）</td></tr>
<tr><td rowspan="2">宏观经济分析</td><td>CPI（同比）</td><td>PPI</td><td>PMI</td><td></td><td></td><td></td><td>小计</td></tr>
<tr><td></td><td></td><td></td><td></td><td></td><td></td><td></td></tr>
<tr><td rowspan="2">政策分析</td><td>存款准备金率（升、降）</td><td>存款利率（升、降）</td><td>贷款利率（升、降）</td><td></td><td></td><td></td><td>小计</td></tr>
<tr><td></td><td></td><td></td><td></td><td></td><td></td><td></td></tr>
<tr><td rowspan="2">行业分析</td><td>行业生命周期</td><td>行业集中度</td><td>政策扶持（有无）</td><td></td><td></td><td></td><td>小计</td></tr>
<tr><td></td><td></td><td></td><td></td><td></td><td></td><td></td></tr>
<tr><td rowspan="4">公司分析</td><td>行业地位（是否龙头）</td><td>市盈率</td><td>市净率</td><td>分红送配（是否高送转）</td><td>概念热点（有无）</td><td></td><td>小计</td></tr>
<tr><td></td><td></td><td></td><td></td><td></td><td></td><td></td></tr>
<tr><td>变现能力（速动比率）</td><td>营运能力（存货周转天数）</td><td>长期偿债能力（资产负债率）</td><td>盈利能力（营业净利率）</td><td>投资收益</td><td>高管增减持</td><td>小计</td></tr>
<tr><td></td><td></td><td></td><td></td><td></td><td></td><td></td></tr>
</table>

参 考 文 献

[1] 李淑芳，张洪哲，等．证券投资实训[M]．北京：中国财富出版社，2010．

[2] 刘平．证券投资实训[M]．北京：清华大学出版社，2012．

[3] 黄海沧．证券投资实训教程[M]．杭州：浙江大学出版社，2010．

[4] 罗绍明．证券投资知识与实训[M]．北京：机械工业出版社，2011．

[5] 张启富，谢贯忠，等．证券投资实训[M]．3版．北京：经济科学出版社，2011．

[6] 张杰，李颖，等．证券业务实训教程[M]．大连：东北财经大学出版社，2014．

[7] 吴家俊．股市真面目[M]．广州：广东经济出版社，2010．

[8] 李荣亮．实战看盘高手秘笈[M]．北京：化学工业出版社，2011．

[9] 张君鹏．看透庄家手法大曝光[M]．北京：现代出版社，2010．

[10] 本杰明•格雷厄姆，戴维多德．证券分析[M]．6版．巴曙松，陈剑，等译．北京：中国人民大学出版社，2013．

[11] 韩冬．期权：就这么简单[M]．北京：中国纺织出版社，2015．

[12] 韩雷．从零开始学股指期货——新手入门、交易之道、实战指南[M]．北京：电子工业出版社，2013．

[13] 罗斌．基金投资入门与实战技巧[M]．北京：北京时代华文书局，2015．

[14] 黄凤祁．道氏理论赢利实战[M]．北京：经济管理出版社，2013．